Kohlhammer

Grundrisse der Erziehungswissenschaft

Herausgegeben von Jörg Dinkelaker, Merle Hummrich, Wolfgang Meseth, Sascha Neumann und Christiane Thompson

Die Autorin

Dr. Merle Hummrich ist Professorin für Erziehungswissenschaft mit dem Schwerpunkt Schule und Jugend an der Goethe-Universität Frankfurt am Main.

Merle Hummrich

Erziehungswissenschaftlich forschen

Eine Einführung

Verlag W. Kohlhammer

1. Auflage 2025

Alle Rechte vorbehalten
© W. Kohlhammer GmbH, Stuttgart
Gesamtherstellung: W. Kohlhammer GmbH, Heßbrühlstr. 69, 70565 Stuttgart
produktsicherheit@kohlhammer.de

Print:
ISBN 978-3-17-037631-1

E-Book-Formate:
pdf: ISBN 978-3-17-037632-8
epub: ISBN 978-3-17-037633-5

Inhalt

I   Einführung

1 Erziehungswissenschaftlich forschen – eine Feldbestimmung

- Die Studie »Strukturelle Diskriminierung von Kindern mit unsicherem Aufenthaltsstatus« (Eisenhuth 2015) geht der Frage nach der Lebenssituation von begleiteten Minderjährigen in Deutschland nach.
- In »Szene und soziale Ungleichheit« (Hoffmann 2016) fragt die Verfasserin nach Ungleichheiten in der Jugendkultur, die sich in der Techno-/ Elektro-Szene gebildet haben.
- Die PISA-Studie arbeitet den Leistungsstand von 15-Jährigen anhand standardisierter Messverfahren heraus und vergleicht dabei international, welchen Einfluss die Lebensverhältnisse auf die Leistungsfähigkeit haben.
- In dem Band »Erwachsenenbildung in Grundbegriffen« (Dinkelaker/ Hippel 2015) wird der Stand des Wissens über das Lernen Erwachsener aus theoretischer, historischer und empirischer Perspektive systematisiert.
- In dem Band »Bildung anders denken« (Koller 2012) geht der Autor dem Vorhaben nach, den Bildungsbegriff zeitgemäß zu bestimmen und greift dazu auf Konzepte aus Pädagogik, Philosophie, Soziologie und Psychologie zurück.

Die kurzen Beispiele, die nach dem Zufallsprinzip ausgewählt wurden, zeigen: Fragestellungen in der Erziehungswissenschaft betreffen eine große Breite an Themen und an methodischen Bearbeitungsmöglichkeiten. Sie betrachten dabei insbesondere Prozesse des Aufwachsens, des Lernens und der Bildung sowie der Aushandlung um Teilhabe, setzen dabei allerdings ganz unterschiedliche Schwerpunkte. Neben der fachlichen Einordnung als erziehungswissenschaftlich haben sich all diese Publikationen mit Fragen und Gegenständen befasst, die sie in Buch- und Zeitschriftenform einer Öffentlichkeit zugänglich machen. Sie dokumentieren dabei Forschungsergebnisse, die sie in theoretischer, historischer und/oder empirischer Weise gewonnen haben. Damit stellen sie sich selbst einem Anspruch, der in diesem Band verhandelt werden soll: dem Anspruch wissenschaftlichen Kriterien zu genügen und einen Beitrag zu neuer erziehungswissenschaftlicher Erkenntnis zu leisten. Die relevante Frage für diesen Band ist dabei: Was macht, bei aller Unterschiedlichkeit, erziehungswissenschaftliches Forschen aus?

Nun liegen zahlreiche Einführungsbände zu Erziehungswissenschaft und damit auch zu erziehungswissenschaftlicher Forschung bereits vor – zumeist handelt es sich um Werke, die in Denktraditionen einführen. Daneben existieren solche, die die Methoden vermitteln und verschiedenen Paradigmen des erziehungswissenschaftlichen Forschens vorstellen (z. B. quantitativ und qualitativ). Zu Methoden sind dann auch wieder Publikationen vorfindbar, die fächerübergreifend, d. h. interdisziplinär sind, auf die sich erziehungswissenschaftlich aber dann beziehen lässt. Dies ist dadurch begründet, dass es zwischen Erziehungswissenschaft und anderen Disziplinen weite Überschneidungsbereiche gibt. Philosophie und Soziologie befassen sich zum Beispiel mit Fragen der Erkenntnistheorie (der latinisierte Begriff lautet Epistemologie). Hier sind für die Erziehungswissenschaft zwei Perspektiven relevant, die historisch beide ihre Wurzeln in Soziologie und Psychologie haben: a) die Wissenschaftstheorie befasst sich mit der Frage, welches Wissen gewonnen wird, wie es vermittelt wird und in welche gesellschaftlichen Diskurse es eingebettet ist; b) die Methodologie widmet sich der Frage, *wie* Erkenntnis gewonnen wird und den Wegen, die zur Erkenntnisgenerierung wichtig sind (Methodos, lat. = der Weg). Noch heute greift die Erziehungswissenschaft auf die in Psychologie und Soziologie entwickelten theoretischen Perspektiven und Methoden zurück, um ihre Erkenntnisse wissenschaftlich zu unterfüttern (vgl. Meseth 2013).

Dass Erziehungswissenschaft als Sozialwissenschaft begriffen wird, soll auch in diesem Band als Annahme vorweggeschickt werden. Es handelt sich dabei um eine Wissenschaft, die sich damit befasst, dass Erziehungswissenschaft über ihren Gegenstand bestimmt werden kann und dieser Gegenstand als Prozesse der Erziehung, Bildung und Sozialisation beschreibbar ist. Damit handelt es sich erstens um soziale Prozesse und zweitens um Prozesse, die auch in soziale Zusammenhänge eingebunden sind. Das heißt: Prozesse der Bildung, Sozialisation oder Erziehung kann man sich zunächst als soziale Prozesse vorstellen. Sie finden zwischen unterschiedlichen Personen statt und sind damit intersubjektiv (zwischen zwei Subjekten) und interaktiv (auf Interaktion basierend: zum Beispiel durch Sprache und Symbole vermittelt) ausgestaltet; Erziehung, Sozialisation und Bildung sind aber auch sozial eingebettet – sie entstehen in Zusammenhängen, in denen es Normen gibt, auf die sich Personen in ihren Interaktionen beziehen (z.B. *wie* ›man‹ in einem bestimmten Kontext spricht, *welche* Kleidung ›man‹ trägt usw.).

Nun wurden hier zwei relevante Bezugsdisziplinen der Erziehungswissenschaft genannt: Psychologie und Soziologie. Noch heute gelten sie – neben der Philosophie – als Nachbardisziplinen der Erziehungswissenschaft und sind erkenntnistheoretisch relevant. Gleichzeitig machen die um Erziehung, Bildung und Sozialisation zentrierten Gegenstandsbereiche die Erziehungswissenschaft als eigene Disziplin aus. Beiden Bezügen, dem Bezug auf die Nachbardisziplinen und dem Bezug auf die originären Gegenstandsbereiche, soll in diesem Band Rechnung getragen werden, indem sie in ein angemessenes Verhältnis gebracht werden. Vor diesem Hintergrund kann aber erziehungswissenschaftliche Forschung gerade nicht als Forschung zu *einem* disziplinären Kern beschrieben werden, sondern vielmehr als Feld, in dem ganz unterschiedliche Themen, Gegenstandsbezüge und Theorien aufgenommen und zueinander relationiert werden.

1.1 Eine erste Feldbestimmung erziehungswissenschaftlicher Forschung

Weil es nicht »den« Kern »der« erziehungswissenschaftlichen Forschung gibt und die Themen divers, aber dennoch verbunden sind, sollen hier zwei Varianten der Bestimmung von Erziehungswissenschaft angeboten werden: a) das Feld der Erziehungswissenschaft in seinen unterschiedlichen

disziplinären Bezügen und Teildisziplinen; b) das Feld der Erziehungswissenschaft in seinen Gegenstandsbezügen.

Das *erste Feld*, das die erziehungswissenschaftliche Forschung beschreibt, ist durch das Verhältnis von Theorie und Praxis bestimmt. Eine
Spezifik der wissenschaftlichen Auseinandersetzung mit Erziehung besteht
darin, dass Erziehungswissenschaft sich zuallererst herausbildete, um die
Praxis der Erziehung zu verbessern. Diese Forderung wird auch heute noch
häufig in den Brennpunkt der Aufmerksamkeit gestellt. Die Frage im Seminar »Und was bedeutet das jetzt für die Praxis?« scheint zuweilen die
Textauswahl und die Bewertung der Texte durch Studierende nach dem
Kriterium der Brauchbarkeit zu lenken (Krüger 2019). Ähnlich wie in dem
Fall, in dem Schüler:innen im Stochastikunterricht nach der Nutzbarkeit
des Wissens fragen (»Wozu brauchen wir das später im Leben?«), bemisst
sich die Auseinandersetzung mit der Wichtigkeit des Wissens auch in erziehungswissenschaftlichen Studiengängen offenbar an seiner Nützlichkeit und Verwertbarkeit (Hummrich 2020).

Begreifen wir Erziehungswissenschaft als Sozialwissenschaft, so lässt
sich hinsichtlich des Verhältnisses von Theorie und Praxis an einen Ge-
dankengang anschließen, den Max Weber schon 1922 ausführt: Sozialwissenschaft, schreibt Weber, »war ›Technik‹ etwa in dem Sinne, in welchem es auch die klinischen Disziplinen der medizinischen Wissenschaften
sind« (ebd. 1922/1988: 148). Dies markiert einen Unterschied zu Studi-
enfächern wie Philosophie, Geschichte oder Theologie, die vor allem auf
Wissens- und Erkenntnisgenerierung gerichtet sind, und bei denen der
direkte Praxisbezug (die Technik) nicht im Vordergrund steht. Und
gleichzeitig zeigt sich an erziehungswissenschaftlichen Theorien, dass auch
hier das Wissen nicht unmittelbar auf »die« Praxis übertragbar ist – wobei
hier auch gefragt werden muss, inwiefern überhaupt von »einer« Praxis
gesprochen werden kann, betrachtet man die Allzuständigkeit erziehender
und bildender Berufe (▶ Abb. 1.1).

In der Grafik sehen wir »Bildungs- und Erziehungswissenschaft« zu
unterschiedlichen disziplinären Bezügen relationiert. Das sind einmal die
interdisziplinären Fächer, unter denen etwa die Psychologie schon genannt
wurde. Nicht zufällig ist sie eines der meistgewählten oder sogar ver-
pflichtenden Nebenfächer in einem Hauptfachstudiengang Erziehungswissenschaft. Zu wissen, welche Vorstellungen es über das Aufwachsen

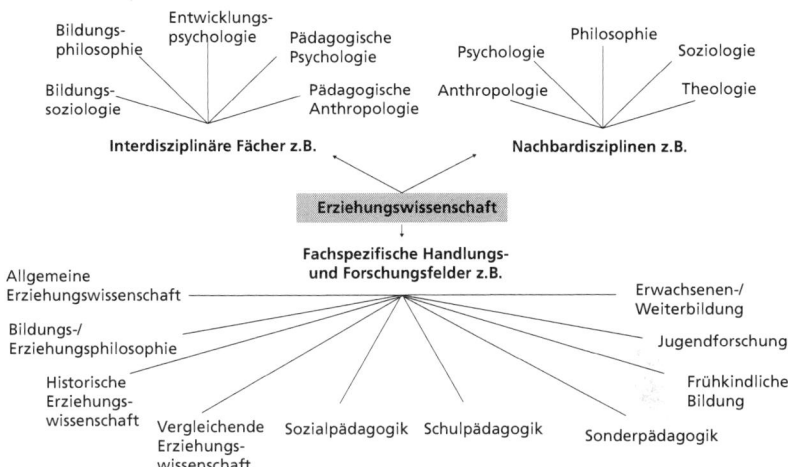

Abb. 1.1: Erziehungswissenschaft in ihrer inter- und subdisziplinären Verwobenheit (Freie Universität Berlin, OSA Bildungs- und Erziehungswissenschaft [B.A.])

gibt, dass Entwicklung in unterschiedliche Phasen eingeteilt werden kann und somit Vorstellungen von angemessenem Handeln jeweilige Lebensphasen und Entwicklungsstufen voraussetzen, ist ein Wissen, das auch in späteren fachspezifischen Orientierungen von großer Wichtigkeit ist. Die interdisziplinären Fächer, die hier aufgerufen werden, haben meistens einen Bezug zur Erziehungswissenschaft (z. B. pädagogische Psychologie, Bildungsphilosophie usw.), bestehen aber (das sieht man rechts oben in der Grafik) als eigenständige Fächer auch jenseits ihrer Schnittstellen (Intersektionen) mit der Erziehungswissenschaft.

Das Feld unten links – die allgemeine Erziehungswissenschaft – markiert grundlegende Fragen in der Erziehungswissenschaft. Es geht um die Entwicklung der Disziplin, um Reflexion von Erziehungsverhältnissen (systematische Erziehungswissenschaft) oder auch um Erziehungsverhältnisse in unterschiedlichen Epochen (historische Perspektive) und Ländern (vergleichende Perspektive). Dieses Wissen um die Disziplin rahmt und durchdringt gewissermaßen die fachspezifischen Handlungs- und Forschungsfelder, die auf die Praxis hinführen (z. B. Sozialarbeit/Sozialpädagogik, Erwachsenenbildung usw.) oder in denen bestimmte, vertiefende

Forschungsperspektiven entfaltet werden (wie frühkindliche Bildung, Jugend- und Schulforschung).

Die Vielgestaltigkeit »der« Erziehungswissenschaft vor Augen, lässt sich wiederum mit Max Weber auf ihre Bedingungen als Sozialwissenschaft reflektieren. Hier findet sich die Erkenntnis, dass es nicht die Aufgabe der Wissenschaft sein kann, »bindende Normen und Ideale zu ermitteln, um daraus für die Praxis Rezepte ableiten zu können« (Weber 1922/1988: 149), sondern, dass sie lediglich dazu verhelfen kann, die Wertmaßstäbe, an denen sich Handelnde orientieren, erkennen können (ebd.: 151). Erziehungswissenschaftliches Wissen kann also als Professionalisierungswissen verstanden werden; Forschung kann damit leisten, Erkenntnisse *über* die Praxis zu produzieren. *Über* Praxis Wissen zu generieren bedeutet schließlich, einen Beitrag zu Grundlagen der Erziehungswissenschaft zu leisten. Dies kann mit einem idealtypischen Wissen verglichen werden, das man an der Universität erwirbt (Wernet u. a. 2018): Man weiß dann z. B. etwas über die Struktur des Bildungs- und Sozialwesens, die Expert:innen-Klient:innen- oder das Lehrer:innen-Schüler:innen-Verhältnis, das Wissen ist aber nicht unmittelbar auf die konkrete Praxis übertragbar.

Wenn Weber hier darauf verweist, dass Wissenschaft keine Rezepte produzieren kann, sagt er damit auch, dass es nicht möglich ist, Wissen ausschließlich *für* die Praxis zu generieren bzw. Wissen(schaft) in den Dienst von Praxis zu stellen. Eine solche Perspektive kommt zuweilen in politischen Diskussionen um Erziehung auf, spielt aber auch in den erziehungswissenschaftlichen Studiengängen eine Rolle, wenn nach Vermittlungsmethoden gefragt wird. Hier kann es sein, dass unterstellt wird, es gebe Technologien der Wissensvermittlung, der Erziehung und der Sozialisation, die man einfach lernen und dann anwenden könne. Diese Annahme verkennt die Grenzen der Übertragbarkeit von Wissenschaft/ Technologien auf pädagogische Praxis. Luhmann und Schorr erfassen das 1982 als ›Technologiedefizit‹ der Erziehung und des Erziehungssystems. Damit ist die Unmöglichkeit benannt, das mit der Aufklärung als zentral benannte Kernziel von Erziehung – Autonomie – durch Kausalität im Sinne eines technologischen Einwirkens auf die zu Erziehenden zu erreichen; zum anderen gerät die Hoffnung eines Wissens *für* die Praxis in Konflikt mit dem Grundsatz der Zweckfreiheit von Wissenschaft, die allerdings als Grundbedingung für die Ermöglichung von Erkenntnis verstanden wird (Weber 1988, Roth 1963). Obwohl nun Erkenntnis nicht automatisch eine Verbesserung der Praxis bedeutet, heißt das nun nicht, dass Forschen keine Bedeutung für die Praxis und umgekehrt Praxis keine Bedeutung für die Forschung hätte. Forschung kann wichtige Reflexionsprozesse über Erziehung anstoßen. Gleichzeitig braucht erziehungswissenschaftliche – wie jede sozialwissenschaftliche – Forschung Praxis als Anlass der Erkenntnisgewinnung. Beide sind also aufeinander verwiesen, gehen aber – so schreibt es schon Adorno (1969) über die Sozialwissenschaft – nicht ineinander auf.

Das *zweite Feld* kann über die Gegenstandsbezüge der Erziehungswissenschaft bestimmt werden. Dabei stehen die Handlungsorientierungen und Praxisformen, in denen sich Erziehungs-, Bildungs- und Sozialisationsverhältnisse ausgestalten, eine zentrale Rolle. Hierzu sei angemerkt, dass im Folgenden dieser Dreiklang (Erziehung, Bildung und Sozialisation) gewählt wird, um die Komplexität von Erziehungsverhältnissen deutlich zu machen. Gleichzeitig stellt sich auch dieser Bestimmungsversuch als reduktiv heraus, weil versucht wurde, einen gemeinsamen Nenner für die Vielfalt der erziehungswissenschaftlichen Felder zu finden, ohne ein Feld (z. B. die Schule) überzubetonen. Die Praxen von Erziehung, Bildung und Sozialisation finden in Institutionen (z. B. Schule, Kindergarten, Jugendzentren, Erwachsenenbildungseinrichtung) und anderen Zusammenhängen statt (z. B. Familie, Freundeskreis) und können zum Gegenstand der Forschung werden. Sie können zum Beispiel danach unterschieden werden, ob sie durch Generationsdifferenz oder durch Generationsgleichheit geprägt sind: Lehrer:innen und Schüler:innen-Beziehungen sind zum Beispiel ebenso wie Beziehungen zwischen Eltern und Kindern durch Generationsdifferenz geprägt; Beziehungen zu Gleichaltrigen durch Generationsgleichheit. In der Erwachsenenbildung kann sich aber das Generationsverhältnis von Lehrenden und Lernenden auch als generationsgleiches oder umgekehrtes Generationsverhältnis (jüngere Lehrende, ältere Lernende) ausgestalten (▶ Abb. 1.2).

Die Gegenstandsbestimmung kann sich aber auch darauf beziehen, ob die Beziehungen direkt untersucht werden (z. B. in der Unterrichtsforschung oder in der Erforschung von Experten-Klienten-Beziehungen im Jugendamt) oder ob es sich um eine Institutionenanalyse handelt (z. B. Schulkulturforschung, Mechanismen institutioneller Diskriminierung

17

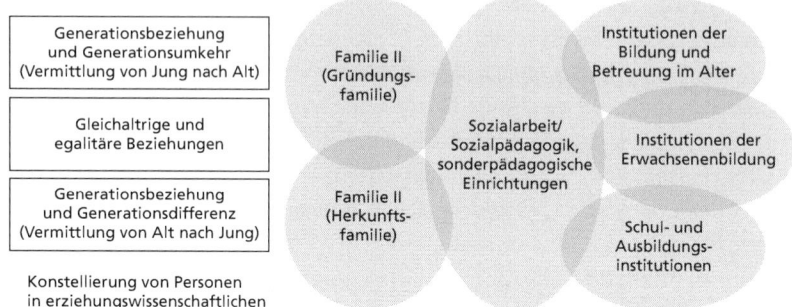

Institutionen der Erziehung, Bildung und Sozialisation

Abb. 1.2: Feldbestimmung erziehungswissenschaftlicher Gegenstandsbereiche (eigene Darstellung)

usw.). In erziehungswissenschaftlicher Forschung kommt es also darauf an, sich mit Erziehungskonstellationen auf unterschiedlichen Ebenen des Sozialen (z. B. in von Interaktionen geprägten Zweierbeziehungen, in pädagogischen Handlungskontexten, in Milieus und in Gesellschaften) auseinanderzusetzen und dabei zu berücksichtigen, welche Möglichkeiten und Grenzen der Teilhabe Kontexte der Erziehung, Bildung und Sozialisation hervorbringen. Mögliche Forschungsfragen richten sich dann auf die Struktur der Interaktionsbeziehung, die Bedeutsamkeit der Instanzen, die bilden, erziehen und sozialisieren, oder die Überschneidungsbereiche zwischen unterschiedlichen Feldern (z. B. Familie und Schule) – um nur einige mögliche Zusammenhänge zu nennen.

Zusammenfassend kann das Feld erziehungswissenschaftlicher Forschung wie folgt beschrieben werden:

1. Mit Blick auf die erste Feldbeschreibung bedeutet erziehungswissenschaftliches Forschen, sich über das Verhältnis von Theorie und Praxis klar zu werden und dabei auch die interdisziplinären Theoriebezüge zur Kenntnis zu nehmen;

2. In der zweiten Feldbeschreibung geht es darum, die soziale Wirklichkeit, in der Erziehungs-, Bildungs- und Sozialisationsprozesse stattfinden, ins Zentrum der Aufmerksamkeit zu rücken, indem Handlungs-

felder, Interaktionen und Institutionen sowie ihre jeweilige gesellschaftliche Eingebundenheit analysiert werden.

Mit dieser sehr allgemeinen Beschreibung wird es möglich, einerseits Forschungsvorhaben ganz allgemein zu verorten. (1) Welche theoretischen Bezüge werden in einem Forschungsgegenstand eröffnet? Handelt es sich um Bezugnahmen auf machttheoretische, philosophische oder strukturtheoretische, soziologische Annahmen? (2) Wie sind Subjekt und Gesellschaft zueinander konstelliert? Welche Eigenlogik hat Familie gegenüber Schule oder Jugendhilfe? Diese Fragen systematisch einzubeziehen ist in jedem Forschungsprozess hilfreich, denn das Wissen um die »Verortung« der Forschungsfrage gibt die Möglichkeit, am Anfang das Erkenntnisinteresse klar zu umreißen und am Ende den Gewinn, aber auch die Grenzen von Forschungsergebnissen zu reflektieren.

1.2 Zur Gliederung des Bandes

Vor dem Hintergrund dieser groben Feldbeschreibung soll im zweiten Teil des Bandes mit Grundlegungen zur Erziehungswissenschaftlichen Forschung begonnen werden. Dabei wird zunächst auf die Gegenwärtigkeit von Forschungsinteresse eingegangen und sich mit erziehungswissenschaftlichen Forschungsgegenständen befasst. Im Zentrum des *zweiten Kapitels* (▶ Kap. 2) steht die Frage, mit welchen Voraussetzungen man sich auseinandersetzen muss, wenn man sich auf erziehungswissenschaftliche Forschung einlässt. Damit wird versucht, die Vielfalt der Fragen, wie sie besonders zu Beginn eines Forschungsprozesses auftauchen und im obigen Beispiel exemplarisch aufgeführt wurden, zu systematisieren. Wie oben schon erwähnt, leitet sich die Etablierung der Erziehungswissenschaft als Disziplin aus dem philosophischen (theologischen, psychologischen und soziologischen) Nachdenken über Erziehung ab. Dieser Tradition soll im *dritten Kapitel* (▶ Kap. 3) nachgegangen werden, indem die Forschungsperspektiven einiger Wegbereiter:innen der disziplinären Entwicklung skizziert werden. Zentral ist die kritische Reflexion der Bedeutung, Forschung zu Erziehungsverhältnissen müssten der »guten Praxis« einen Dienst erweisen. In historischen Schlaglichtern wird auf die Bedeutung der Vorstellungen gelingender Praxis für die Entwicklung von Forschungsperspektiven eingegangen.

Im dritten Teil des Bandes geht es um theoretische und empirische Perspektiven der Gegenwart. Dabei werden in *Kapitel vier* (► Kap. 4) ausgewählte theoretische Richtungen der Erziehungswissenschaft herausgearbeitet. Hier wird auch exemplarisch gezeigt, wie sich die Nachkriegserziehungswissenschaft als Abgrenzungsdisziplin entwirft und wie schwierig es angesichts der Fragestellungen und Forschungsgegenstände ist, Erziehungswissenschaft positiv, im Sinne von einer genauen Definition, zu bestimmen. Kann also Erziehungswissenschaft nur darüber bestimmt werden, was sie nicht ist (das nennen wir ex negativo)? Wenn dies so ist, was bedeutet es für die erziehungswissenschaftliche Forschung? Im *fünften Kapitel* (► Kap. 5) geht es um Methoden erziehungswissenschaftlicher Forschung. Hier wird die Weiterentwicklung der Erziehungswissenschaft als eine Disziplin, in der die soziale Wirklichkeit von Erziehungsprozessen untersucht wird, thematisch. In diesem Zusammenhang werden unterschiedliche Zugänge zu Erkenntnissen über Erziehungsverhältnisse hervorgehoben und am Beispiel unterschiedlicher Methodologien die Erkenntnismöglichkeiten dargestellt. Das *sechste Kapitel* (► Kap. 6) ist eine Revision des thematischen Zusammenhangs dieses Bandes und diskutiert neben der Zielorientierung und der Zweckmäßigkeit zentrale Herausforderungen erziehungswissenschaftlicher Forschung. Dies betrifft zum einen die Reflexion der machtförmigen postkolonialen Gebundenheit von Forschung, zum anderen neue Forschungsbedingungen, wie sie etwa durch Postdigitalität gegeben sind.

II   Grundlegungen

2 Erziehungswissenschaftliches Fragen

Es gibt zwei »Problempunkte«, die die Bestimmbarkeit erziehungswissenschaftlicher Forschung erschweren. Der erste liegt in dem Präfix »Erziehung« von »erziehungswissenschaftlich«, der zweite im Suffix »wissenschaftlich« desselben Begriffs.

*Erziehungs*wissenschaft hat kein Monopol auf Fragen der Bildung, Erziehung und Sozialisation (zur kurzen Erklärung dieser Begriffe: ▸ Kap. 1). So gibt es etwa in der Soziologie die Bildungs- und Ungleichheitssoziologie und Sozialisation-, Biographie- und Migrationsforschung sind auch hier bedeutsame Grundbegriffe; in der Psychologie existiert eine Pädagogische Psychologie, die Psychoanalyse, Kindheits- und Adoleszenz-Psychologie usw. Umgekehrt werden in der Erziehungswissenschaft soziologische, psychologische und philosophische Theorien diskutiert. Um Prozesse des Aufwachsens zu analysieren, bedarf es soziologischer, philosophischer und psychologischer Grundlagentheorien, wenn es darum geht, erziehungswissenschaftlich interessante Fragen zu beantworten. Ohne einen Anspruch auf Vollständigkeit zu erheben, zeigt sich in dieser kurzen Auflistung, wie die disziplinären Grenzen verwischen. Dies ist für »die« Erziehungswissenschaft zuweilen sogar sehr produktiv, denn sie ist darauf verwiesen, »über den Tellerrand« zu blicken.

Erziehungs*wissenschaftlich* stellt sich die Frage, was eigentlich als Fragestellung formulierbar ist, was *wissenschaftliche* Fragen sind, zu denen geforscht wird. Denn zu Erziehung wird viel publiziert und zahlreiche Autor:innen nehmen in Anspruch, über eine Expertise zu verfügen. Erziehung ist auch immer wieder Gegenstand öffentlicher Diskussionen und politischer Auseinandersetzungen. Wo liegt also die besondere Perspektive der *Erziehungswissenschaft*? Darüber hinaus wird an die *Wissenschaft* der Anspruch herangetragen, die Ergebnisse der Praxis verfügbar zu machen:

zu sagen, wie »es« geht. Aber kann Erziehungs*wissenschaft* dies einlösen? Und welchen Geltungskriterien muss sich eine erziehungs*wissenschaftliche* Forschung von Beginn an stellen? Was unterscheidet das wissenschaftliche Fragen von anderen Arten des Fragens, worin besteht die besondere Leistung des wissenschaftlichen Fragens und wo sind vielleicht auch Grenzen erziehungswissenschaftlicher Erkenntnisfähigkeit?

Fragen wie diesen und dem »Problem« interdisziplinärer Überschneidung soll im folgenden Kapitel nachgegangen werden. Dabei ist das Kapitel so strukturiert, dass es den Anfang einer Forschungsarbeit nachzeichnet. Dieser besteht nicht etwa in der Entwicklung einer Fragestellung, sondern in der Unterscheidung von Thematisierungsformen von Erziehung (▶ Kap. 2.1). Die Frage, wie in journalistischen Medien, Erziehungsratgebern und wissenschaftlichen Artikeln Erziehung thematisiert wird, soll dabei helfen, den *wissenschaftlichen* Blick auf den Gegenstand zu schärfen. Vor diesem Hintergrund kann erarbeitet werden, was eine erziehungswissenschaftliche Fragestellung ist (▶ Kap. 2.2). Damit ist ein weiteres Teilkapitel dieser Zuspitzung angelegt, das auf Fragestellung, Gegenstand und Zielsetzung Bezug nimmt (▶ Kap. 2.3). Forschungsarbeiten konkretisieren sich, indem sie zugespitzt auf eine Fragestellung und einen Gegenstand Bezug nehmen. Schließlich muss sich mit Blick auf Forschungsethik mit der eigenen Position als (angehende:r) Wissenschaftler:in auseinandergesetzt werden, da die Frage, welche Haltung man zum Zweck der Erkenntnisgewinnung einnimmt, besonders in dem sensiblen Feld des Involvierens anderer Menschen in den Forschungsprozess, auf Grenzen der Machbarkeit – nicht nur in der Praxis, sondern auch in der Forschung – verweist (▶ Kap. 2.4).

2.1 Skizze der Eigenschaften erziehungswissenschaftlicher Fragen

»Die moderne Gesellschaft produziert sehr unterschiedliche Textsorten, die sehr unterschiedliche Arten von Lektüre erfordern. In gewissem Sinne verdirbt die auf eine Textsorte spezialisierte Gewohnheit den Leser für die Lektüre andersartiger Texte; und da es sich um weitgehend unbewußt ablaufende, habituell gewordene Routinen handelt, sind solche Spezialisierungen schwer zu korrigieren« (Luhmann 2000: 150).

Niklas Luhmann (1927–1998) markiert hier ein Lektüreproblem, das sich allerdings ebenso gut als Problem der Herangehensweise an erziehungswissenschaftliche Forschung lesen ließe. Welche Perspektive wird zu einem Forschungsgegenstand eingenommen, welche Haltung zu einer Fragestellung? Damit steht schließlich die Haltung zur Wissenschaftlichkeit von Erziehungswissenschaft selbst zur Disposition. In diesem Teilkapitel betrachten wir unterschiedliche Textsorten zu Erziehungsfragen und deren Bedeutsamkeit für die Eigenschaften, die mit erziehungs*wissenschaftlichen* Fragestellungen verknüpft werden können. Drei Fragerichtungen werden unterschieden: die massenmediale, die beratende und die wissenschaftliche.

Massenmediale Fragestellungen

In einer Online-Ausgabe der Zeitschrift »Spiegel« wurde 2019 das Thema »Aufwachsen als Sandwichkind. Kinder mit älteren und jüngeren Geschwistern« (Spiegel 10.07.2019) verhandelt. Der Teaser, der zum Lesen einladen soll, ist wie folgt formuliert: »Sanfte Vermittler oder ständig auf der Suche nach Aufmerksamkeit? Sandwichkinder bekommen sehr unterschiedliche Eigenschaften zugeschrieben. Ist da was dran?«

Darunter wurde zum Erscheinungszeitpunkt ein Bild mit drei Kindern gezeigt, die an einem Holztisch sitzen. Obst, Geschirr und Pflanzen bilden eine bunte Anordnung. Ein Kind, das als sehr junges Mädchen identifiziert werden könnte, hält mit beiden Händen eine Tasse vor ihrem Gesicht, die anderen beiden Kinder (vermutlich Jungen im Grundschulalter) sitzen mit seitlich herabhängenden Armen am Tisch. Der Junge, der mit dem Rücken zur Bildbetrachter:in sitzt, wird von den anderen Kindern angeschaut. Die Kinder, deren Gesicht durch die Kamera eingefangen wird, blicken ernst. Alle Kinder sind blond, wohlgenährt, gut angezogen und hellhäutig.

Ohne dieses Bild eingehender interpretieren zu können, wird doch deutlich: die Fragestellung wird mit bestimmten Symbolen aufgeladen, sie wird regelrecht in Szene gesetzt, indem ein deutsches Mittelschichtideal (zwei bis drei Kinder, gut angezogen und frisiert, gesund ernährt, an ausgesuchten Möbel sitzend) repräsentiert wird und ein Schnappschuss aus dem Alltag suggeriert wird (dies wird z. B. auch daran sichtbar, dass die Kinder nicht der Kamera zugewandt sind oder nicht in die Kamera lächeln). Die Frage selbst kann als Frage nach der Wahrhaftigkeit der Zuschreibungen an sogenannte Sandwichkinder identifiziert werden. Sie wird dem Text überschrieben, das heißt, Informationen werden schnell und plausibel zusammengestellt und können mit dem Alltagswissen (»Ist da was dran?«) verknüpft werden. Zugleich verspricht der Text einen Wissenszuwachs. Um diesen herbeizuführen, werden ein Wissenschaftler, ein Psychotherapeut und eine Buchautorin aufgerufen. Der Wissenschaftler (Ralph Hertwig vom Max-Planck-Institut für Bildungsforschung in Berlin) referiert eine Studie zur Persönlichkeit der Kinder, der Therapeut (Wolfgang Kügler) erzählt von seinen Erfahrungen, die Buchautorin (Nicola Schmidt) erwähnt, dass die mittlere Geschwisterposition gesund sei und gibt Tipps zur Förderung der Mittelkinder. Alle drei Expert:innen interpretieren somit die Fragestellung jeweils für sich: der Wissenschaftler nimmt Bezug auf die Möglichkeit objektivierbarer Aussagen, der Therapeut ordnet das Thema vor dem Hintergrund einer professionellen Erfahrung ein, für die Buchautorin verbindet sich mit der Frage eine normative Aufladung: wie gelingt es, mittlere Kinder zu integrieren? Massenmediale Darstellungen – so lässt sich hier zusammenfassend sagen – müssen die Leser:innen vor dem Hintergrund alltäglicher Handlungsprobleme für sich interessieren. Darum »übersetzen« sie Erkenntnisse in Alltagssprache. In diesem Sinne ist der (im Übrigen: zumeist männliche) Wissenschaftler ein Referenzgeber, der sich mit anderer Expertise (Therapeut, Buchautorin) vermischt. Die Kriterien, nach denen die Aussagekraft dann beurteilt werden kann, sind unklar: Die wissenschaftliche Studie mag hier noch auf wissenschaftliche Referenzen verweisen; der Therapeut spricht aus Erfahrung; die Buchautorin, weil sie ein Buch geschrieben hat. Ziel ist damit keine exakte Bestimmung der Bedeutung von Geschwisterbeziehungen, sondern eine interessante Vermarktung, die unterschiedliche Perspektiven vermengt. Damit hat der Artikel allerdings keinen Gebrauchswert als wissenschaftliche Referenz. Verlassen wir nun den Bereich der massenmedialen Darstellung, wir kommen später darauf zurück, und wenden uns der Ratgeberliteratur zu:

Fragestellungen der Ratgeberliteratur

Ratgeber zur Erziehung behandeln häufig Fragen, die auch in der Erziehungswissenschaft eine Rolle spielen, z. B. Kindererziehung, Jugenderziehung, Krisen des Selbst, Anforderungen an Erwachsensein, Alterungsprozesse. Allein im Bereich der Kindererziehung gibt es einen unübersichtlichen Markt – Bücher von Familientherapeuten wie Jesper Juul, die eher für eine Pädagogik vom Kinde aus stehen (Juul 2012), rangieren ebenso auf dem Markt wie Bücher zur Disziplinierung und zur Bedürfnisorientierung. Für Lehrkräfte gibt es Methodentrainings oder Bücher, die eine bestimmte Anzahl (10, 20, 25) an Handlungsmöglichkeiten bei ›schwierigen‹ Schüler:innen versprechen, für Soziale Arbeit und Erwachsenenbildung gibt es ebenso eine Vielzahl an Methodenhilfen, Moderationsunterstützungen usw. Den Eltern, Erzieher:innen und Lehrer:innen, den Sozialarbeiter:innen und Erwachsenenbildner:innen wird versprochen, dass sich darüber die Praxis von Erziehung, Bildung und Sozialisation gut bearbeiten ließe, dass es einfache Antworten auf Schwierigkeiten des Alltags und außergewöhnliche Herausforderungen gebe, dass ihre Fragen auch Antworten finden. Ratgeber funktionieren im Allgemeinen wie Journalismus: Es wird suggeriert, dass immer mehr von etwas (ungezogene Kinder, ratlose Eltern) vorhanden ist – in der Medienwissenschaft als »Immermehrismus« bezeichnet (Brosius et al. 1991) – und dass die Angst vor dem Widerfahrnis dieses »Notstandes« durch die Lektüre bearbeitet werden kann. So auch im Fall des Ratgeberbuches von Jesper Juul (2012), das die Frage stellt: »Wem gehören unsere Kinder? Dem Staat, den Eltern oder sich selbst?«. Dabei erscheinen die Worte »Kinder« und »oder sich selbst« in roter Schrift. »Kinder« ist zu dem dick unterstrichen, so dass es von dem Folgesatz abgesetzt ist.

Jesper Juul (2012) positioniert damit zwei Fragen, mit denen unterschiedliche Suggestionen transportiert werden: erstens die, dass diese Fragen für das Aufwachsen und die Auseinandersetzung damit relevant seien; zweitens, die (durch Farbe symbolisierte) Zugehörigkeit »unserer Kinder«

zu »sich selbst«. Die Unterstreichung setzt dabei das »Gehören« und die Akteure, die dafür in Frage kommen (Staat, Eltern), von einander ab. Schon auf diesen wenigen Zeilen finden wir also eine empirische Ausdrucksgestalt davon, wie Ratgeber funktionieren: Eine Person – in diesem Fall der bekannte Autor, Kinder- und Jugendtherapeut Jesper Juul (die Schrift ist anders formatiert, aber genauso groß wie die erste Frage) – stellt Fragen, die er zu beantworten verspricht. Dabei tritt er als erfahrener Experte (ähnlich wie der Psychotherapeut im vorhergehenden Beispiel) in Erscheinung.

Doch die Fragen kann er sich nicht nur zufällig stellen und nicht nur, weil er erfahren ist. Es wird auch mit dem Stilmittel der Charismatisierung gearbeitet: In der Größe und Gestalt der Schrift erscheint Juul als Person und als Autor von Fragen und Antworten. Er steht damit dafür, dass er in der Lage ist, provokante oder unbequeme Fragen zu stellen. Er irritiert, denn in der westlichen Moderne »gehört« niemand einem anderen Menschen; das Ziel von Erziehung ist Mündigkeit und Teilhabe. Es geht folglich nicht um Leibeigenschaft, sondern um Verfügbarkeit des Menschen über sich selbst und um »Zugehörigkeit« zu einer Gemeinschaft, die legitimerweise von »unseren« Kinder sprechen kann. Das bedeutet, dass die Überantwortung oder besitzhafte Beanspruchung als illegitim markiert werden.

Die Frage nach dem Kind – oder den Kindern – stellt sich hier schließlich nicht als Frage nach Kindheit an sich oder als Perspektive, die sachlich diskutiert werden kann. Vielmehr geht es um die Rechtmäßigkeit der Zugehörigkeitskonstruktionen und der damit verbundenen Haltungen von Erziehenden gegenüber dem Kind. Die Fragen selbst tragen eine Antwort in sich, die der Autor als charismatischer Führer in Erziehungsfragen zu beantworten verspricht. Dabei suggeriert der Autor, die Fragen seien drängend und die Eltern wünschten eindeutige Antworten. Diese liefert er, blendet dabei aber andere mögliche Perspektiven auf Erziehung aus.

Fragestellungen in der Wissenschaft

Selbstverständlich ist auch die erziehungswissenschaftliche Literatur unüberschaubar und es ist unmöglich, über »die« Fragestellung in »der« Wissenschaft zu schreiben. Wir finden auch hier Fragestellungen, die sehr deutlich an normative Ordnungen geknüpft sind und von der Frage geleitet sind, was gut und richtig ist. Wir finden Literatur, die ihre Frage pointieren und dramatisch zuspitzen. Ein frühes Beispiel ist hier die von Schleiermacher (1826/1959) gestellte Frage: Was will die ältere Generation mit der jüngeren, mit der die Bedeutung der jüngeren für die ältere Generation zunächst infrage gestellt wurde. Der Inhalt dieser Frage wird später noch einmal aufgegriffen (▶ Kap. 2.2); an dieser Stelle geht es zunächst um eine abstrakte Bestimmung der Text*sorten.* Ist hier Schleiermachers Frage als Aufhänger einer wissenschaftlichen Abhandlung über Generationsbeziehungen in Erziehungsverhältnissen zu sehen, so finden wir auch andere Überschriften, die stärker beschreibend sind.

Dazu zählt z. B. die Auseinandersetzung mit »Ordnungen der Kindheit«. Diesem Sammelband stellt Michael-Sebastian Honig die Frage nach dem »Kind der Kindheitsforschung« voran. So fokussiert er dann auf die Gegenstandskonstitution »Kind« und »Kindheit« in den *»childhood studies«* (2009).

Der Artikel ist in einem vom Verfasser selbst herausgegebenen Buch zu »Ordnungen der Kindheit« erschienen. Genauer: Honig versteht seinen Beitrag als Einleitungs- oder Auftaktartikel. Auch das wissenschaftliche Wissen wird medial (in einem Buch) aufbereitet, das Bild, das (vermutlich vom Verlag) gewählt wurde, ist vergleichsweise klein und in schwarz-weiß gehalten. Hierauf sind zwei als Jungen identifizierbare Menschen zu sehen, beide blond, dem einen würde man zuschreiben, im Kleinkindalter zu sein, dem anderen im Grundschulalter. Sie spielen mit einer Modelleisenbahn, wobei sie ernst dreinblicken. Das kleinere Kind blickt dabei zum größeren auf und sein Gesicht ist halb, der Körper ganz verborgen. Das größere Kind hat die Hand an dem Eisenbahnzug, sein Körper ist teilweise zu sehen, das Gesicht im Profil, es blickt zu dem Zug, so dass Hand und Kopf (Blick) eine Einheit bilden. Auch wenn hier die Aufmachung des Buches nicht im Vordergrund stehen soll, so werden Annahmen über Kindheit mittransportiert: die Kinder scheinen sich in einem Alter zu be finden, in dem sie spielen, sie verfügen über aufwändiges Spielzeug und repräsentieren in ihrer Erscheinung das Kindheitsbild der nord-westlichen Hemisphäre – zugespitzt könnte man sagen: eine Ordnung von Kindheit, die durch Fürsorge gerahmt ist und in der es ausreichend Gelegenheit gibt, typisch kindlichen Tätigkeiten (Spielen) nachzugehen.

Honigs Aufsatz »Das Kind der Kindheitsforschung. Gegenstandskonstitution in den *childhood studies*« nimmt seinen Ausgangspunkt bei diesen Vorstellungen – den Konstruktionen – von Kindheit, wie sie unter anderem in den *childhood studies* untersucht werden. Diese seien zwar aktuell und wichtig, schreibt Honig, sie hätten jedoch die Frage noch nicht beantwortet, was ihr Gegenstand sei: »Was will die Kindheitsforschung unter einem ›Kind‹ verstehen?« (ebd.: 26). Dies ist eine grundlegende Frage, die hinter das Bild auf dem Buchdeckel, das ein Selbstverständnis von Kindheit repräsentiert, zurückgeht – oder anders gesagt: die darauf hinweist, dass dieses Bild, das eine Alltagssituation von Kindheit zu vermitteln scheint, mit spezifischen Vorstellungen dieser Lebensphase verknüpft ist.

Auch wenn man die Frage von Honigs Beitrag mit den oben aufgeworfenen Fragen vergleicht, wird deutlich: hier geht es zunächst nicht darum, das Interesse einer breiten Masse zu wecken, wie in den ersten beiden Beispielen. Mit der Art zu fragen verbindet sich – so ein erster Eindruck – zunächst eine gewisse Handlungsentlastung: es wird nicht gefragt (und beantwortet), was mit Kindern gemacht werden soll oder wie sie behandelt werden sollen, sondern die Frage ist viel schlichter: Was ist ein Kind? Wie kann es aus Forschungsperspektive beschrieben werden? Die Alltagswahrnehmung wird damit irritiert. Diese war in den vorgenannten Beispielen eine Voraussetzung. Bevor man von einem Sandwichkind spricht oder nach der Zugehörigkeit von Kindern fragt, fragt man sich nicht mehr, was eigentlich ein Kind ist. Wissenschaftlich wird aber gerade dies als interessante Frage markiert. Das Alltagsverständnis wird hinterfragt: welche objektiven Kriterien sprechen dafür, einen Menschen als Kind zu bezeichnen?

Es wird hier deutlich: erziehungswissenschaftliche Fragen befassen sich auch mit grundlegenderen Themen. Es geht bei solchen grundlegenden Fragen weniger darum, wie etwas sein soll, als darum, wie Phänomene hinreichend beschrieben werden können. Um dies zu erreichen, gibt es zwei Logiken, in denen Fragen gestellt werden können: nach (1) natur-

wissenschaftlichen Maßgaben und nach den Prinzipien der (2) Geistes-
und Sozialwissenschaften.

1. Nach naturwissenschaftlichem Vorbild ist die Logik zentral. Stellt man
   die Frage ›Was ist ein Kind?‹ zum Beispiel aus biologischer Perspektive,
   dann müsste Kindheit als vermessbar angenommen werden, es müsste
   weiter überlegt werden, was alles getan werden kann, um im Bereich der
   Lebewesen von Kindern zu sprechen – die Frage würde also mit Blick
   auf standardisierte Messverfahren *operationalisiert*, um präzise Aussagen
   dazu machen zu können, was ein Kind ist. Anatomisch betrachtet
   könnte man weiterfragen: ist ein Mensch noch im Wachstum, wie ist er
   im Verhältnis zu durchschnittlichen Erwachsenen proportioniert, welche Merkmale der sexuellen Reife wurden entwickelt? Man könnte das
   Kind auch verhaltenspsychologisch, entwicklungspsychologisch oder
   neurobiologisch (usw.) untersuchen und fragen: inwiefern unterscheidet sich das Verhalten der meisten Neugeborenen von noch nicht erwachsenen Menschen im Alter von ein, drei, sechs oder zehn Jahren,
   welche Hirnaktivitäten sind wann wahrscheinlich usf.? Hier zielt die
   Frage auf die Ermöglichung von Durchschnittswerten, die sich im
   Sinne einer Ursache-Wirkungs-Logik verallgemeinern lassen.
2. Sozialwissenschaftliche Erkenntnis vermag jedoch noch ein weiteres
   Erkenntnisinteresse zu äußern – dies ist die Auseinandersetzung mit
   sozialen und kulturellen Vorstellungen – z.B. davon, was ein Kind ist.
   Heute gehen zum Beispiel in der Regel alle Kinder zur Schule und
   dürfen bzw. müssen in Gesellschaften, die sich selbst als »modern« bezeichnen würden, nicht arbeiten. Dies ist sogar gesetzlich verankert, das
   heißt: wer Kinder für sich arbeiten lässt, macht sich strafbar. Das Kind
   hat einen rechtlichen Status – es geht in den Kindergarten, zur Schule
   und ist das Kind der Familie (Honig 1999). Das bedeutet, es ist staatlich
   (durch die Schulpflicht und die Jugendhilfe) vereinnahmt und an die
   Familie werden normative Erwartungen des Aufwachsens und der
   Fürsorge geknüpft. Um zu untersuchen, wie es zu den Vorstellungen
   von Kindheit kommt und woher die Bedeutung, die Kindheit in der
   Gesellschaft hat, rührt, bedarf es anderer Frage- und Aufmerksam-
   keitsrichtungen als der Vermessung von Menschen, die noch nicht
   ausgewachsen sind. Zum Beispiel kann gefragt werden: Wann hat sich

denn die Vorstellung von Kindheit, wie wir sie heute kennen, herausgebildet, wie lässt sich Kindheit als soziale Konstruktion begreifen? In welche generationalen Ordnungen ist das Kind in welcher Weise eingebunden? Wie gestaltet sich das Alltagsleben von Kindern unter gegenwärtigen Bedingungen? Wie werden pädagogische Beziehungen zu Kindern ausgestaltet? In diese zweite Perspektive würde auch die Frage, die Michael Sebastian Honig (2009) stellt, fallen. Er repräsentiert somit eine sozio-kulturelle Perspektive in der Erziehungswissenschaft.

Die Trennung der Textformen ist selbstverständlich nur eine idealtypische. Das bedeutet: in erziehungswissenschaftlichen Studien und gerade auch in Publikationen, die im Studium vorkommen, treffen wir häufig auf Mischformen, die z. B. stark der Praxis verpflichtet sind. Solche Formen finden wir unter anderem in Methodenbüchern und in didaktischen Veröffentlichungen. Das heißt, dass es auch erziehungswissenschaftliche Publikationen gibt, die Nützlichkeitsfragen bedienen. In der Unterscheidung von Textsorten kann jedoch gezeigt werden, dass es wissenschaftliche Kriterien gibt, an denen sich erziehungswissenschaftliche Forschung orientiert. Hierzu zählt das Prinzip der Sachlichkeit, das in den beiden erstgenannten Beispielen (Massenmedien und Ratgeber) nicht im Vordergrund steht. Vielmehr tritt in wissenschaftlichen Auseinandersetzungen die Persönlichkeit der:des Fragenden in den Hintergrund und es erfolgt eine Auseinandersetzung um den Gegenstand.

Damit soll hier nicht gesagt werden, dass es in der Praxis prinzipiell nachteilig ist, sich auch mit Blick auf den Publikationssektor der Massenmedien oder der Ratgeber zu informieren. Gerade hieran ist es doch möglich, den gesellschaftlichen Diskurs tagesaktuell zu verfolgen. In einem Buch über (erziehungs-)wissenschaftliches Arbeiten ist allerdings auf die Differenz zwischen eher erfahrungsgesättigten Berichten und wissenschaftlicher Analyse hinzuweisen. Wissenschaftliche Analyse ist dabei durch stringente Argumentation in Bezug auf einen Gegenstand geprägt. Die Ergebnisse stehen im Anspruch nachvollziehbar zu sein, das heißt: theoretisch und methodisch begründet. Behauptungen müssen so entweder durch eigene Analysen hergeleitet oder anhand von Quellen und Literaturangaben belegt werden. Kurzum: Wissenschaftliches Arbeiten ist kriterial gestützt. Im Unterschied zu journalistischen Texten oder Ratge-

berliteratur geht es weder um eine effektreiche Story noch um eine cha-
rismatische Erzählung des Gelingens, sondern um intersubjektiv nach-
vollziehbare Argumente und die sachliche Präsentation eigenständiger –
originaler – Forschungsergebnisse.

2.2   Die Entwicklung von Fragestellungen

Wozu braucht der Mensch Erziehung?
Was will eigentlich die ältere Generation mit der jüngeren?
Was will die jüngere Generation mit der älteren?
Gibt es eine allgemeine Theorie über Pädagogik?
Wie wird am familialen Abendbrottisch erzogen?
Was ist ein:e gute:r Lehrer:in?
Welche Leistungsfähigkeit zeigen Jugendliche im internationalen Vergleich?
Wie wird soziale Differenzierung im Erziehungsprozess hervorgebracht?
Wann sind Kinder schulreif?
Brauchen Kinder die Handschrift?
Wieviel Medienkonsum ist für Jugendliche schädlich?
Wie gehen ethnisch diverse Gruppen miteinander um?
Wie lernen Erwachsene?
Was ist professionelles Handeln?
Ist Mehrsprachigkeit ein Vorteil in der schulischen Bildung oder ein Nachteil?
Wie wichtig ist Familie, sind Freunde, sind Lehrer:innen für das Aufwachsen?
Können Menschen im Alter noch lernen?
Wie kann Zusammenleben in der Migrationsgesellschaft gestaltet werden?
Was ist eine gute Schule?
Wie lassen sich Bildungssysteme vergleichen?

Die Auswahlliste zeigt: Fragen rund um den Gegenstand der Erziehung
lassen sich nicht ohne Weiteres als Forschungsfragen identifizieren. Sie
können als Fragen von allgemeinem Interesse rund um Prozesse der Bildung, der Erziehung und der Sozialisation gesehen werden, die auch zu
erziehungswissenschaftlichen Fragen werden können. Dabei ist es kaum
möglich, sie alle auf einen Nenner zu bringen. Ebenso wenig lässt sich
»der« eine Kern von erziehungswissenschaftlichen Fragen identifizieren

(vgl. Koller 2014, Krüger 2019). Die Aussage: »Typisch für Erziehungswissenschaft sind Fragen zu...« kann nicht kurz und bündig erfolgen. Es lässt sich wohl annehmen, dass die Fragen, die gestellt werden, es insgesamt mit Erziehung, Bildung und/oder Sozialisation zu tun haben. Ob aber nun das Individuum in seiner psychischen Verfasstheit betrachtet wird oder die gesellschaftlichen Bedingungen und die sozialstatistisch relevanten Orientierungen hängt wesentlich davon ab, *wie* Fragen gestellt werden.

In einer vorläufigen Bestimmung (man nennt diese Vorläufigkeit, die durchaus methodisch sinnvoll sein kann, auch *heuristisch*) soll hier auf zwei unterschiedliche Varianten des Fragestellens eingegangen und von dort darauf geschlossen werden, welche Bedingungen an die Forschung mit der Art der Fragestellung geknüpft sind:

1. soll in diesem Zusammenhang die Bestimmung der Forschungsfrage über die Phänomene, die eine soziale Praxis als eine Erziehungs-, Bildungs- und Sozialisationspraxis kennzeichnen, entwickelt werden;
2. wird die Möglichkeit entfaltet, Fragen von Forschungsdesideraten her zu denken, das heißt als Feststellung, dass zu bestimmten Bereichen noch keine Ergebnisse vorliegen oder die Ergebnisse unter einer bestimmten Perspektive nicht aussagekräftig genug sind.

Beide Varianten sind nicht isoliert voneinander zu denken, sondern stehen in einem Verweisungszusammenhang, denn auch bei der Frageentwicklung über Phänomene (1) muss der Forschungsstand und müssen die -desiderate geprüft werden, auch beim Ausgang von Forschungsdesideraten ist zu überlegen, wie diese an die soziale Wirklichkeit anschließen. Dieser Verweisungszusammenhang wird in Abbildung 2.1 sichtbar (▶ Abb. 2.1).

Wie sich die einzelnen Varianten ausdifferenzieren lassen und wie es schließlich um den Verweisungszusammenhang bestellt ist, soll im Folgenden behandelt werden. Dabei kann vorausschickend angemerkt werden, dass die Entfaltung der Varianten auch bedeutet, neben den im vorhergehenden Kapitel entfalteten Merkmalen erziehungs*wissenschaftlichen* Fragens Eigenschaften zu entfalten, die für die Disziplin *Erziehungswissenschaft* kennzeichnend sind. Es geht also nicht so sehr darum, wie man mit Blick auf Prozesse der Bildung, Erziehung und Sozialisation wissen-

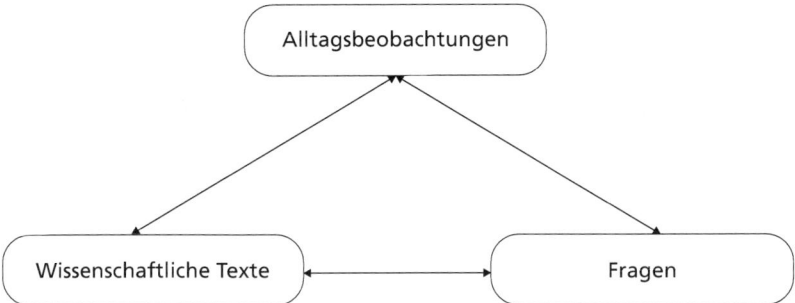

Abb. 2.1: Verweisungszusammenhang Erziehungswissenschaftlicher Fragen (eigene Darstellung)

schaftlich fragt (▶ Kap. 2.1), sondern darum, sich mit der disziplinären Verortung von Fragen auseinanderzusetzen und diese idealtypisch zu bestimmen.

Zur Bestimmung der Forschungsfrage über die Phänomene

Wie eng das Stellen wissenschaftlicher Fragen mit der untersuchten Praxis verbunden ist, zeigt sich daran, dass Erziehungswissenschaft häufig ihre Forschungsfragen aus der Praxis heraus generiert. Eine sinnliche Wahrnehmung oder Beobachtung, die vielleicht irritiert, aber nicht befriedigend aus dem Alltagswissen heraus beantwortet werden kann, kann Anlass sein, sich zu fragen, welches wissenschaftliche Wissen darüber bereits vorliegt, und darauf aufbauend eine eigene Forschungsfrage zu entwickeln. Solch eine Irritation kann z.B. durch eine Beobachtung im Praktikum hervorgerufen werden, wenn man beobachtet, dass ein Großteil des Unterrichts darin besteht, die Vermittlung von Wissen durch Disziplinierung erst zu ermöglichen. Hier lassen sich Fragen danach stellen, wie Erziehung in den Unterricht eingelagert ist, wie Lehrer:innen und Schüler:innen an der Herstellung von Störungen und ihrer Bearbeitung beteiligt sind usw. In sozialpädagogischen Zusammenhängen könnte z.B. beobachtet werden, dass es in Teamgesprächen zu mehr oder weniger ausgesprochenen Konflikten kommt. Hieraus könnte die Frage entwickelt

35

werden, welche Strukturen der Professionalisierung sich in Teamgespräche einschreiben. Auch im privaten Alltag kann es zur irritierten Wahrnehmung von Veränderungen kommen, etwa wenn ein Kind im Übergang zur Jugendphase beginnt, sich als Cosplayer:in zu kleiden und in diese Szene einzutauchen. Hieran können Fragen zu biographischen Übergängen oder zum Wandel der Freundschaftsbeziehungen angeknüpft werden. Es wird deutlich: In Phänomenen, wie sie hier beispielhaft besprochen wurden, zeigt sich gewissermaßen ein Reflexionsgegenstand, der mittels theoretischer oder empirischer Auseinandersetzung erschlossen und beschrieben werden kann.

Die Auseinandersetzung mit Phänomenen ist auch schon in Klassikern der Erziehungswissenschaft auffindbar: Wenn Immanuel Kant (1803/ 1977) in seiner philosophischen Auseinandersetzung mit der Lehre vom Menschen Mensch und Tier differenziert, so gelangt er dort zu der Erkenntnis, dass Menschen anders seien als Tiere, da sie erziehungsbedürftig seien. Der Mensch-Tier-Vergleich basiert auf einer beobachteten Annahme und dem Stand der damals in der Wissenschaft dominanten Hypothese, dass Menschen den Tieren überlegen seien, aber zu dieser Überlegenheit erst durch Erziehung gebracht werden müssten (ebd.: S. 697). Diese Überlegenheit ist von einer aufklärerischen Vorstellung von Vernunft begleitet und mündet in der Vorstellung Kants schließlich in eine Freiheit, die sich ihrer Verantwortung für Andere bewusst ist. Dabei ist das Erziehungsziel »Freiheit« wiederum ein normativ festgelegtes Ziel, das sich an die Vorstellung von Mündigkeit knüpft. Kant schöpft daraus eine nächste Forschungsfrage: »Wie kultiviere ich die Freiheit bei dem Zwange?« (ebd.: 711). Zwang – also Erziehung – sei nötig, um Freiheit im Sinne der Mündigkeit zu ermöglichen.

Von der Beobachtung oder dem Phänomen ausgehend, stellt Kant also die Frage nach der Erziehungsbedürftigkeit des Menschen – eine wichtige Forschungsfrage, die seither viel und auch kontrovers diskutiert wurde und die auch Kant wieder zu neuen Forschungsfragen geführt hat. So dienen Kants Überlegungen bis heute als bedeutsame Grundlage der Legitimation, sich wissenschaftlich mit Erziehung, Bildung und Sozialisation auseinanderzusetzen. Zudem gilt sie als eine erste Thematisierung grundsätzlicher Spannungsverhältnisse (Freiheit und Zwang) in Erziehungsverhältnissen, die bis heute in der Frage nach der Ermöglichung von Autonomie in der Erziehungswissenschaft eine hohe Bedeutung hat. Gleichzeitig ist in heutiger Perspektive Kants Menschenbild, in dem Erziehung hauptsächlich auf ›weiße‹[1], vor allem männliche Kinder bürgerlicher Schichten bezogen war, nicht mit anerkennungs- und gerechtigkeitstheoretischen Vorstellungen von Erziehung vereinbar (▶ Kap. 3).

Mit Blick auf die Entwicklung einer Forschungsfrage kann vor diesem Hintergrund gesagt werden, dass Kant als Aufklärer die Auseinandersetzung mit der Art, wie erziehungswissenschaftliche Fragen gestellt und bearbeitet werden, auf besondere Weise geprägt hat. Es geht (1) um ein beobachtetes Phänomen – die Erziehungsbedürftigkeit, die von dem Abrichten des Tieres abgegrenzt wird –, das in einer bestimmten, historisch bedingten Reichweite in einer gewissen Offenheit diskutiert wird. Die Frage, die sich Kant daraufhin (2) stellt: »Wie kultiviere ich die Freiheit bei dem Zwange«, ist der Prototyp erziehungswissenschaftlicher Fragestellungen seit der Aufklärung – insbesondere, wenn es um das Verhältnis noch unmündiger und bereits mündiger Menschen geht.

Man kann nun mit Fug und Recht annehmen, dass Kant diese Frage nicht auf die gleiche Art und Weise hätte stellen können, hätte es die Aufklärung nicht gegeben. Denn dann wäre die Idee individueller Freiheit und der irdischen Sinnerfüllung nicht gegeben gewesen. Dies zeigt (3), dass die Forschungsfragen in der Erziehungswissenschaft nicht nur eine gesellschaftliche Relevanz haben (z. B. Erziehung zur Mündigkeit zu ermöglichen), sondern auch in gesellschaftliche Horizonte und die jeweiligen Reichweiten des Denkens eingebettet sind. So hat sich zwar die Frage bis heute nicht deutlich verändert – im Gegenteil –, nach wie vor wird gerade der Widerspruch von Freiheit (als Ziel) und Zwang (als Mittel) als Grundspannung (Antinomie) der Erziehung insgesamt dargestellt (Helsper 2004). Doch es lässt sich feststellen, dass sie sich unter Bedingungen der Moderne immer wieder auf neue Weise stellt.

---

1 Die Hervorhebung von ›weiß‹ und ›Schwarz‹ in Anführungszeichen folgt in diesem Band vor dem Hintergrund der postkolonialen Kritik an den Herrschaftsverhältnissen, die durch ethnische Unterscheidungen getroffen werden. Die Begriffe beschreiben keine Hautfarben, sondern Positionierungen in dominanzkulturellen Ordnungen.

Dies zeigen nicht zuletzt die Fragestellungen Theodor W. Adornos (1903–1969) zur Erziehung nach Auschwitz und Erziehung zur Mündigkeit. Dabei steht im Zentrum die Auseinandersetzung darüber, wie es möglich sei, Erziehung so zu gestalten, dass Auschwitz sich nicht wiederhole (Adorno 1969). Die Ermöglichung von Mündigkeit wird als wichtigster Gegenhorizont zur Barbarei des Holocaust benannt. Auch hier ist ein Phänomen – die Barbarei in den Konzentrationslagern der Nationalsozialist:innen – Anlass, eine Forschungsfrage zu stellen, die von erziehungswissenschaftlicher Relevanz ist: wie nämlich einerseits überhaupt so etwas wie Auschwitz unter Bedingungen der Aufklärung und des Humanismus möglich werden konnte und wie andererseits gegen eine Wiederholung gearbeitet werden kann.

Die Frage so zu stellen, setzte auch gesellschaftlich wichtige Impulse, in der Bildungspolitik in der Bundesrepublik Deutschland darüber nachzudenken, welche Vorkehrungen getroffen werden könnten, damit sich die Gräuel von Auschwitz niemals wiederholen.

Noch heute finden sich in den Schulgesetzen der Bundesländer Bestimmungen zum Erziehungsauftrag der Schule, in dem Mündigkeit und ein Widerstehen gegenüber den Vereinnahmungen durch politische Ideologien zentral sind. Auch die 1968er- Bewegung bezog sich in ihrer Kritik an den autoritären Erziehungsverhältnissen deutlich auf die Kritische Theorie Adornos. Aus dieser Bewegung entstand zum Beispiel die antiautoritäre Erziehungsbewegung, welche die Kinderladenbewegung nach sich zog. Auch die Erziehungsverhältnisse in den Schulen veränderten sich nach und nach. Schließlich bildete sich in der Folge der Kritischen Theorie auch eine Perspektive heraus, die als »Kritische Erziehungswissenschaft« (▶ Kap. 4.1) bezeichnet wird.

Hier zeigt sich, wie durch eine Forschungsfrage (»Wie ist Erziehung zur Mündigkeit möglich?«) und den Versuch, Antworten darauf zu finden, Bewegung in gesellschaftliche Perspektiven kommen kann und auch Veränderungen in den wissenschaftlichen Auseinandersetzungen stattfinden können. Mit dieser Frage stand aber Adorno nicht allein. Die genannte Frage ist nur ein Beispiel dafür, wie sich erziehungswissenschaftliche Fragen auch mit gesellschaftlichen Prozessen verknüpfen: sie sind in gesellschaftliche Prozesse eingelagert (z.B. die nationalsozialistische Vergangenheit Deutschlands) und richten sich an aktuellen Themen aus (den Erziehungsverhältnissen).

Auch wenn es in diesem Kapitel nicht um die Antworten gehen soll, die auf die Frage Adornos entwickelt wurden, so soll hier doch kurz auf eine Grenze von wissenschaftlichem Fragen und anschließenden Forschungsergebnissen Bezug genommen und damit einem später folgenden Kapitel (▶ Kap. 6) vorgegriffen werden: Erziehungswissenschaftliche Ausführungen und auch Erziehung selbst können keine direkten Antworten auf gesellschaftliche Probleme geben. Dem trägt auch Adorno Rechnung, wenn er sagt, dass die Barbarei auch Teil des Zivilisationsprozesses ist und das Zivilisatorische auch immer das Antizivilisatorische hervorbringe (Adorno 1969: 88). Der mit der Aufklärung einhergehende Zivilisationsprozess habe vermeintlich zu Humanismus geführt, aber auch dieser ist von der Möglichkeit zur Barbarei durchsetzt. Zivilisation und wissenschaftliche Erkenntnis tragen in dieser Perspektive also auch immer eine Kehrseite in sich. Das wird auch daran deutlich, dass wissenschaftliche Erkenntnis Massenvernichtungswaffen ermöglichten, die eingesetzt wurden, um Hunderttausende auszulöschen (ebd.: 89). Hier kann auch Erziehung nicht die Antwort auf Probleme wie Faschismus oder Massenvernichtung sein und erziehungswissenschaftliches Fragen birgt kaum die Hoffnung auf eine Bearbeitung gesellschaftlicher Probleme – eben weil Erziehung auch *Teil* des gesellschaftlichen Prozesses ist.

Adornos Antwort auf die Frage, welche Möglichkeit Erziehung hier habe, nimmt insofern zunächst vorweg, dass ein Aufbegehren gegen das Miteinander von Zivilisation und Barbarei etwas Desparates habe (ebd.: 88). Er fordert hier eine Wendung auf das Subjekt, das sich eben nicht blind mit dem Kollektiv identifiziert (ebd.: 95). Diese Forderung trägt jedoch selbst wieder einen idealistischen Zug, der die Machtverhältnisse zunächst ausblendet. Diese werden insbesondere unter Bedingungen der heute sehr vielfältigen Lebensformen und der Ungewissheitsstrukturen über Erziehungsziele zunehmend hinterfragt (vgl. Thompson 2020).

Dass Phänomene sich verändern, sich aber bestimmte Fragen wiederholen, zeigt sich auch in einer weiteren wichtigen Dimension von Erziehung, die vor allem mit der Auseinandersetzung von Alt und Jung zu tun hat: den pädagogischen Generationsbeziehungen. Hierzu hat als einer der ersten Friedrich Daniel Ernst Schleiermacher (1768–1834) zu Beginn des

19. Jahrhunderts systematisch geforscht. Im Jahr 1826 ist dazu seine Abhandlung zur Frage »Was will eigentlich die ältere Generation mit der jüngeren« erschienen (Schleiermacher 1926/1959). Es ist eine Frage, die auch von Alltagsphänomenen gekennzeichnet ist, nämlich der Wahrnehmung einer Differenz von Alt und Jung und der Bedingtheit von Erziehungsverhältnissen durch diese Differenz. Sie ist bei Schleiermacher stark an die Vorstellung angeknüpft, dass Pädagogik der Ethik unterstellt ist. Dies rührt aus der christlich theologischen Tradition, in der Schleiermacher seine Theorien entwickelt. Die Frage »Was will die ältere Generation mit der jüngeren?« nimmt insofern Bezug auf die Zielsetzung von Pädagogik und die Praxisrelevanz der Auseinandersetzung von Alt und Jung (vgl. Schluß 2012).

So wie die Frage gestellt wird, kann zunächst schlicht geschlossen werden, dass das zugrunde liegende Phänomen die Beobachtung ist, dass Erziehung in einer Beziehung stattfindet, die durch die Differenz von Alt und Jung geprägt ist. Dies ist dem Erziehungsbegriff schon eingeschrieben, da Erziehung grundsätzlich als Prozess angelegt ist, der sich zwischen Erwachsenen und Kindern vollzieht und in dem die Abhängigkeit der Kinder von Erwachsenen gegeben ist. Diese wird dann im Prozess des Aufwachsens allmählich in Mündigkeit überführt (vgl. Hummrich/Kramer 2017). Damit ist auch die Erwartung der Verantwortungsübernahme an die ältere Generation formuliert. Schleiermacher fragt aber auch: Was bringt es der älteren Generation, diese Beziehung einzugehen? Welche Erwartungen darf die ältere an die jüngere Generation haben?

Diese Fragen können auch als Anfrage verstanden werden, ob nicht die ältere Generation ganz gut ohne die jüngere auskommen könne? Schleiermacher beobachtet also, dass das Verhältnis zwischen Alt und Jung nicht egalitär, sondern durch Ungleichheit (Altersdifferenz und -hierarchie) geprägt ist. Er bringt die Abhängigkeit der Jüngeren zum Ausdruck, verweist aber auch darauf, dass der Preis der Verantwortungsübernahme der älteren Generation ist, etwas von der jüngeren wollen zu dürfen. Die jüngere Generation muss so den Erwartungen der älteren folgen und sich in die Hierarchie (die generationale Ordnung) einfügen.

Nun hat sich aber an den autoritären Beziehungen zwischen Alt und Jung, wie sie zu Zeiten von Schleiermacher die Mehrzahl gewesen sein mögen, sehr viel geändert. Generationsbeziehungen sind schon seit vielen

Jahren nicht mehr von deutlicher Autorität und tendenziell viel weniger von einem starken Hierarchiegefälle geprägt. Man könnte gegenteilig argumentieren, dass durch steigende Medienkompetenz die ältere Generation von der jüngeren abhängig ist und sich die Beziehungen inzwischen weit demokratisiert haben. Vor diesem Hintergrund fragt Lothar Böhnisch bereits 1997: »Was will denn eigentlich die jüngere Generation mit der älteren?« Haben sich die Generationsbeziehungen angeglichen? Werden sie überflüssig? Müsste man nicht eigentlich von einer Umkehrung der Generationsbeziehungen sprechen? Oder sozialisieren sich die Jüngeren gar selbst (Ables/König 2016)? Ist die Rede von Erziehung überhaupt noch zeitgemäß? All diese Anschlussfragen verweisen wieder darauf, dass ein Kernthema der Erziehungswissenschaft – das Verhältnis von Alt und Jung – geblieben ist, die Antwort hierauf aber unverbrüchlich mit den gesellschaftlichen Verhältnissen verbunden ist.

Die Bestimmung der Forschungsfrage über Forschungsdesiderate

Selbstverständlich müssen sich auch Fragen, die auf Alltagsphänomenen basieren, über den Forschungsstand legitimieren. Denn es könnte ja sein, dass man sich eine Frage stellt, die schon sehr umfassend wissenschaftlich bearbeitet worden ist. Wissenschaftliche Fragestellungen haben jedoch, dies wurde oben schon angedeutet, den Anspruch, jeweils neu oder auf neue Weise gestellt zu werden. Darum bedarf es auch dann einer genauen Analyse des Forschungsfeldes, wenn man eine Alltagsbeobachtung gemacht hat – wie dies auch bereits oben angedeutet wurde. Annahmen wie: heute wird bei Tisch weniger geredet, weil alle nur noch mit sozialen Medien beschäftigt sind; oder: die Jugend von heute ist viel frecher als vor 20, 30 oder 50 Jahren, wären zum Beispiel deutlich daraufhin zu prüfen, welche Befunde aus vorhergehenden Studien zu einem früheren Zeitpunkt bereits vorliegen oder ob sich vergleichende Aussagen überhaupt treffen lassen würden. Wird zum Beispiel von einem Prozessverlauf der Steigerung ausgegangen (wie die genannten Aussagen zu der immer frecher werdenden Jugend oder einer Jugend, die sich immer weniger engagiert), so erweist sich eine Fragestellung dann als wissenschaftlich, wenn deutlich wird, dass sie auf vergangene Forschung bezogen werden und anhand von wissenschaftlichen Kriterien bearbeitet werden kann. Andere Aussagen könnten wiederum als »Immermehrismus« (▶ Kap. 2.1) bezeichnet werden. Insofern schließt sich an die Frage, die aus der Alltagsbeobachtung generiert wurde (z. B. »Die Jugend von heute ist soundso«), immer eine Auseinandersetzung mit dem Forschungsstand an, der Forschungsdesiderate identifizierbar macht, also Lücken in der Vollständigkeit wissenschaftlicher Aussagen zu einer bestimmten Frage.

Zuweilen fallen aber auch Widersprüche oder Desiderata auf, wenn ein bestimmter Forschungstand, zum Beispiel in einem Seminar oder auf einer wissenschaftlichen Tagung, zur Kenntnis genommen wird. Dann wird möglicherweise die Frage, die daraus entsteht, an Alltagsbeobachtungen zurückgebunden und/oder darüber nachgedacht, wie diese Frage (wissenschaftlich) beantwortet werden könnte. Um dies zu veranschaulichen, sollen zwei Beispiele wissenschaftlicher Studien genannt werden, in denen am Anfang die Forschungsdesiderate im Vordergrund standen. Das erste Beispiel setzt bei dem Verweis im obigen Abschnitt an, in dem die Hypothese herausgearbeitet wurde, dass in pädagogischen Generationsbeziehungen heute nicht mehr die jüngere Generation der älteren folgt (Schleiermacher), sondern die ältere Generation an Bedeutung verloren habe und sich Generationsbeziehungen geradezu umkehren oder Jugendliche sich vor allem selbst sozialisieren. Hiermit liegt ein Stand der Forschung vor, der die Formulierung einer starken Hypothese zulässt: Jugendliche orientieren sich zunehmend an sich selbst und immer weniger an ihren Eltern.

Nun fällt allerdings auf, dass die Diskussionen, die damit in Verbindung stehen, vorrangig als Modelle gedacht sind: sie stellen zunächst eine Heuristik dar. Das heißt: die Hypothesen und Modelle wurden formuliert, weil zum einen Studien zur Lage von Jugendlichen – wie etwa die seit 1953 von der Deutschen Shell regelmäßig durchgeführten Shell-Studien – darauf verweisen, dass Jugendliche immer selbständiger geworden sind (Deutsche Shell 2019); zum anderen, weil auch dokumentiert ist, dass die Beziehungen zwischen Alt und Jung sich nach 1968 grundsätzlich demokratisiert haben und der Tendenz nach viel weniger autoritär sind als vorher (ebd.).

Ein *Forschungsdesiderat* war indes lange Zeit eine Untersuchung darüber, was Generationsbeziehungen den Jugendlichen selbst bedeuten und welche Vorstellungen und Bedeutungskonstruktionen sich in ihnen *tatsächlich* finden lassen. Hier hat in den frühen 2000er Jahren eine Studie von Helsper, Kramer, Hummrich und Busse angesetzt, die nach diesen *Tatsächlichkeiten* fragt und ausgehend von den Hypothesen und Modellen Bedeutungskonstruktionen und Vorstellungen innerhalb pädagogischer Generationsbeziehungen untersucht. Dabei ging es nicht um eine bloße Prüfung von Hypothesen. Vielmehr war das Anliegen der Studie zu »Jugend zwischen Familie und Schule« (Helsper et al. 2009), danach zu fragen, »wie« sich Jugendliche mit schulischen und familialen Generationsbeziehungen auseinandersetzen. Das bedeutet, den Hypothesen, die sich aus den vorhergehenden Annahmen ableiten lassen (z. B. den Bedeutungsverlust der älteren Generation für die Jüngere) einen Stellenwert einzuräumen, diesen jedoch als Heuristik – als offenes theoretisches Modell – zu begreifen und damit die grundlegenden Bedingungen der *Erziehungswirklichkeit* in den Blick zu nehmen.

Die Erschließung von erziehungswissenschaftlichen Forschungsfragen über das Generationenthema ist plausibel, da die Erziehungstatsache – also die Notwendigkeit, dass die jüngere Generation von der älteren erzogen wird (Bernfeld 1926/2016) – sich in der Erziehungswissenschaft als »Dauerbrenner« etabliert hat. Es ist also ein Thema, das konstitutiv für erziehungswissenschaftliches Fragen ist. Aber für das Aufwachsen scheinen doch auch weitere Beziehungen relevant – zum Beispiel zwischen Gleichaltrigen. Auch hiernach fragt die Erziehungswissenschaft und es gibt seit dem beginnenden 20. Jahrhundert eine sich zunehmend ausdifferenzierende Forschung zur Bedeutung der Gleichaltrigen für die Sozialisation – also die Ermöglichung der Vergesellschaftung.

In diesem Zusammenhang entstanden dann um die 1960er Jahre sozialisationstheoretische Überlegungen dazu, dass für die Autonomieentwicklung von Jugendlichen Gleichaltrige besonders wichtig sind (Eisenstadt 1966, Naudascher 1977), was schließlich in empirische Untersuchungen zu sogenannten Sub- und Gegenkulturen Jugendlicher geführt hat – also Positionierungen Jugendlicher gegen die Erwachsenenwelt (Cohen 1985, Willis 1979).

Vor diesem Hintergrund kann als zweites Beispiel ein Forschungsdesiderat aufgerufen werden, das sich aus dem Forschungsstand zur Bedeutung von Gleichaltrigenbeziehungen ergab. Hier wurde zum Beispiel im DFG-Projekt »Zum Selbstbild Jugendlicher in Schule und Subkultur« (vgl. Bietau et al. 1981) danach gefragt, inwiefern Beziehungen zu Jugendlichen untereinander und Vergemeinschaftungen in Subkulturen für Prozesse des Aufwachsens relevant sind. Dabei wurde aber nicht nur danach gefragt, wie sich die Jugendlichen von Erwachsenen abgrenzen, sondern welche eigenlogischen Stile und Bearbeitungsmodi sie entwickeln, um sich mit der Gesellschaft auseinanderzusetzen. Fragen wie diese stellen sich angesichts von Digitalisierung heute in einer neuen Weise. Zur Frage der Bedeutung von Digitalisierung in der Jugendphase liegen erst wenige Befunde vor (z. B. Hugger 2014).

Wie fragen?

In den hier vorgenommenen Abgrenzungen zum Stellenwert von Hypothesen und der Frage ihrer Überprüfung oder ihrer Wahrnehmung als heuristisch deutet sich schließlich an, dass die Art, wie Schlussfolgerungen aus Forschungsdesideraten in Fragen überführt werden und schließlich wie die Fragen insgesamt gestellt werden, mit unterschiedlichen methodischen Vorgehensweisen verknüpft ist (▶ Kap. 5). Ohne allzu weit vorgreifen zu wollen, soll hier doch angedeutet werden, dass es einen weitreichenden Unterschied macht, wie die Fragen gestellt werden und dass dies auch Konsequenzen für die methodische Anlage und die methodologische Verortung einer Studie hat. Drei Varianten sollen hier benannt werden:

1. Fragen können so gestellt werden, dass ihre Bearbeitung historisch-systematisch erfolgt. Dies wäre etwa der Fall, wenn historische Verläufe und widerstreitende wissenschaftliche Positionen untersucht werden. Die theoretische Auseinandersetzung, die damit angesprochen ist, bettet auch empirische Studien ein – also Studien, die hypothesenüberprüfend (2) oder theoriegenerierend (3) arbeiten.

2. Einige Fragen dienen der Überprüfung von Hypothesen, die aus einem Stand der Forschung und einem damit einhergehenden Forschungsdesiderat formuliert wurden. Dies wäre der Fall, wenn gefragt wird: »Ist das wirklich so?«»Welche Selbsteinschätzungen und Fremdeinschätzungen zu pädagogischen Generationsbeziehungen finden wir vor?« Es würde anschließend darum gehen, die Erziehungswirklichkeit auf Einstellungen, Orientierungen oder auch die Leistungsfähigkeit, die aus der Erziehungswirklichkeit (also durch schulische Bildung zum Beispiel) resultieren, zu untersuchen. Es geht somit weniger um einen Betrag zu Grundlagen als vielmehr um eine Vergewisserung der positiv bestimmbaren Daten zu Erziehung, Bildung und Sozialisation.

3. Schließlich sind Fragen zu nennen, die die Hypothesen zum heuristischen Ausgangspunkt für empirisch fundierte Theoriebildung nehmen und die Forschungsdesiderate bedeutungsorientiert und sinnverstehend ausdeuten. Diesen Fall haben wir am Beispiel der Studie zu pädagogischen Generationsbeziehungen und anhand der Forschungslinie zu Jugendforschung nachvollziehen können. Studien, die so gelagert sind, betreffen die Grundlagen pädagogischen Handelns und der sozialen Wirklichkeit von Erziehungs-, Bildungs- und Sozialisationsprozessen.

Dass Fragen in unterschiedlicher Weise gestellt werden, verweist auf den allgemeinen sozialwissenschaftlichen Bezug der Erziehungswissenschaft. Auch in Soziologie und Psychologie finden sich alle drei Frageorientierungen. Dies wird uns auch im Weiteren beschäftigen. Spezifisch erziehungswissenschaftlich ist – und hier haben wir einen gemeinsamen Bezugshorizont der typischen Fragevarianten – die dezidierte Problematisierung von Themen, die das Feld von Erziehung, Bildung und Sozialisation betreffen und in denen es um Fragen der Orientierung pädagogisch Handelnder bzw. deren institutionelle und gesellschaftliche Einbettung geht. Eine bestimmte Vorstellung von Praxis schwingt also in all diesen Fragen bereits mit. Wir können hier nachvollziehen, dass der Gegenstandsbezug der Erziehungswissenschaft – die soziale Wirklichkeit von Erziehung, Bildung und Sozialisation – in vielfältigen Untersuchungen ihren Ausdruck findet und sich damit ein großes Spektrum an Möglichkeiten bietet, erziehungswissenschaftlich zu fragen.

2.3 Das Verhältnis von Fragestellung, Gegenstand und Zielsetzung

In den vorhergehenden Kapiteln wurde betont, dass die Fragestellungen in der Erziehungswissenschaft vielfältig sein können und dass das spezifische Verhältnis von Theorie und Praxis immer auch die Fragestellungen mitbestimmt. Davon betroffen sind nun auch erziehungswissenschaftliche Gegenstandsbestimmungen und Zielsetzungen von Forschungsarbeiten. Unabhängig davon, ob die Forschungsfrage über Phänomene oder Desiderate gestellt werden, sie stehen in jedem Fall in einem Zusammenhang mit der Notwendigkeit, den Forschungsgegenstand zu bestimmen, die Zielsetzung einer Arbeit zu formulieren und in ein konsistentes Verhältnis zu bringen (Abb. 2.2).

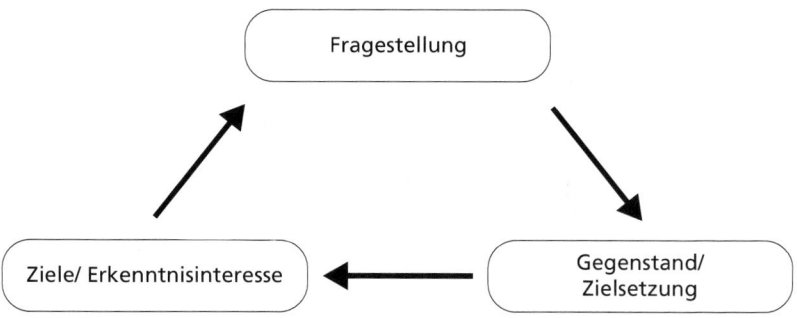

Abb. 2.2: Verhältnis Fragestellung – Gegenstandsbestimmung – Zielsetzung

Die Abbildung zeigt den wechselseitigen Verweisungszusammenhang von Forschungsfrage, Gegenstandsbestimmung und Zielsetzung/Erkenntnisinteresse. Üblicherweise finden sich Ausführungen dazu in Einleitungen wissenschaftlicher Texte. Im Folgenden sollen die drei Bereiche kurz skizziert und dann vor dem Hintergrund der oben genannten Varianten von Fragestellungen (diskursiv, hypothesenüberprüfend, theoriegenerierend) ausführlicher entfaltet werden.

- Die *Fragestellung* ist auf erziehungswissenschaftlich generierbare Erkenntnis gerichtet und verweist – wie oben bereits erläutert – auf methodologische Erkenntnisfähigkeit, d. h. die Frage muss mit wissenschaftlichen Mitteln beantwortbar sein.
- Der *Gegenstand* oder *Untersuchungsgegenstand* bettet die Fragestellung in
einen Forschungszusammenhang oder -bereich ein. Er gibt damit auch
Aufschluss darüber, auf welchen Theoriezusammenhang sich in der
Entfaltung eines Themas (z. B. im ›Stand der Forschung‹) bezogen
werden muss. Die Auseinandersetzung mit dem Gegenstandsbereich
verortet also die Forschungsfrage auch disziplinär (z. B. in der Erziehungswissenschaft).
- Die *Zielsetzung* oder das *Erkenntnisinteresse* formuliert eine Erwartung
des Beitrags einer Forschungsarbeit bzw. wissenschaftlichen Auseinandersetzung zu einem Gegenstandsbereich und zu einer Fragestellung.

Dass Fragestellung, Gegenstandsbereich und Zielsetzung aufeinander abgestimmt werden, ist eine wichtige Voraussetzung für die Nachvollziehbarkeit wissenschaftlicher Arbeiten und gleichzeitig notwendig, um ein
angemessenes Untersuchungs*design* zu entwerfen (Kromrey 2009). Das
heißt: die spätere Arbeit bzw. der auf die Erläuterung der Trias von Fragestellung, Gegenstandsbereich und Zielsetzung folgende wissenschaftliche Beitrag baut auf der Passung dieser Trias auf. Der ›Stand der Forschung‹
(der in wissenschaftlichen Aufsätzen und Monographien oft inhaltlich
überschrieben ist) und die analytische Auseinandersetzung der Frage auf
der Basis wissenschaftlicher Methoden werden in der Auseinandersetzung
mit Fragestellung, Gegenstandsbestimmung und Zielsetzung bereits zugrunde gelegt. Im Folgenden sollen einige Beispiele benannt werden, wie
die benannte Trias untereinander vermittelt ist. Detailliert werden die
Fragestellungen in den nachfolgenden Kapiteln behandelt.

Historisch-/Systematisches Arbeiten

Oben haben wir »historische und oder systematische Fragestellungen« als
eine Variante genannt, in der wissenschaftlich gearbeitet werden kann.
Verwiesen werden soll hier vor allem darauf, dass Fragestellung, Gegen-

standsbestimmung und Zielsetzung wissenschaftlicher Auseinandersetzungen so aufeinander abgestimmt sind, dass sie vor allem auf Theoriediskurse Bezug nehmen. Dies ist zum Beispiel in der geisteswissenschaftlichen und in der kritischen Pädagogik der Fall (Krüger 2019). Ein Beispiel für dieses Arbeiten wurde bereits in diesem Kapitel benannt:

Es handelte sich um die *Frage* nach der Kindheitskontruktion in den *childhood studies* (Honig 2009). Die Frage »Welche Kindheitskonstruktion liegt den *childhood studies* zugrunde?« bietet sich deshalb an, hier verhandelt zu werden, weil sich von ihr aus gut auf Gegenstandsbereich und Zielsetzung schließen lässt.

So ist der *Gegenstandsbereich* in den *childhood studies* ein interdisziplinäres (soziologisches, psychologisches *und* erziehungswissenschaftliches) sowie internationales Forschungsfeld, das selbst theoretische und empirische Zugänge zur sozialen Wirklichkeit von Kindheit birgt.

Das *Ziel*, das dabei verhandelt wird, legt jedoch eine historisch-systematische Auseinandersetzung nahe: die *childhood studies* daraufhin zu sichten, welche unterschiedlichen Konstruktionen von Kindheit sie in der Geschichte enthalten haben und gegenwärtig beinhalten. Wir finden damit ein abstraktes Erkenntnisinteresse vor, das einen sehr vielfältig gerahmten Diskurs (nämlich um die Ideen davon und Begründungen dazu, dass Kindheit eine soziale Konstruktion ist) systematisieren will. Das Erkenntnisinteresse besteht also in der Systematisierung.

Hypothesenüberprüfendes Arbeiten

Es gibt eine Vielzahl an Fragestellungen in sozialwissenschaftlichen Zusammenhängen, die empirische Untersuchungen nach sich ziehen. Fragestellungen, mittels derer Hypothesen überprüft werden, haben dabei häufig ein diagnostisches Erkenntnisinteresse (vgl. Kromrey 2009). Um dies zu verdeutlichen, soll eine Studie zur Entwicklung von Ganztagsschulen (im Folgenden: StEG-Untersuchung) exemplarisch vorgestellt werden. Es handelt sich dabei um eine periodisch wiederholte Studie, die den Ausbau von Ganztagsschulen dokumentiert und unter anderem die »Wirkungen auf die Persönlichkeits- und Leistungsentwicklung sowie auf die Bildungswege der Schülerinnen und Schüler« identifiziert (StEG-Konsortium 2016).

Diese Identifikation von Wirkung auf (…) lässt sich als eine (unter anderen) *Fragestellung* der StEG-Studie bezeichnen. Die Frage hieße dann: »Welche Wirkungen zeichnen sich in Ganztagsschulen hinsichtlich der Persönlichkeits-, der Leistungsentwicklung und der Bildungswege von Schüler:innen ab?« Hierbei handelt es sich um eine sogenannte deskriptive Fragestellung (Kromrey 2009: 67), auf deren Basis Hypothesen geprüft werden sollen, die sich um die Wirksamkeit von Bildungsangeboten drehen. Dazu entwickeln die Autor:innen Hypothesen, die anhand von Stichproben (an unterschiedlichen Schulformen in unterschiedlichen Bundesländern) geprüft werden. Zu diesen gehören z. B. die Erwartung, dass sich Schlüsselkompetenzen (wie Lesen und soziale Entwicklung, u. a. m.) durch Ganztagsangebote verbessern.

Von hier aus lässt sich der *Gegenstandsbereich* bestimmen: er liegt im Schnittfeld von erziehungswissenschaftlicher Schulforschung und empirischer Bildungsforschung, wobei der Bereich der Schulforschung eine inhaltliche, der Bereich der empirischen Bildungsforschung eine methodische Orientierung beschreibt.

SteG formuliert schließlich das *Ziel* zu prüfen, ob und inwiefern bildungspolitische und pädagogische Erwartungen eingelöst wurden. Damit geht es am Ende nicht um eine analytisch-kritische Auseinandersetzung mit dem Gegenstand, sondern darum, deskriptive Aussagen zu Theorien und Hypothesen zu machen, die getestet wurden. Das Erkenntnisinteresse ist dabei auch die Übersicht über einen Verlauf, insofern nicht nur ein Zustand (statisch) abgefragt werden soll, sondern eine dynamische Entwicklung (die Wirkung der Ganztagsschulangebote auf schulische Bildungsverläufe) getestet werden soll.

Hypothesengenerierendes Arbeiten

Am Beispiel der *childhood studies* (Honig 2009) haben wir eine Fragestellung gesehen, die auf Kindheits*konstruktionen* abhebt. Dies formuliert eine deutliche Annahme, nämlich die, dass soziale Wirklichkeit nicht objektiv gegeben ist, sondern, dass sie konstruiert ist (vgl. Koller 2014). Das bedeutet, dass die soziale Wirklichkeit, wie sie sich zwischen Menschen ausformt, sinnhaft strukturiert ist und mit Bedeutung gefüllt wird (dazu mehr in den folgenden Kapiteln). Dies impliziert allerdings, dass es in Zugängen zur Wirklichkeit nicht nur auf objektivierte Diagnosen eines vermessbaren Ist-Zustandes (z. B. Lernleistung oder Lernentwicklung) ankommt, sondern auch darum, das soziale Handeln und seine Wirklichkeitskonstruktionen zu verstehen. Die Leistung des Verstehens wird dann in Theorien verfasst. Als Beispiel kann hier noch einmal auf die oben vorgestellte Studie zu »Pädagogischen Generationsbeziehungen in Familie und Schule« rekurriert werden (Helsper et al. 2009).

Hier wurde eine *Fragestellung* aus einem Forschungsdesiderat formuliert (Wie sind Generationsbeziehungen in Familie und Schule bei Jugendlichen gegenwärtig ausgestaltet?), die auf die Qualität von Generationsbeziehungen zielt und damit sehr offen gehalten ist. Es geht also weder um die Systematisierung eines Theoriediskurses noch um die Überprüfung von Hypothesen und eine anschließende Diagnose (zum Lernfortschritt).

Vielmehr ist in der Frage eine offene empirische Erschließung im *Gegenstandsbereich* des komplexen Erziehungs- und Sozialisationshandelns angelegt, das in Familie und Schule stattfindet. Damit sind also gegenstandstheoretische Bezugnahmen auf Schulforschung, aber auch auf Familienforschung und Jugendforschung angesprochen.

Wenn das *Ziel* nun nicht die Überprüfung der Qualität sein kann, sondern die Bedeutung, die Jugendliche den Generationsbeziehungen in Familie und Schule beimessen, so richtet sich das Erkenntnisinteresse auf einen empirisch fundierten Beitrag zur Sozialisationstheorie, der sich schließlich systematisch ausbuchstabieren lässt.

Die Unterschiedlichkeit der Ausgestaltungsmöglichkeiten von Fragestellung, Gegenstandsbestimmung und Zielsetzung aufeinander, verweisen darauf, dass der am Kapitelanfang diagnostizierten Kontingenz der Erziehungswissenschaft Möglichkeiten der Systematisierung zur Seite stehen. Die Abstimmung von Fragestellungen auf Untersuchungsgegenstände und Zielsetzungen/Erkenntnisinteressen wäre eine solche Möglichkeit. Sie hilft auch bei der Vergewisserung darüber, welche methodische Ausrichtung eine Studie haben soll und welche Materialien sich für die Analyse anbieten.

2.4 Die Grenzen erziehungswissenschaftlichen Fragens: Praxistauglichkeit und Ethik

Wo aber ist das wissenschaftliche Fragen in der Erziehungswissenschaft begrenzt? Dies soll an zwei zentralen Themen verhandelt werden: der Praxistauglichkeit und den ethischen Begrenzungen erziehungswissenschaftlichen Fragens.

Zur Praxistauglichkeit

Die drei zeitgenössischen Erziehungswissenschaftler:innen Andreas Wernet, Imke Kollmer und Thomas Wenzl haben sich in ihrem Lehrbuch zu »Praxisparolen« (2018) mit dem Praxiswünschen von Lehrer:innen auseinandergesetzt. In dem Begehr vieler Studierender nach einer Praxisbedeutsamkeit des (Lehramts-) Studiums und den Beschwerden über zu starke »Wissenschaftlichkeit« sehen sie den »Wunsch, die Universität möge ihnen [den Studierenden, d. A.] erspart bleiben. Sie wollen aus der Schule über die Schule in die Schule« (ebd.: 2). Die hierin liegende Praxisorientierung mag ein Motiv sein, das nicht nur Lehramtsstudierenden unterstellt werden kann. Auch wenn sich die Berufsfelder der außerschulischen und der schulischen Arbeit unterscheiden, so wird die Hoffnung, etwas *für die Praxis* zu lernen, regelmäßig und über die Teilstudiengänge hinweg geäußert.

Gleichzeitig ist der Wunsch nach Praxisbezug und Praxistauglichkeit von Lehre und Lehrbüchern dadurch motiviert, »es« später richtig machen zu wollen und selbst in der Praxis zu bestehen. Denn der Gedanke der Nützlichkeit eines Bildungsganges ist etwas, mit dem zahlreiche Studiengänge konfrontiert werden (vgl. Horkheimer 1958/1985). Gerade erziehungswissenschaftliche Studiengänge, aber auch die bildungswissenschaftlichen Begleitstudiengänge im Lehramt sind häufig mit der Frage verbunden: »Was willst du später damit machen?« oder »Und was bringt dieses Wissen nun?« Dem Studium und dem Fragen in der Erziehungswissenschaft haftet also ein gemeinsames diskursives Verdachtsmoment an: sich im Leben bzw. in der Praxis nicht hinreichend bewähren zu können bzw. darauf gerichtet sein zu müssen, die Praxis besser zu machen. Es ist nun möglich, ausführlicher über den Hintergrund dieses Hinterfragens nachzudenken. Was das Lehramtsstudium anbelangt, wird oftmals mit der Struktur der Zweigeteiltheit berufsbezogener *Ausbildung* (im Sinne einer Lehre) und zukunftsoffener *Bildung* (im Sinne eines Studiums) argumentiert. Die Ausbildungsteile (zum Beispiel das Referendariat) sind sehr auf die Berufspraxis und deren Bewältigung gerichtet, während das Studium Handlungsfreiheiten gewährt und die Forschungsperspektiven ergebnisoffen sein sollen. Gleichzeitig sind lange Ausbildungszeiten und die öffentliche Finanzierung der Universität durch die Gesellschaft Grund, nach der Praxistauglichkeit der Entfaltung forschender Perspektiven zu fragen. Und dass diese Fragen in der Erziehungswissenschaft als Einheit gestellt werden (»Was kann ich später mit der Art erziehungswissenschaftlichen Fragens anfangen« und »Was nützt diese Haltung für die Praxis«) rührt auch aus der Konstruktion von Universität und Hochschule an sich – als Ort, an dem grundständig geforscht wird und gleichzeitig (für eine Erziehungspraxis) gelehrt wird.

Die Frage nach dem Verhältnis von Wissenschaft und Praxis zeigt sich also in der Erziehungswissenschaft immer wieder. Man könnte auch sagen, es gibt ein Spannungsfeld von Wissenschaft und Praxis: beide gehen nicht ineinander auf, aber beide sind auch aufeinander verwiesen (Adorno 1969). Es zeigt sich hier, dass es sich bei wissenschaftlichen Fragestellungen um Perspektivnahmen handelt, die das Kriterium der Praxisentlastung benötigen, damit die Arbeit an der Sache möglich ist. Die Möglichkeiten erziehungswissenschaftlichen Fragens liegen damit deutlich darin, sich über Grundlagen der Praxis zu vergewissern, ohne gleichzeitig unter Handlungsdruck zu stehen. Dazu müssen Fragen allerdings nach wissenschaftlichen Kriterien entwickelt werden. Die Doppelposition der Erziehungswissenschaft ist ihre vielleicht bedeutsamste Herausforderung: Als *Erziehungs*wissenschaft ist sie auf Prozesse des Aufwachsens und der Bildung – also eine pädagogische Praxis – bezogen, gleichzeitig sind Fragen zum Gelingen von Praxis ein zentraler Referenzpunkt für die Legitimation darüber, warum eine Erziehungs*wissenschaft* von gesellschaftlicher Relevanz ist.

Ethische Grenzen des Fragens

Neben den Grenzen des wissenschaftlichen Fragens i. S. der Praxisverant-
wortung gehört notwendigerweise auch die Reflexion ethischer Kriterien
zu den die wissenschaftlichen Untersuchungen begrenzenden Aspekten.
So spielen Fragen der Ethik in der Erziehungswissenschaft und Pädagogik
zunächst dort eine Rolle, wo es um das Verhältnis von Wissenschaft und
Praxis geht. So formuliert etwa Schleiermacher (1826/1959), dass »Erziehung in genauer Beziehung zur Ethik« stehe (ebd.: 11) und »eine an die-
selbe sich anschließende Kunstlehre« sei (ebd.). Pädagogik fußt also – dies
lässt sich mit Schleiermacher sagen – auf wissenschaftlicher Erkenntnis.
Dies ist eine Haltung, die etwa auch Herbart (1806) teilt. Gefragt wird in
beiden Zusammenhängen, wie gute Praxis durch wissenschaftliche Erkenntnis gerahmt und begründet werden könne (vgl. Schluß 2012). Wissenschaftliches Fragen richtet sich hier also am Primat verantwortungs-
vollen Handelns aus. Der Verweis darauf, dass die Ethik der
wissenschaftliche Bezugshorizont sei, zeigt, dass schon früh ein Bewusstsein dafür herrschte, dass wissenschaftliches Wissen nicht als Rezeptwissen
gedacht wird, sondern vielmehr als Hintergrund (professionell) pädagogischen Handlungswissens (vgl. Koller 2014, Krüger 2019).

Gleichzeitig ist nicht nur der Normhorizont pädagogischen Handelns
Erkenntnisgegenstand (Meseth 2016), sondern auch der Normhorizont
erziehungswissenschaftlicher und sozialwissenschaftlicher Untersuchungen kann Gegenstand der wissenschaftlichen Reflexion sein. Was ist
überhaupt erfragbar, was ist nicht erfragbar? Welcher Gegenstand verbietet
sich aus ethischen Gründen womöglich der wissenschaftlichen Erkenntnis?
Dies sind zum Teil irritierende Fragen, die einen Bruch mit der Vorstellung
von ›nützlicher‹ Forschung und fortschrittlicher Entwicklung beinhalten.
So stellt z. B. Meseth (2016: 478 f.) dar, dass von Forschung – und dies trifft
auf erziehungswissenschaftliche Forschung besonders deutlich zu – gesellschaftlich erwartet wird, dass sie zur Funktion und zum Erhalt gesellschaftlicher Systeme (z. B. dem Bildungssystem) beiträgt und dass Funktionsbereiche (Politik, Wirtschaft, Massenmedien, Sport oder das
Erziehungssystem) auch Leistungserwartungen an Wissenschaft haben.

Würde Erziehungswissenschaft allein nach diesen Prinzipien ›funktionieren‹, wäre alles wissenschaftlich untersuchbar, was den Fortschritt und

die Nützlichkeit von Erziehungssituationen fördern würde. Das unterstellte Prinzip wäre dabei ein zweckrationales wissenschaftliches Denken und Fragen, welches vor allem auf Effektivität und Effizienz gerichtet ist. Angesichts zunehmender Ökonomisierung – auch der Forschung – sind solche Gedanken gar nicht abwegig (vgl. Radtke 2009). Dies kann anhand von zwei Entwicklungen deutlich gemacht werden:

- Wissensdatenbanken nichtstaatlicher Bildungsorganisationen (z. B. der OECD oder die Weltbank) nehmen Einfluss auf Bildungsziele und beziehen sich dabei auf objektivierte Daten, die sie aus Monitoring-Studien gewonnen haben (vgl. Steiner-Khamsi 2010). Fragen drehen sich häufig um Leistungsfähigkeit, das Erkenntnisinteresse ist der Vergleich von durchschnittlichen Leistungsfähigkeiten in unterschiedlichen Ländern und die politische Anschlussfähigkeit an transnationale Standards. Damit sind die (öffentlich zugänglichen) Daten auch Gegenstand bildungspolitischer Interessenkämpfe (Klieme 2002). Die forschungsethisch relevanten Fragen beziehen sich einerseits auf die periodisch wiederkehrende Befragung von Schüler:innenkohorten und andererseits auf die Ziele, mit denen politische Verwertbarkeit versprochen wird und die damit zu einer Ökonomisierung von Forschung beitragen. Alle drei Anfragen sind im Verhältnis von Zweck- und Wertrationalität bestimmbar und bei genauerer Betrachtung wird deutlich, dass eine Zweckorientierung deutlich im Vordergrund steht, während um die Wertorientierung eine Kontroverse entbrannt ist. Argumentiert etwa Klieme, dass es forschungsethisch sei, Wissenschaftlichkeit für die Alltagswelt zugänglich zu machen (ebd.), kritisiert Meseth (2013), dass die normativen Implikate einer Schuleffektivitätsforschung (wie ist es um den *outcome* der Schüler:innen bestellt) Fragen der wertrationalen Argumente schulischen Unterrichts (z. B. Erziehung zur Mündigkeit) vernachlässigen.
- Durch Digitalisierung entstehen immer mehr Informationen über Mediennutzer:innen (Datafizierung), die besonders Nutzer:innen von Bildungsangeboten und deren Alltagswelt betrifft (Eder et al. 2017). Dies bringt zwei Entwicklungen mit sich, die forschungsethisch relevant sind: (1) die Entwicklung zur fortschreitenden Datafizierung des schulischen Bildungssystems, durch die über alle Prozesse der schulischen

Bildung und alle Ebenen (angefangen bei der Bildungsverwaltung bis hin zur Einzelschule und dem Unterricht) Daten gesammelt werden, die Steuerungsprozesse beeinflussen und schulisch verwendet werden, um Bildungsprozesse anzustoßen (McGilchrist/Hartong/Jornitz 2023). (2) die immer größer werdende Transparenz des:der Einzelnen durch die zunehmende Vernetzung, z. B. durch Clouds oder soziale Netzwerke (Houben/Prietl 2018). Die Zugriffsmöglichkeiten auf diese Daten scheinen unbegrenzt und halten damit Chancenstrukturen für die Entwicklung neuer Forschungsfragen bereit (Engel/Hummrich 2023). Gleichzeitig stellen sich auch neue forschungsethische Fragen für den Feldzugang und für das wissenschaftliche Fragen überhaupt. Bedeutet die Möglichkeit, auf immer umfassendere Daten sich öffentlich darstellender Personen Zugriff zu erhalten, dass man ihre Informationen unhinterfragt dem Zweck der Forschung unterwerfen kann? Welche wertrationalen Begrenzungen gehen mit Fragestellungen zur Digitalisierung vor dem Hintergrund der Datafizierung einher (Houben/Prietl 2018)?

Hier deuten sich Problemkonstellationen an, die zeigen, dass es wichtig ist, die eigene Professionalisierung als Forschende mit Blick auf das Verhältnis von Zweck- und Wertrationalität zu reflektieren. Wenn sozial- und erziehungswissenschaftliche Fragen, Gegenstandsbestimmungen und Erkenntnisinteressen rein nach zweckrationalen Gesichtspunkten formuliert werden, entstehen am Ende Fragen der Instrumentalisierung von Proband: innen und ihrer Verletzlichkeit (Vulnerabilität), welche einer Verantwortungsethik im Forschungsprozess entgegenstehen. Dies sind allerdings keine neuen Diskussionen. Insbesondere mit Blick auf die Vulnerabilität von Beforschten ist in den letzten 30 Jahren viel diskutiert worden. Anlass waren zum Teil viel länger zurückliegende Studien, von denen hier zwei exemplarisch benannt werden sollen, weil sie erziehungswissenschaftlich anschlussfähig sind und hier zum Teil eine breite Rezeption erfahren haben:

Das erste Beispiel ist ein psychologisches Experiment, das 1932 von dem Forscher:innenpaar Wayne und Marsana G. Dennis durchgeführt wurde und über das 2014 in der Neuen Zürcher Zeitung (NZZ) berichtet wurde. Das Ehepaar Dennis nahm einmonatige Zwillinge in ihrem Haus auf, versorgte sie aber nur mit dem Notwendigen. Sie gingen der Frage nach, wie die Entwicklung von Kleinkindern unter Bedingungen eines Minimums an Fürsorge und sozialen Kontakten verläuft. Die Kinder blieben etwas mehr als ein Jahr bei dem Ehepaar, bevor sie ihrer Mutter zurückgegeben wurden. Sie wurden gewickelt, gebadet und gefüttert, aber mit ihnen wurde kaum kommuniziert und es wurde darauf geachtet, dass die Kommunikation untereinander auch minimiert war (Dennis/Dennis 1951). Auch wenn die Forscher:innen glaubten, dass die Kinder keinen Schaden genommen hätten, da ihre Entwicklung einem festen Plan folge, zeigte sich später, dass dies sehr wohl der Fall war und insbesondere eines der beiden Mädchen an Entwicklungsverzögerungen litt (Reto Schneider in der NZZ 30.07.2014).

Das zweite Experiment stammt aus dem Jahr 1961 und wurde von Stanley Milgram geleitet. Er stellte die Frage, inwieweit Personen der Autorität eines Versuchsleiters folgeleisten, auch wenn die Anweisungen in Widerspruch zu ihrem Gewissen stehen (Milgram 1963). Dazu wurde ein Rollenspiel mit drei Personen inszeniert: zwei Personen waren (ohne das Wissen der dritten) Schauspieler und nahmen die Rolle eines »Schülers« und eines »Versuchsleiters« ein. Die dritte und eigentliche Versuchsperson bekam die Rolle des »Lehrers« zugewiesen. »Lehrer« und »Versuchsleiter« saßen im selben Raum, der »Lehrer« wurde angewiesen, dem »Schüler«, der für ersteren nicht sichtbar war, Fragen zu stellen und durch Knopfdruck vermeintlich einen elektrischen Schlag zu versetzen, wenn der »Schüler« eine falsche Antwort gab. Die Intensität des Schlages sollte bei jedem Fehler erhöht werden, der Schüler schrie bei steigender elektrischer Spannung lauter und wurde vom »Lehrer« gehört. Am Ende (ab ca. 330 Volt) verstummte der »Schüler«. Der Versuchsleiter ordnete hingegen die weitere Durchführung an. Milgram stellte schließlich fest, dass sich nur sehr wenige Personen den Anordnungen des Versuchsleiters widersetzten. Die Frage nach der Autorität wurde in diesem Zusammenhang mit einem sozialpsychologischen Erkenntnisinteresse in Bezug auf den Nationalsozialismus begründet. Die Versuchspersonen wurden jedoch nicht in Kenntnis gesetzt, auf welche Versuchsanordnung sie trafen. Im Nachgang entbrannte eine Kontroverse um die Belastung der Versuchspersonen durch die Verschleierung der Versuchsanordnung und die Kritik daran, einen Kern der menschlichen Moral finden zu wollen, bei dem allerdings der Versuchsaufbau schon derart suggestiv ist, dass die Ergebnisse im Prinzip vorweggenommen werden (Schmid 2011).

Die beiden Beispiele zeigen, dass das Zusammenspiel von Fragestellung und Erkenntnisinteresse in methodische Perspektiven führen kann, die ethisch problematisch sind, da die Folgen für die beteiligten Personen nicht absehbar sind, ihre Persönlichkeitsrechte gefährdet werden oder keine Verantwortung für ihre Vulnerabilität (i. e. Verletzbarkeit) übernommen wird. Fragen zu stellen, die es notwendig machen, Personen instrumentell zu verwenden oder die ihre Vulnerabilität vernachlässigen, müssen als Grenzfall einer professionellen Forscher:innenhaltung verstanden werden, da das Verhältnis von Zweck- und Wertrationalität unausgewogen ist und der Zweck die Mittel zu heiligen scheint.

Vor dem Hintergrund des Wissens um Folgen von Forschungsprozessen für die Proband:innen sind Forschungsvorhaben gefordert, bereits bei der Entwicklung der Trias von Fragestellung, Gegenstandsbestimmung und Erkenntnisinteresse, ethische Überlegungen einzubeziehen. Thiel (2013) benennt als ›umstrittene Forschungsvorhaben‹ solche, in denen »beispielsweise Interviews zu [belastenden, d.A.] Lebensereignissen durchgeführt werden oder Probanden in Lernexperimenten scheitern können« (ebd.: 23). Vorstellbar wären in diesem Zusammenhang Fragen nach biographischen Verläufen von minderjährigen Psychiatriepatient:innen, biographische Interviews mit Kindern (Vogl 2011) oder auch Untersuchungszugänge zu Menschen in existenziellen Krisenlagen (z. B. in Folge von Flucht). Auch die Nutzung von internetbasierten (eigentlich öffentlich zugänglichen) Daten (z. B. Instagram-Profilen, Schulhomepages) ist in diesem Zusammenhang sensibel zu handhaben. In all diesen Zugängen kann es für beteiligte Personen »zu belastenden Situationen (…) kommen, die gegen den potentiellen Erkenntnisgewinn abgewogen werden müssen« (ebd.).

Interessant ist nun, wie relativ jung die Diskussion um eine Forschungsethik ist. War es in den 1960er Jahren die »Deklaration von Helsinki«[2] des Weltärztebundes (vgl. Weltärztebund 2000), die maßgeblichen

---

2 Die Deklaration von Helsinki befasst sich mit den ethischen Grundlagen medizinischer Forschung an Menschen. Sie wurde 1964 verabschiedet und mehrfach

Einfluss auf die Diskussion von ethischen Fragen in den Sozialwissenschaften (Hopf 2017) hatte, so entwickelte und etablierte sich eine Diskussion und in deren Folge die Einrichtung von Ausschüssen für Forschungsethik in den angloamerikanischen Ländern erst in den 1990er Jahren. In Deutschland wird die Diskussion erst in jüngerer Zeit geführt und mündet gegenwärtig in die Einrichtung universitärer Ethikkommissionen, während der Berufsverband der Erziehungswissenschaftler:innen, die Deutsche Gesellschaft für Erziehungswissenschaft (DGfE), diese Diskussion bereits Ende der 1990er Jahre aufgenommen und begleitet hat (Miethe 2013).

Ein bedeutsamer Aspekt, der abschließend Eingang in dieses Kapitel finden soll, wird nur selten unter der Perspektive der Forschungsethik diskutiert: es handelt sich um die Frage der Offenheit von Fragestellungen und Ergebnissen. In diskursiven und theoriegenerierenden Verfahren kann man von einem hohen Maß an Ergebnisoffenheit sprechen: es geht schließlich darum, erst im Prozess des Argumentierens oder des verstehenden Nachvollzugs Erkenntnisse zu etwas zu erlangen, das bislang unbekannt war. Häufig geht mit theoriegenerierenden Verfahren dabei die Exploration eines neuen Forschungsfeldes einher. Hypothesenüberprüfende Verfahren greifen hingegen auf ein hohes Maß an Rahmenwissen zurück (Kromrey 2009: 68). Doch auch wenn die Fragen in ihnen geschlossener sind als in diskursiven und theoriegenerierenden Arbeiten, sind auch sie auf Ergebnisoffenheit gerichtet, da die Hypothesen verifiziert und falsifiziert werden können. Die Richtung der Ergebnisse steht also vor Beginn einer Untersuchung noch nicht fest. Es ist wissenschaftsethisch von großer Bedeutsamkeit, dass diese Ergebnisoffenheit gegeben ist, da eine Geschlossenheit von Ergebnissen (zum Beispiel eine Untersuchung, die Lernzuwachs unter Einführung einer bestimmten Methode nur bestätigen soll) auch ideologische Vereinnahmung bedeuten könnte (wie am Beispiel des Milgram-Experiments gezeigt).

überarbeitet. Sie gilt als Initial der ethischen Auseinandersetzung mit den Grenzen von Forschung, die auf Menschen bezogen ist.

3 Historische Schlaglichter: Die Idee »guter Praxis« und die Ungleichheiten in Bildungs- und Forschungszugängen

Eine »Theorie der Erziehung«, schreibt Kant (1803/1977: 700), sei »ein herrliches Ideal und es schadet nichts, wenn wir auch nicht gleich im Stande sind, es zu realisieren«. In dieser Perspektive zeigt sich Kants Wissenschaftsverständnis: Theoriebildung dient der Entfaltung von Ideen, durch welche Praxis und somit auch die Gesellschaft kontinuierlich verbessert werden könne (ebd.: 701). Dieser Auftaktfigur moderner wissenschaftlicher Pädagogik begegnen wir bis heute vielfach: Theorie ist gefordert, im Dienste ›guter Praxis‹ zu stehen und zu ihrem Gelingen beizutragen. Ist Wissenschaft über Erziehung deshalb eine Serviceleistung, die vor allem Verbesserungsvorschläge für die Praxis macht? Dass Kant dies nicht so gedacht hat, versteht sich durch den Schlussteil des Satzes: »auch wenn wir nicht gleich im Stande sind, es zu realisieren«. Dies bedeutet, dass Theorie und Praxis nicht in einen unmittelbaren Verwendungszusammenhang gebracht werden können – obwohl Praxis und Theorie in einer wissenschaftlichen Betrachtung der Erziehung auf einzigartige Weise miteinander verwoben sind. Diese Verwobenheit benennt Kant für die Erziehungskunst oder Pädagogik mit Wissenschaft als »judiziös«. Damit meint er, dass Erziehung auf begründete Urteile aufbauen soll, die wissenschaftlich fundiert sind (ebd.: 703). So ist nicht nur das Handeln in der Wissenschaft repräsentiert, sondern wissenschaftliche Urteile verhelfen dem Handeln auch zu guten Begründungen.

Wie wurde denn unter historischen Bedingungen geforscht? Und welche Bedeutung haben die damaligen Forschungsorientierungen für heutige Verhältnisse? Diesen Fragen geht das vorliegende Kapitel in vier Schritten nach.

1. Wir betrachten die Forschungsperspektiven ausgewählter Schlüsselpositionen wissenschaftlicher Auseinandersetzungen mit Pädagogik anhand einiger sogenannter ›Klassiker‹, darunter Kant, Trapp, Herbart, Schleiermacher und Durkheim[3] (► Kap. 3.1).

2. Daneben wird auf die Bedeutsamkeit gesellschaftlicher Reformbewegungen für die Ausweitung wissenschaftlicher Perspektiven eingegangen. Anhand der Frauenbewegung sowie der vier Positionen von Lange, Salomon, Addams und Vaerting sollen auf die Auseinandersetzungen um das Recht auf Bildung und die Reformierung von Bildungs- und Erziehungssystem eingegangen werden. Hieran zeigt sich ebenfalls, wie Teilhabe an Wissenschaft durch gesellschaftliche Machtkonstellationen bedingt ist (► Kap. 3.2).

3. Der dritte Abschnitt verhandelt zwei unterschiedliche Positionen wissenschaftlicher Pädagogik in der ersten Hälfte des 20. Jahrhunderts. Einerseits prägte die Geisteswissenschaftliche Pädagogik die Erziehungswissenschaft als akademische Disziplin, gleichwohl hat sie sich, wie an den Perspektiven von Spranger und Nohl gezeigt wird, in nationalsozialistische Machtkonstellationen verstricken lassen. Andererseits gab es mit der Reformpädagogik und den Anfängen empirischer Ansätze in der Pädagogik auch früh Kritik an geisteswissenschaftlichen Perspektiven (► Kap. 3.3).

4. Der vierte Abschnitt umreißt knapp die Wendung von der geisteswissenschaftlichen Pädagogik zur Erziehungswissenschaft der Nachkriegszeit. Weitere theoretische Ansätze finden sich im anschließenden Kapitel (► Kap. 4). Im vorliegenden wird die Spezifik der deutschen Geschichte betrachtet, aber auch die (west-) deutsche Absetzung von der geisteswissenschaftlichen Pädagogik und Hinwendung zu einer empi-

---

3 Wenn in diesem Teilkapitel häufiger der Begriff der Pädagogik und nicht der Erziehungswissenschaft verwendet wird, hat dies den Grund, dass die Disziplin, die sich zu Fragen der Erziehung, des Unterrichtens und der Bildung herausbildete, anfangs fast ausschließlich als ›Pädagogik‹ bezeichnet wurde – als Knabenlehre, wenn man dies wörtlich aus dem Griechischen übersetzt. Heute verwendet man häufig Pädagogik für die Praxis und die Handlungslehre, Erziehungswissenschaft für den sozialwissenschaftlich gerahmten Forschungsprozess. Dies ist eine Entwicklung der letzten 50 Jahre, auf die erst am Ende dieses Kapitels eingegangen wird.

risch fundierten Erziehungswissenschaft. Damit wurde sich (erneut) disziplinär hin zu Soziologie und Psychologie geöffnet, die vormals von der Geisteswissenschaftlichen Pädagogik auf Distanz gebracht worden waren (▶ Kap. 3.4).

5. In der Zusammenfassung soll es noch einmal spezifisch um die Entstehung der Erziehungswissenschaft in der Doppelperspektive von Theorie und Praxis gehen und die in die Theoriebildung eingelagerten Machtordnungen exemplarisch aufgerufen werden (▶ Kap. 3.5).

Anstelle von Fallbeispielen arbeitet das folgende Kapitel mit biographischen Schlaglichtern von Forschenden und stellt daran für den erziehungswissenschaftlichen Diskurs historisch wichtige Positionen heraus. Dies kann nur exemplarisch und vor dem Hintergrund der heutigen Standortgebundenheit geschehen.

3.1 Pädagogische Forschung in ihren Anfängen

Die historischen Spuren der wissenschaftlichen Auseinandersetzung mit Erziehung weisen bis in die Antike (vgl. Thompson 2020). Anhand der unterschiedlichen historischen Stationen (Antike, Mittelalter, frühe Neuzeit, Aufklärung) lässt sich zeigen, dass die Vorstellung dazu, was wissenschaftliche Erkenntnis und was Erziehung ist, immer auch etwas mit dem zeitgenössischen Menschenbild zu tun hat. So ist Bildung bei Platon als Weg zu Erkenntnis und Wissen gefasst; während Erkenntnis und Menschenbild in dem, was Europäer:innen als Mittelalter und frühe Neuzeit beschreiben, der göttlichen Ordnung unterstellt war. Aufklärerische Gedanken waren am Erkenntnissubjekt und seinen Erkenntnismöglichkeiten orientiert. Diese Vorstellung von Wissenschaft wirkt heute ebenfalls in die Idee von Erkenntnis hinein.

In diesem Zusammenhang soll nicht unerwähnt bleiben, dass sich diese Geschichtsdarstellung deutlich auf den westlich-europäischen Kontext bezieht, der in seinen Ausführungen zu Wissenschaft und Wissenschaftlichkeit einen deutlichen Dominanzanspruch formuliert. Die Ideen »reiner Erkenntnis« und »logischer Ursache-Wirkungsverkettungen« fußen auf einer dominanzkulturellen Vorstellung (Rommelspacher 1995) von Wissenschaft. Wissenschaft schrieb (und schreibt) historisch gesehen Herrschaftsverhältnisse fort, selbst wenn sie diese kritisiert (vgl. Schmuckli 1996, Castro Varela 2016). Die Perspektive auf pädagogische Gegenstände ist insofern immer mit Deutungshoheitsansprüchen verknüpft. Durch die Reflexion dieser Ansprüche können wir herausarbeiten, wie Erziehungstheorie im Zuge der aufklärerischen Gedanken und der aufscheinenden westlichen Moderne systematisiert worden ist und inwiefern dieses Denken gegenwärtig in die theoretischen Vorstellungen von Erziehung hineinwirkt.

Ein Blick in die Geschichte der Pädagogik ›erzählt‹ also nicht nur davon, wie es damals war, sondern zeigt auch, wo ›wir‹ als Forschende mit unseren Vorstellungen über Erkenntnisse stehen und wie wir selbst in die Traditionen eingebunden sind. In der erziehungswissenschaftlichen Forschungstradition ist zum Beispiel Immanuel Kant ein maßgeblicher Autor, der das moderne Erziehungsdenken deutlich geprägt hat und zugleich – hinsichtlich seiner anthropologischen Charakteristik u. a. zu dem Charakter des Geschlechts, des Volks und der ›Rasse‹ (u. a. m.) – mit dem dominanzgesellschaftlich eurozentrischen Anspruch der patriarchalen und westlich-europäischen Moderne verwoben bleibt.

Frühe wissenschaftliche Perspektiven auf Pädagogik: Kant und Trapp

Von *Immanuel Kant* (1724–1804) stammt der berühmte Satz: »Der Mensch kann nur Mensch werden durch Erziehung. Er ist nichts, als was die Erziehung aus ihm macht« (Kant 1977: 699). Er verweist damit auf unterschiedliche Dimensionen seiner Forschungsperspektive: Erstens bezieht er sich allein auf irdische Zusammenhänge: nicht Gott, sondern der Mensch selbst macht andere Menschen zu dem, was sie sind bzw. werden sollen. Als

Forscher geht es ihm zuerst darum, die Notwendigkeit von *Erziehung aus den Verhältnissen heraus zu beschreiben, wie sie in der Gesellschaft vorgefunden werden* und vor dem Hintergrund der Natur des Menschen zu *begründen.* Diese Sichtweise ist damals ein Meilenstein in der Wissenschaftsgeschichte, der von anderen Zeitgenossen geteilt wurde und zugleich sehr umstritten war: dass Philosophien über das menschliche Leben von der göttlichen Idee abwichen und die Begründungsfähigkeit in den Vordergrund stellten, war damals revolutionär. Um die Begründung der Erziehungsnotwendigkeit zu liefern, setzt Kant zudem die Erziehung des Menschen von der tierischen Existenzweise ab. Der Mensch-Tier-Vergleich begründet, warum der Mensch eine ›äußere Vernunft‹ braucht, die ihm durch Erziehung vermittelt wird, während dem Tier durch seine Instinkte die Handlungsweisen schon vorgegeben sind (ebd.: 697).

Ein zweiter wichtiger Punkt ist die *Abgrenzung der Erziehungswissenschaft von Lehren der Mechanik.* Mechanik wäre die Vorstellung, dass Erziehung nach dem Ursache-Wirkungs-Prinzip funktioniert und Erkenntnis daran orientiert sei, die Ursache-Wirkungs-Verkettungen aufzudecken, damit Erziehung perfektioniert werde. Erziehungstheorie zielt Kant zufolge vielmehr darauf ab, Erziehung als Kunst zu verstehen und dabei »alle Naturanlagen im Menschen [zu] entwickeln« (ebd.: 700). »Der Mechanismus in der Erziehungskunst muß in Wissenschaft verwandelt werden, sonst wird sie nie ein zusammenhängendes Bestreben werden, und eine Generation möchte niederreißen, was die andere schon aufgebaut hätte« (ebd.: 704). Ziel sei es, so Kant, zur »Idee der Menschheit, und deren ganzer Bestimmung angemessen« (ebd.) zu erziehen. Die Vorstellung von Erziehung(-swissenschaft) als Kunst verbindet Wissen mit Intuition und Wahrnehmung. An anderer Stelle sagt Kant, Erziehung sei »judiziös« – also urteilend. Dies beschreibt den fortwährenden Anspruch, im Sinne der Kunst angemessene Handlungsorientierungen zu finden. Eine Erziehung, die dauerhaft ist, wäre demnach gefordert, ein Wissenschaftsverständnis zu entwickeln, das Erziehung nicht im Sinne physikalischer Wirksamkeitserwartungen versteht, sondern die Idee der Vernunft an Angemessenheit und Zumutbarkeit bindet.

Eine dritte Dimension, die sich in Kants Forschungsperspektive einschreibt, ist der Verweis darauf, dass Erkenntnis über Erziehung nicht nur aus der Vernunft abgeleitet werden könne, sondern aus dem *Erziehungs-*

prozess selbst, der beobachtet wird und experimentell angelegt sein muss. So könnten »Schritt für Schritt« Einsichten für eine bessere Praxis gewonnen werden:

> »Man bildet sich zwar insgemein ein, daß Experimente bei der Erziehung nicht nötig wären, daß man schon aus der Vernunft urteilen könne, ob etwas gut, oder nicht gut sein werde. Man irret hierin aber sehr, und die Erfahrung lehrt, daß sich oft bei unsern Versuchen ganz entgegengesetzte Würkungen zeigen von denen, die man erwartete. Man sieht also, daß, da es auf Experimente ankommt, kein Menschenalter einen völligen Erziehungsplan darstellen kann« (ebd.: 708).

An diesen Ausführungen ist nun interessant, dass Kant gerade nicht eine rein auf vernünftigen Überlegungen basierende Erziehung anstrebt. Erkenntnis ist zwar in den Dienst der Praxis gestellt, doch wird sie im Wechselspiel aus theoretischen Überlegungen und Praxisbeobachtungen (im Experiment) gewonnen.

Neben Kants Vorlesung »Über die Erziehung«, die hier das Hauptaugenmerk der Auseinandersetzung war und der bereits eine grundlegende wissenschaftliche Fundierung von Erziehung immanent ist, muss hier ein weiterer Autor genannt werden: *Ernst Christian Trapp* (1745–1818), der im Übrigen von 1778 bis 1883 den ersten Lehrstuhl für Pädagogik an einer deutschsprachigen Universität – nämlich in Halle an der Saale – innehatte. In seinem Hauptwerk »Versuch einer Pädagogik« (1780/1977) setzte er sich als einer der ersten Pädagogen für eine *empirische Pädagogik* ein, also ein systematisches Vorgehen der Datengewinnung zur Absicherung der Erkenntnisinteressen.

> »Ich mache hier einen Versuch von Beobachtungen und Regeln, der nichts weniger als systematisch und vollständig ist, nicht daß ichs nicht für besser hielte, wenn er beides wäre, sondern weil es mir bei dem Herumirren in dem Labyrinth der menschlichen Gesellschaft, bisweilen ohne Wegweiser, bisweilen mit zu vielen, die sich nicht einige waren, nicht möglich war, beides, oder nur ein von beiden zu leisten« (ebd.: 44).

Der so eingeleitete Absatz seines Werkes zu Erkenntnisquellen und Erziehungsregeln verweist auf eine forschende Haltung, die der Autor selbst einnimmt: Regeln aus Beobachtungen abzuleiten. Dabei stellt er in Rechnung, dass Gesellschaft (bisweilen ohne Wegweiser) eine komplexe Angelegenheit ist und verweist somit zugleich auf die Grenzen seiner Erkenntnisfähigkeit. Es finden sich in dieser kurzen Einleitung also bereits zwei grundlegende Forschungsperspektiven, die an gegenwärtige Wissenschaftspositionen durchaus anschlussfähig sind:

Erstens ist das *Erkenntnisziel* von Erziehungsprozessen auf die Regeln gerichtet, welche den pädagogischen Handlungen zugrunde liegen. Diese werden mit dem Ziel ihrer Systematisierung und Ausdifferenzierung (Vervollständigung) beobachtet. Erkenntnisgewinnung solle aus den Erziehungsprozessen selbst hervorgehen und nicht etwa »durch den Zufall bestimmt (...) (sein, M.H.)«. (ebd.: 67).

Zweitens ist die *Begrenztheit (erziehungs)wissenschaftlicher Erkenntnis*, da die Gesellschaft, in welche die Erziehungsprozesse eingebettet sind, unübersichtlich – man könnte sagen »komplex« – ist. Deshalb ist Erkenntnis hier als »Versuch« markiert: sie ist vorläufig im Sinne von Hypothesen, die jedoch zugleich offen sind dafür, widerlegt zu werden.

Trapp gilt somit erziehungswissenschaftlich als einer der ersten Empiriker, der erfahrungswissenschaftlich orientiert ist und die Praxis zum Untersuchungsgegenstand macht (vgl. Krüger 2020: 24). Gleichwohl muss dabei in Rechnung gestellt werden, dass es sich um eine erste Bestimmung handelt. Die Orientierung auf »Experimente«, wie »die Kunst sie [die Kinder, d. A.] auszufragen, wie ihnen dieser Einfall oder Gedanke, diese oder jene Begierde gekommen ist« (Trapp 1977: 68), ist selbst noch relativ unsystematisch entfaltet und insofern bleibt das Verhältnis von Empirie zu theoretischen Vorannahmen weitgehend ungeklärt.

Die Offenheit, mit der hier Forschungsprozesse zu Erziehung konzipiert werden, ist bereits an Kants und Trapps Erziehungstheorien beachtlich. Gemeinsam ist ihnen, dass pädagogische Forschung den Kriterien der Aufklärung und der Vernunft verpflichtet ist und gleichzeitig Erkenntnisse für die Praxis generiert werden. Insofern bleiben beide Perspektiven an einer Machbarkeitsvision (der Herstellung einer besseren Menschheit durch Erziehung) orientiert. Beide Wissenschaftler eint die Vorstellung, dass die Praxis selbst der Ort ist, an dem Erkenntnisse (z. B. durch Beobachtung und Befragung) generiert werden. Wissenschaftstheoretisch sind damit wichtige Grundsteine für die Disziplin gelegt: Obwohl nicht wirklich fassbar wird, was genau die Gegenstandsbereiche erziehungswissenschaftlicher (empirischer) Untersuchungen sein sollen und eine erkenntnistheoretische Grundlegung noch aussteht, werden Umrisse einer wissenschaftlichen Pädagogik sichtbar: Eine an Nachvollziehbarkeit und

Systematisierung orientierte Erkenntnislehre, die gleichzeitig Erkenntnis-
grenzen anerkennt. Solche skizzenhaften Versuche zeigen, wie jung im
Grunde Erziehungswissenschaft (vergleicht man sie zum Beispiel mit
Theologie, Medizin und Jura) zum damaligen Zeitpunkt noch ist, beginnt
ihre Ausbildung als Disziplin doch im Wesentlichen mit der Aufklärung.

Ausdifferenzierungen zur wissenschaftlichen Disziplin: Herbart

Der Nachfolger auf Kants Lehrstuhl und spätere Göttinger Philosophie-
professor *Johann Friedrich Herbart* (1776–1841) ist es schließlich, der als
Wegbereiter einer *systematischen Pädagogik* begriffen werden kann und sich
differenzierter mit dem Verhältnis von Empirie und Theorie auseinandergesetzt hat. Er wendet sich von idealisierten Vorstellungen zu Erziehung ab, wie z. B. derjenigen von Rousseau, Naturmenschen zu bilden
(Herbart 1835/1965: 32) – also Kinder immer wieder den gleichen Erfah-
rungskanon durchlaufen zu lassen, so wie Rousseau dies in seiner Schrift
»Emile – oder über die Erziehung« exemplarisch in Form eines Romans
entfaltet. Gleichzeitig distanziert Herbart sich von einer Perspektive, die
vor allem die Erfahrung in den Mittelpunkt stellt:

> »Möchten diejenigen, welche die Erziehung so gern *bloß* auf Erfahrung bauen
> wollen, doch einmal aufmerksam hinüberblicken auf andere Erfahrungswissen-
> schaften, möchten sie bei der Physik, bei der Chemie sich zu erkundigen wür-
> digen, was alles dazu gehört, um nur einen einzigen Lehrsatz im Felde der Em-
> pirie so weit festzustellen, wie es in diesem Felde möglich ist. Erfahren würden sie
> da, daß man aus *einer* Erfahrung nichts lernt (…), daß man vielmehr denselben
> Versuch mit zwanzig Abstufungen zwanzigmal wiederholen muß, ehe er ein
> Resultat gibt, das nun noch die entgegengesetzten Theorien jede nach ihrer Art
> auslegen. Erfahren würden sie da, daß man nicht eher von Erfahrung reden darf,
> bis der Versuch *geendigt* ist, bis man vor allen Dingen die *Rückstände* genau
> geprüft, genau gewogen hat. *Der Rückstand der pädagogischen Experimente sind die
> Fehler des Zöglings im Mannesalter*« (ebd.: 33).

Herbart zeigt hier also sehr dezidiert die Grenzen einer Empirisierbarkeit
pädagogischer Sachverhalte – insbesondere jener, die nach naturwissenschaftlichem Vorbild verfahren – auf. Diese lassen sich zunächst als Problem der Perspektive beschreiben, die prinzipiell nichts gilt, wenn ihr die

Systematik fehlt (aus einer Erfahrung lernt man nichts). Gleichzeitig weist er darauf hin, dass sich naturwissenschaftliche von sozial- und kulturwissenschaftlichen Erfahrungswissenschaften unterscheiden: die Erkenntnis über Ergebnisse stellt sich in ersteren relativ schnell ein, in letzteren dauert es »ein halbes Menschenleben« (ebd.), bis sich Ergebnisse zeigen und diese können zudem nicht unmittelbar auf eine Ursache (das pädagogische Handeln) zurückgeführt werden. Herbart stellt also *zentrale Aspekte einer systematischen Perspektive auf Erziehung* heraus:

- die Planung von Forschungsprozessen und Klärung des wissenschaftlichen Vorwissens;
- die Fehleranfälligkeit empirischer Untersuchungen und eine Problematisierung von Wirksamkeitsanalysen;
- die Bedeutsamkeit der sozialen Einbettung von Erziehungsverhältnissen in intersubjektive Prozesse (z. B. zwischen »Erzieher« und »Zögling«) und die »Menschheitsgeschichte« insgesamt (ebd.: 32).

Diese Systematik fundiert den Erfahrungsbegriff geschichtlich, grenzt ihn von experimentellen Zugangsweisen naturwissenschaftlicher Erkenntnis und von singulären Auseinandersetzungen in der Philosophie ab. Es komme also darauf an, »sich so genau als möglich auf ihre [die der Pädagogik, die Verf.] einheimischen Begriffe [zu, d. Verf] besinnen, und ein selbständiges Denken mehr [zu] kultivieren« (ebd.: 34). Zwar gelte es einen »wohltätigen Verkehr« mit den Nachbarinnen (Philosophie und Psychologie) zu unterhalten, doch vor allem aus der Idee heraus, dass pädagogische Erfahrung und pädagogische Verantwortung aufeinander verweisen. Dies führt Herbart in seinem »Umriß pädagogischer Vorlesungen« (1835) deutlicher aus:

> »Pädagogik als Wissenschaft hängt ab von der praktischen Philosophie und Psychologie. Jene zeigt das Ziel der Bildung, diese den Weg und die Gefahren.
> Anmerkung. Hierin ist auch die Abhängigkeit der Pädagogik von der Erfahrung enthalten, indem theils die praktische Philosophie schon Anwendung auf die Erfahrung in sich aufnimmt, theils die Psychologie nicht bloss von der Metaphysik, sondern von der durch Metaphysik richtig verstandenen Erfahrung ausgeht. Die bloss empirische Menschenkenntnis aber genügt der Pädagogik um desto weniger, je veränderlicher ein Zeitalter in Ansehung seiner Sitten, Gewohnheiten und Meinungen ist. Denn hierdurch verlieren allmählig die Abs-

tractionen aus früherer Beobachtung den Kreis, worin sie gültig waren« (ebd., S.1 f.).

Erscheint der zweite Satz dieser Ausführung als Möglichkeit, das Ziel vom Weg zu trennen, so weist Herbart in der Anmerkung doch deutlich darauf hin, dass praktische Philosophie und Psychologie in pädagogischen Fragen miteinander verwoben sind: Philosophie erfährt hier eine praktische Anwendung, Psychologie eine metaphysische (also wissenschaftlich-systematische) Rückvergewisserung (vgl. Hufnagel 1982). Umgangssprachlich gesprochen findet sich also hier ein Anschluss an die Doppelstellung der Pädagogik (▶ Kap. 1): sie ist in ihren Erscheinungsformen einerseits auf Praxis bezogen, andererseits bedarf die Praxis einer wissenschaftlichen Grundlegung und Reflexion. Schließlich weist Herbart auf die weitere wichtige Frage nach der Reichweite oder Gültigkeit von Aussagen hin: je dynamischer und veränderlicher Gesellschaften sind, desto schwieriger ist es, wissenschaftliche Abstraktionen für kontinuierlich gültig zu erklären.

Herbart gelingt es, eine wissenschaftlich-systematische Konzeption von Pädagogik vorzulegen, die wir unter heutigen Gesichtspunkten als durchaus fortschrittlichen und wertvollen Beitrag würdigen können. Er rekurriert dabei auf sogenannte »einheimische Begriffe« wie Erziehen und Unterrichten und versucht somit durchaus einen Kern des Pädagogischen zu bestimmen. Allerdings fasst er diesen nicht formalistisch und für alle Zeiten festgeschrieben auf. Immer wieder durchziehen sein Werk relativierende Hinweise zu den Überlegungen einer pädagogischen Wissenschaft.

Dazu gehört, dass er die stellenweise noch unklare Skizze, wie Kant und Trapp sie geliefert haben, ausdifferenziert, indem er Pädagogik zu ihren Nachbardisziplinen: der Philosophie und der Psychologie relationiert. Beiden kommen spezifische, aber ebenfalls nicht apodiktisch festgelegte Aufgaben der Praxisreflexion und Praxisgestaltung zu. Hier differenziert sich der wechselseitige Bezug von vorgängigem theoretisch-philosophischem Wissen und nachgängiger Reflexion, die wiederum in das theoretische Wissen integriert wird, aus. Damit schafft Herbart einen reflexiven Empiriebegriff, welcher der Standortgebundenheit pädagogischer Analysen Rechnung trägt: einerseits in Bezug auf die zu Erziehenden, andererseits mit Blick auf die gesellschaftlichen Verhältnisse, in denen sich pädagogisches Handeln ausgestaltet.

Zur weiteren Entwicklung pädagogischer Forschungsperspektiven im 19. Jahrhundert

In der Auseinandersetzung mit Kant, Trapp und Herbart wurde deutlich, dass die wissenschaftliche Auseinandersetzung mit Fragen zu Erziehung und Bildung mit zentralen Ideen der Aufklärung, wie Vernunft, Begründungsfähigkeit, Glaube an Wissenschaftlichkeit zur Verbesserung der Lebensumstände, insgesamt verbunden war. Kein Thema war bis ins 20. Jahrhundert die Gründung einer eigenständigen wissenschaftlichen Disziplin. Auch wenn Trapp den ersten Lehrstuhl für Pädagogik innehatte, so ist seine fünfjährige Zeit an der Universität Halle doch nur ein kurzes Intermezzo und scheiterte an Auseinandersetzungen mit der theologischen Fakultät, der sein Lehrstuhl zugeordnet war. Weitere Lehrstühle für Pädagogik gab es damals nicht. Die Ausführungen der heute als »Klassiker der Pädagogik« bezeichneten Wissenschaftler[4] stammen somit häufig von Philosophen (wie Kant und Herbart). Andere Wissenschaften, in denen pädagogische Theoriebildung betrieben wurde, waren Theologie und Soziologie. Exemplarisch soll hier auf die Perspektiven des Theologen Schleiermacher und des Soziologen Durkheim eingegangen werden.

Friedrich Daniel Ernst Schleiermacher (1768–1834) war nicht nur Zeitgenosse von Wilhelm von Humboldt (1767–1835), sondern hielt ebenfalls an der durch Humboldt gegründeten Universität in Berlin Vorlesungen über die Theorie der Erziehung (Benner 2003). Schleiermacher beschreibt die wissenschaftliche Betrachtung von Pädagogik als Notwendigkeit »für all diejenigen, die den Eltern beim Erziehen helfen (…), Personen, welchen die Mitwirkung in der häuslichen Erziehung für eine bestimmte Zeit Beruf ist und (…) solche, die es zu ihrem Lebensberufe gemacht haben, an öffentlichen Anstalten zu wirken« (Schleiermacher 1959: 36). Wissenschaft-

---

4 Es ist durchaus zulässig, hier das generische Maskulinum zu verwenden, da bis zum Beginn des 20. Jahrhunderts keine Frauen an Universitäten studieren, geschweige denn Lehrstühle besetzen durften.

liche Pädagogik wird damit als Gebrauchslehre für professionell Handelnde beschrieben, die sich erstens an dem Erziehungskontext (häusliche Erziehung oder Erziehungsanstalt), zweitens an ethischen Prinzipien der Verantwortung der älteren für die jüngere Generation und drittens in Bezug auf die Politik auszugestalten habe. Dabei stellt Schleiermacher heraus, dass wissenschaftliche Pädagogik Fragen zum Erziehungsprozess, wie etwa den Anfangs- und Endzeitpunkt sowie die Wirksamkeit und die Ziele, reflektieren muss; ebenso wie ihre eigenen Grenzen bzw. die Begrenztheit der eigenen Aussagefähigkeit. Diese sehr deutliche Relationierung zu gesellschaftlichen Bedingungen verweist schließlich darauf, dass sich Geltungsansprüche pädagogischer Theorie immer am Faktischen, d. h. am empirisch Nachvollziehbaren beweisen müssen. Pädagogische Theorie besteht so gesehen in einem Oszillieren zwischen spekulativen Geltungsansprüchen, die theoretisch generiert werden und in die ideale Konstruktionen (z. B. von Mündigkeit, Generationsverhältnissen usw.) einfließen auf der einen Seite, und empirischer Geltungsbestimmtheit auf der anderen Seite (vgl. Hufnagel 1982: 68 f.). Wie Herbart bestimmt Schleiermacher die pädagogische Disziplin und ihre Fragestellung in einer ethischen Dimensionierung und spannt sie zwischen theologische und philosophische Überlegungen ein. Bei ihm ist neu, dass er weniger auf psychologische Beziehungen (z. B. von Lehrer:in und Schüler:in) Bezug nimmt, sondern gesellschaftliche Erziehungs*verhältnisse* beschreibt und damit untersucht, inwiefern pädagogisches Handeln gesellschaftlich und kulturell eingebunden ist.

Eine solche Perspektive wird durch *Emile Durkheim* (1858–1917) im ausgehenden 19. Jahrhundert noch deutlicher in den Mittelpunkt gestellt. Durkheim ist es zuzurechnen, dass er Erziehungsverhältnisse nicht an Geschlechterverhältnisse knüpft. Dies machen etwa Kant oder Herbart (und viele andere), indem sie Frauen den fürsorglichen Anteil, Männern den vernunftorientierten zurechneten. Durkheim unterscheidet vielmehr strukturell unterschiedliche Erziehungsverhältnisse in Familie und Schule in einer Deutlichkeit, die etwa auch bei Schleiermacher noch nicht vorhanden ist. Dabei betont Durkheim (1902/1984) zunächst, dass es nicht darum gehe, das »Gute« im Menschen durch Erziehung hervorzubringen, sondern vielmehr darum, durch Vergesellschaftung seinen »asozialen Anlagen« entgegenzuwirken. Gleichzeitig zeugt seine Vorlesung »Erziehung,

Moral und Gesellschaft« davon, dass er sich keiner Illusion über die Qualität der Gesellschaft hingibt: die Gesellschaft verwirkliche den Menschen so, »wie ihn ihre innere Ökonomie braucht« (ebd.: 44). Damit ist es Durkheim als einem der ersten zuzurechnen, Erziehung nicht vom Subjekt, seinen inneren Anlagen und Bedürfnissen her, sondern von den Institutionen ausgehend zu denken (vgl. Koller 2006). In seinem Werk zeigt sich deshalb deutlich, dass (öffentliche) Erziehung eine zentrale Reproduktionsinstanz der sozialen Verhältnisse ist und Erziehungsziele, -mittel und -methoden von gesellschaftlichen Bedingungen abhängig sind (ebd. S. 129). Mit Durkheim wechselt also die Forschungsperspektive grundlegend. Es geht – nicht wie noch bei Kant – darum, pädagogische Wissenschaft zu betreiben, um den Menschen zu mehr Vernunft zu verhelfen oder zur Mündigkeit zu führen (auch ein starkes Motiv bei Trapp, Schleiermacher und Kant), sondern vielmehr darum zu zeigen, wie sich die gesellschaftliche Ordnung in institutionellen Erziehungsprozessen immer wieder herstellt. Die wissenschaftliche Analyse richtet sich somit darauf, die Veränderungen in Erziehungsprozessen unter sich transformierenden gesellschaftlichen Bedingungen nachzuvollziehen und nicht bessere Handlungsalternativen zu entwerfen. Die hieraus folgende Konsequenz, systematischer zwischen Pädagogik (als Praxis) und Erziehungswissenschaft (als Erkenntnisprozess) zu unterscheiden, wird uns im Folgenden noch beschäftigen (▶ Kap. 4).

Zusammenfassung zu den Anfängen erziehungswissenschaftlicher Forschung

In der exemplarischen Auswahl zeigt sich, wie sich zu Beginn (bei Kant und Trapp) erste Umrisse einer Forschungsperspektive auf Erziehungsverhältnisse entwickelten und frühe Konzepte von empirischen Zugängen zur Erziehungswirklichkeit skizziert wurden. Für die Theorienangebote von Herbart und Schleiermacher konnte gezeigt werden, wie sich Pädagogik disziplinär in Auseinandersetzung mit Nachbardisziplinen entwickelt hat. In allen vier Perspektiven spielt Empirie, also die Orientierung der Erkenntnisse an der Lebenspraxis, eine besondere Rolle: Sie dient als Rückvergewisserung über theoretisch gewonnene Perspektiven und Erkenntnisgrundlage für neue und bessere Theorien. Die hier angelegte Zirkularität wird Pädagogik noch weiter beschäftigen – und tut es bis heute. Davon zu unterscheiden sind Ansätze, wie sie hier beispielhaft mit Durkheim aufgerufen wurden. In ihnen wird Wissenschaftlichkeit eher beschreibend betrieben, Empirie – im Sinne einer Datengewinnung über die Lebenswirklichkeit – dient vor allem der Erkenntnis und Vergewisserung über gesellschaftliche Verhältnisse. So bilden sich unterschiedliche Perspektiven auf Pädagogik aus, die im beginnenden 20. Jahrhundert maßgeblich für die Disziplinbildung sind.

3.2 Pionierinnen der wissenschaftlichen Pädagogik

Am Beispiel Kants sehen wir bereits: hätte es die Aufklärung nicht gegeben, wären seine Ideen nicht sagbar gewesen. Mit der Möglichkeit, seine Ideen wissenschaftlich zu formulieren, avanciert er jedoch zu einem zentralen Gestalter der europäischen Aufklärung – inklusive der Reproduktion kolonialer Machtperspektiven, für die Kant in den letzten Jahren noch einmal deutlicher in die Kritik gekommen ist (Dhawan 2017). Wie andere zeitgenössische pädagogische Autoren schreibt auch Kant die herrschenden Geschlechtsrollenstereotype ebenso wie rassistische Vorurteile fort. Dies zeigt, wie die damalige Theoriebildung aufs engste mit den gesellschaftlich vorherrschenden Machtkonstellationen verknüpft war, die den westlichen und patriarchalen Strukturen das Wort redeten. Auch heute zeigt sich die Manifestation solcher Strukturen in der Höherbewertung westlicher Kulturtheorien und der Tradierung hegemonialer Strukturen, die an Klasse, Ethnizität und Geschlecht ausgerichtet sind. Das folgende Teilkapitel geht der Spur der machtförmigen Verstrickung mit der Entwicklung von Forschungsperspektiven in der Erziehungswissenschaft ausgehend von der

ersten Frauenbewegung[5] (19./20. Jahrhundert) nach. Dadurch soll die
Weiterentwicklung der Erziehungswissenschaft und die Ausdifferenzierung der Wissenschaftlichkeit der Disziplin beispielhaft in den Blick genommen werden. Im Vordergrund der hier exemplarisch aufgezeigten
Biografien steht häufig zunächst nicht Erkenntnistheorie, wie wir das etwa
bei Kant, Schleiermacher und Durkheim kennen gelernt haben, die neben
ihren Ausführungen zu erziehungswissenschaftlichen Theorien auch eine
Begründung für die Notwendigkeit derselben mitgeführt haben. Wir
werden in diesem Teilkapitel jedoch sehen, dass diese Begründung für die
Pionierinnen der Disziplin nicht die drängendste Frage war, sondern es im
ausgehenden 19. und beginnenden 20. Jahrhundert um gleiche Bildungs-
und Berufschancen von Frauen und Männern ging (Strinz 1901).

Dabei spielte die Integration von Frauen in wissenschaftliche Zusammenhänge (z. B. die Universität) und die Etablierung der akademischen
Erziehungswissenschaft eine besondere Rolle, weil sie Frauen gewährleis-
tete, gleiche Rechte fordern zu können[6]. Die binäre Codierung von Ge-
schlechtern sah Frauen damals vor allem als geeignet, fürsorgende und
pflegende Berufen auszuüben, die der »Erhöhung der sittlichen Werte der

---

5 An dieser Stelle ist es wichtig zu erwähnen, dass die Frauenbewegung sich in
   unterschiedliche Zeiträume unterteilt: die erste Welle rechnet man von etwa
   1860–1930, die zweite Welle wird in den 1968ern und ihrem Nachgang verortet,
   die dritte Welle ab etwa den 1990er Jahren. Dabei gab es gemeinsame Interessen,
   aber auch unterschiedliche – je nach Milieuzugehörigkeit und (besonders in den
   USA) ethnischer Zugehörigkeiten. Hintergrund der Ausdifferenzierung waren
   die unterschiedlichen Lebenswelten. Während die bürgerliche Frauenbewegung
   z. B. um Bildungsgleichheit, Eherecht und gleichberechtigte Verfügung über das
   Vermögen kämpften, ging es in der Arbeiterklasse um gleiche Bezahlung der
   Lohnarbeit, die sie verrichten mussten (Gerhard 2009).
6 Dass Mädchen an höherer Bildung teilhaben durften, dauerte von den ersten
   Bestrebungen (um 1860) bis zur Umsetzung fast 50 Jahre (nicht mitgerechnet die
   Zeit, in der diese Möglichkeiten erst gar nicht diskutiert wurden). Salomon
   musste für ihre Promotion eine Ausnahmegenehmigung beantragen. Das Ha-
   bilitationsrecht erhielten Frauen 1921 in Berlin, womit diese Stadt schon Vorreiterin war. Das bedeutete, dass Frauen dann erst Hochschulprofessorinnen
   werden konnten (aber noch lange nicht, dass sie die Professuren dann bekamen).
   Für zahlreiche Frauen stellte sich die erste Frauenbewegung um 1900 als eine Art
   »Gunst der Stunde« dar, jedoch blieben sie vielfach auf ›weibliche‹, d. h. helfende
   und fürsorgende Berufe, bezogen und damit im Rahmen der Ideologie ihrer Zeit.

Menschheit« dienen sollten (Bäumer/Lange 1901: 4). Damit war das Berufsfeld deutlich auf Tätigkeitsfelder beschränkt, in denen Frauen in sog.
geistiger Mutterschaft (durch Sorgen und Lehren) handeln konnten (ebd.).
Vor diesem Hintergrund entwickelte sich erst durch die Integration von
Frauen in den neuen Arbeitsmarkt (das sich erweiternde Schulsystem und
das sich ausdifferenzierende Feld sozialer Arbeit) eine Steigerung gesellschaftlicher Teilhabe. In diesem Zusammenhang begannen Frauen auch,
sich an wissenschaftlichen Diskursen und Forschungsperspektiven zu beteiligen. Dazu sollen im Folgenden vier wissenschaftlich-biographische
Kurz-Porträts dargelegt werden.

Helene Lange: politische Partizipation und Professionalisierung

Helene Lange (1848–1930) kam auf Umwegen zum Lehrer:innenberuf und
schloss sich 1880 der Frauenbewegung an. Zunächst war sie von einem
politischen Interesse geleitet: der Verbesserung der Bildungs- und Berufschancen von Mädchen und jungen Frauen. Davon sind ebenfalls ihre
Publikationen, die im Rahmen der Aktivitäten in der bürgerlichen Frauenbewegung entstanden, gekennzeichnet. Aus diesem Interesse, dass
Frauen einen Beruf ergreifen können sollten, in dem sie auf wissenschaftliche Erkenntnisse gestützt zum Lehrerinnenhandeln befähigt werden, entwickelte Lange die sog »Gelbe Broschüre« (Lange 1888), die als
Begleitschrift einer Petition an das preußische Unterrichtsministerium
entstand. Damit trat sie für die akademische Lehrerinnenbildung ein. In
diesem Zusammenhang hält sie deutlich an der Geschlechterdifferenz fest,
verweist aber darauf, dass Frauen gleichberechtigt in die Ausbildung von
Mädchen einbezogen werden sollten. Es zeigt sich bereits hier: das Werk
von Lange ist von einem politischen Einsatz für die Verbesserung der
Partizipation von Frauen geprägt (Jacobi 2003), mit der Forderung nach
Akademisierung aber auch mit einem Interesse an wissenschaftlicher Bildung verknüpft.

In dem zusammen mit Gertrud Bäumer (1873–1954) herausgegebenen
Handbuch der Frauenbewegung (Bäumer/Lange 1901) zeigt sich, dass für
Lange die Beteiligung von Frauen an wissenschaftlicher Auseinanderset-

zung ein politisches Anliegen ist. Ihr Werk kann damit auf der Schnittstelle von Politik und Wissenschaft gesehen werden. So trug Lange maßgeblich dazu bei, dass Frauen nicht nur als Gasthörerinnen an die Universität konnten, sondern sich ab 1906 auch für ein Universitätsstudium einschreiben konnten. Ihre Argumentation für das Frauenstudium schließt an ihre »gemäßigte« Perspektive der Geschlechtertrennung an, nutzt die öffentliche Plattform aber dennoch, um die »Polarität der Geschlechtercharaktere« (Jacobi 2003: 206) zu kritisieren. Neben der Formulierung und Begründung von Erkenntnissen ging es Lange immer auch um die Legitimierung der eigenen Position als wissenschaftliche Autorin.

Die Verschmelzung politischer und wissenschaftlicher Perspektiven trug erheblich dazu bei, dass Frauen an allgemeinbildenden Schulen unterrichten und an einer akademischen Lehrer:innenbildung partizipieren konnten (ebd.: 211 f.). Damit sich also Frauen an forschenden Perspektiven beteiligen konnten, war es notwendig, mit Mitteln der Forschung (z. B. zur Geschichte der Frauenbewegung und zur Professionalisierung des Lehrerinnenberufs) die gesellschaftlichen Möglichkeiten zu schaffen. So ist Lange vielleicht nicht als Wissenschaftlerin im universitären Sinne zu beurteilen. Doch trägt ihr politisches Engagement wie auch ihre außeruniversitäre wissenschaftliche Tätigkeit dazu bei, dass Frauen überhaupt Zugang zu wissenschaftlichen Perspektiven erhielten.

Alice Salomon und Jane Addams: Professionalisierung Sozialer Arbeit

Eine zentrale Wegbereiterin der Sozialen Arbeit als Wissenschaft in Deutschland war *Alice Salomon* (1872–1948). Salomons Weg in die Wissenschaft der sozialen Arbeit ist über eine Ende des 19. Jahrhunderts noch nicht stark ausgeprägte institutionalisierte Auseinandersetzung mit sozialer Ungleichheit geprägt, für die sie sich engagierte. Schon früh widmete sie Schriften dem Thema Armut und deren gesellschaftlicher Bedingtheit (vgl. Peyser 1958). Über praktische Arbeit in der Frauenbewegung, Besuche englischer Settlements[7] und Engagement im Internationalen Frauen-

---

7 Settlements sind Niederlassungen bürgerlicher Schichten in Elendsvierteln von

bund entwickelte sie neben einem Studium der Nationalökonomie zunehmend sich professionalisierende Strukturen sozialer Arbeit. Als eine der ersten Frauen promovierte sie 1906 bei Alfred Weber über »Die Ursachen der ungleichen Entlohnung von Männer- und Frauenarbeit«. Diese wissenschaftliche Qualifikation floss auch in die Grundlegung beruflicher Sozialarbeit ein (Salomon 1985). 1908 wurde die Soziale Frauenschule in Berlin-Schöneberg gegründet, die heute unter dem Namen Alice-Salomon Hochschule Berlin bekannt ist und als Hochschule für Angewandte Wissenschaften nach wie vor der Vermittlung von Wissenschaft und Praxis verpflichtet ist. Im Laufe der Zeit entwickelten sich drei Studienschwerpunkte: Gesundheitspflege, Jugendwohlfahrtspflege und allgemeine und wirtschaftliche Wohlfahrtspflege. Ab 1919 konnten Schüler:innen der Sozialen Frauenschule eine staatliche Anerkennung erwerben. 1925 wurde unter Salomons Leitung die Deutsche Akademie für soziale und pädagogische Frauenarbeit gegründet. Hier ging es um berufsbegleitende wissenschaftlich fundierte Praxisreflexion. 1927 zog Salomon sich von der Leitung der Sozialen Frauenschule zurück, 1933 verlor sie aufgrund der Tatsache, dass sie aus einer jüdischen Familie stammte, alle öffentlichen Ämter und emigrierte 1937 in die USA.

Die hier aufgezeigten Stationen verweisen ähnlich wie bei Lange auf ein wechselseitiges Durchdringen gesellschaftspolitischen Engagements mit akademischer Bildung und wissenschaftlicher Erkenntnis für das Berufsfeld. So kann ihre Dissertation als Grundstein einer sich zunehmend akademisierenden und professionalisierenden sozialen Arbeit gesehen werden (Kuhlmann 2003: 101 f.). In der Zeit der Weimarer Republik entstand daneben ein breites Lehrbuchwerk, in dem Salomon immer wieder ökonomische und sozialarbeiterische Fragestellungen verband. Dabei integrierte sie auch Erkenntnisse aus ihren Begegnungen mit den damals führenden Köpfen der Sozialen Arbeit in den USA: Mary Richmond, Jane Addams und Julia Lathrop. Wie Salomon standen sie für eine theoretisch fundierte Soziale Arbeit, die sich von einem an Barmherzigkeit und will-

---

Großstädten, die Nachbarschaftshilfe und Weiterbildungsmöglichkeiten anbieten. Ziel dieser Settlements, die sich vor allem im 19. Jahrhundert bildeten, war die Unterstützung des Selbsthilfepotenziales anstelle von Almosengeben (vgl. Müller 1991)

kürlichen milden Gaben orientierten ›Konzept‹ absetzt und an Gerechtigkeit sowie dem Erhalt der zivilen Gesellschaft orientiert ist (ebd.). Die Soziale Frage – also der gesellschaftliche Umgang mit Armut und Ungerechtigkeit – und Frauenfrage wurde in diesem Zusammenhang eng beisammen positioniert, heute würde man sagen: es war selbstverständlich, dass hier ein intersektionales Denken angelegt war, das Fragen des Herkunftsmilieus nicht unabhängig von anderen Benachteiligungskategorien (Geschlecht) verstehen lässt.

Bemerkenswert ist schließlich der Beitrag zu Methodenfragen, der sich an zwei 1926 erschienenen Lehrbüchern – Soziale Therapie und Soziale Diagnose – zeigen lässt (Salomon 1926 a, b): Neben Ausführungen zu Planung und Durchführung von Hilfeprozessen werden hier ausführliche Fallanalysen dargestellt. Schon früh war damit der Grundstein einer an der empirischen Wirklichkeit orientierten, man könnte sagen: kasuistischen Arbeit gelegt, wie man sie sonst auch aus dem Bereich von Jura und Medizin kennt (vgl. Hummrich 2020). Die Idee dahinter ist den heutigen Vorstellungen einer kasuistisch geleiteten Professionalisierung (Wernet 2022; Hummrich 2021) nicht fern: es geht nicht darum, medizinisch-kuratives Rezeptwissen zu erkennen, sondern die berufsfeldspezifischen Probleme kennen- und reflektieren zu lernen. Theoretisch rekurriert sie auf die zur damaligen Zeit nationalökonomisch fundierten Perspektiven auf soziale Ungleichheit und verweist dabei dennoch auf das konstitutive Merkmal sozialer Arbeit: dass trotz gesellschaftlich bedingter sozialer Ungleichheit Hilfe einzelfallbezogen, aber methodisch kontrolliert zu erfolgen habe. Ähnlich wie bei Helene Lange drehen sich somit Alice Salomons Beiträge um Fragen der Professionalisierung und Verberuflichung. Sie leistet damit einen Beitrag zur Disziplinbildung, indem sie sich für eine grundständig wissenschaftliche Bildung sozialpädagogisch Handelnder einsetzt. Wissenschaft ist hier aber – das haben wir schon bei Schleiermacher kennengelernt – sehr verknüpft mit den Anforderungen der Praxis.

Auch international zeichnet sich in diesem Zeitraum die zunehmende Einflussnahme von Frauen auf erziehungswissenschaftliche Perspektiven und ihre Integration in das wissenschaftliche Feld ab. Die spätere Friedensnobelpreisträgerin *Jane Addams* (1860–1935) kann hier als Beispiel aufgerufen werden. Addams hatte einige Semester studiert, allerdings bot das Frauencollege, an dem sie war, keine Abschlussmöglichkeit, spätere

Studienabschlüsse wurden durch Krankheit unterbunden. Auf einer Europareise lernte sie in England die Settlementarbeit kennen, die sie veranlasste, in einem Einwandererviertel in Chicago das ›Hull House‹ (benannt nach seinem Bauherrn) – ein erstes US-amerikanisches Settlement – zu gründen. Hull House war nicht nur ein Nachbarschaftstreff für das multikulturell geprägte Viertel, sondern auch Arbeitsstätte zahlreicher akademisch gebildeter Frauen, die auf dem weiteren akademischen Arbeitsmarkt so gut wie chancenlos waren. Addams' Tätigkeit verband die soziale Arbeit, politisches Engagement und wissenschaftliche Expertise. Dies wurde unter anderem dadurch gestärkt, dass Hull House zu einem Zentrum der Chicago School wurde, der namhafte Wissenschaftler wie John Dewey und George Herbert Mead (▶ Kap. 3.3; ▶ Kap. 4.4) angehörten. So entstand ein produktives Netzwerk zwischen Universität und Settlement. Hull House stieß unter Leitung von Jane Addams zahlreiche Untersuchungen zur Lebenslage der Eingewanderten an, die empirisch fundiert waren. Die »Hull House Maps and Papers« waren z. B. Kartierungen über die Armutslagerungen und begleitende Schriftsammlungen, die die empirische Grundlage für die Etablierung der Stadtsoziologie der Chicago School und des sozialen Wohnungsbaus legten, da sie wichtige sozialräumliche Daten enthielten (Addams 1990: 116 f.). Addams theoretische Beiträge sind dem symbolischen Interaktionismus und Pragmatismus zuzurechnen (vgl. ▶ Kap. 3.3). Hier schließt Addams an John Dewey und George Herbert Mead an, die »Bildung als den Schlüssel, der das Tor zur universellen Beteiligung an einer ökonomischen, politischen und sozialen Demokratie öffnen würde«, betrachten (Eberhart 1995). In ihr Werk schreiben sich vor dem Hintergrund dieser akademischen Bezüge auch Perspektiven ein, die gesellschaftliche Entwicklung als kommunikativen Prozess beschreiben, der deutlich am Gemeinwohl orientiert sein müsse (Addams 1902/1964).

Zahlreiche weitere Untersuchungen wurden durch die Bewohnerinnen von Hull House angestoßen und in Kooperation mit der Chicago School und/oder der Chicago Medical School durchgeführt, z. B.: Untersuchungen zum Zusammenhang von Vermüllung und Krankheiten, zu Kindersterblichkeit, Fürsorge- und Hygienebedingungen, zur Kinderarbeit usw. Dabei wurden Falldokumentationen mit statistischen und kartographischen Erhebungen kombiniert. An die wissenschaftlichen Erhebungen und Auswertungen schlossen sich dann Rückschlüsse zur Verbesserung der Praxis an, die für Addams zwei Stoßrichtungen hatten: sozialpolitisches Engagement zur Sensibilisierung der Politiker der Stadt (und später des Landes) und Aufklärung der Bevölkerung in ihrer alltäglichen Lebenspraxis. In dieser fortschrittlichen Kombination, das Settlement als »sociological laboratory« (ebd.: 178) zu sehen, war nach Ansicht von Addams ein Fehlschluss, da es ihr vorrangig darum ging, die wissenschaftlichen Verbindungen zu nutzen, um gerechtere Bedingungen in der Gesellschaft zu schaffen; und nicht umgekehrt: den Wissenschaftler:innen die Möglichkeit zu bieten, ihre Theorien an den Besucher:innen des Settlement zu bilden.

Mathilde Vaerting: Sozialkonstruktivismus, Begabung und Leistung

In der Auseinandersetzung mit Pionierinnen der wissenschaftlichen Pädagogik darf schließlich *Mathilde Vaerting* (1884–1977) nicht unerwähnt bleiben, denn Vaerting war die erste Frau auf einer ordentlichen Professur für Erziehungswissenschaft im Deutschen Reich und – nach der Agrikulturchemikerin Mathilde von Wrangell (1877–1932) – die zweite Professorin in Deutschland überhaupt. Sie promovierte 1911 über »Otto Willmanns und Benno Erdmanns Apperceptionsbegriff im Vergleich zu dem von Herbart« und trat danach eine Lehrerinnenstelle an, neben der sie auch weiterhin wissenschaftlich publizierte (vgl. Kraul 1987). Sie ist damit eine der ersten Frauen, die eine akademische Karriere absolvierte, die mit denen der benannten männlichen Kollegen vergleichbar ist. 1923 wurde sie an die Universität Jena berufen – eine sehr umstrittene Stellenbesetzung, nicht zuletzt deshalb, weil sie die Naturalisierung von Geschlechterverhältnissen mit Blick auf Lernen und Begabung (eines ihrer Forschungsfelder) kritisierte. Der Vorwurf, »Feminismus unter dem Deckmantel der Wissenschaft« zu betreiben, ist etwa beim Zoologen und Vordenker des Nationalsozialismus Ludwig Plate (1930) in einer Schmähschrift über seine Kollegin nachzulesen. 1933 wurde Vaerting nach der Machtergreifung der Nationalsozialisten pensioniert. Ihre Bemühungen, nach dem zweiten Weltkrieg an ihre Wissenschaftlerinnenkarriere in der Erziehungswissenschaft anknüpfen zu können, blieben unbeachtet (Kraul 1987).

Als innovativ sind Vaertings Ausführungen deshalb zu bezeichnen, weil sie sich von einer Naturalisierung der Geschlechterverhältnisse abkehrt und darauf verweist, dass diese »ein reines Ergebnis ihrer Machtstellung« (Vaerting 1921: 22) seien. Damit grenzt sie sich etwa von Sichtweisen wie der von Lange (s. o.) ab. Ihre Ideen fielen bei linken Frauen, wie etwa Salomon, auf fruchtbaren Boden (Toppe 2008: 1516). Vaertings pädagogische Schriften lesen sich durchaus wie machtanalytische Auseinandersetzungen mit den bestehenden Verhältnissen und polarisieren die noch junge Disziplin zwischen reformorientierten und konservativen Kreisen. Ihre analytische Perspektive besteht dabei in der Verflechtung von individuellen Entwicklungsmöglichkeiten mit gesellschaftlich bedingten Ungleichheiten, die durch Macht- und Herrschaftsstrukturen entstehen. Um zu solchen Ergebnissen zu kommen, analysiert Vaerting anthropologisches, ethnographisches und soziologisches Material, das auch Erkenntnisse zu matriarchalen Herrschaftsformen einbezieht und verweist somit innovativ auf die Konstruktion des Geschlechterverhältnisses (ebd.: 1519).

Einordnung in den disziplinären Zusammenhang

Die hier vorgestellten Perspektiven zeigen, dass die disziplinäre Entwicklung der Erziehungswissenschaft in Machtpraxen verstrickt war, die sich jenseits des Kampfes um Anerkennung als Disziplin bewegten[8]. Etwa

---

8   Die biographischen Skizzen der hier vorgestellten Pionierinnen unterscheiden sich von denen ihrer männlichen Vorgänger. Zwar waren die männlichen Biographien ebenfalls von Brüchen gekennzeichnet: Alle vorgestellten Theoretiker von Kant bis Durkheim waren zunächst als Lehrer tätig, schlossen also nicht unmittelbar an Schule und Studium eine »Universitätskarriere« an. Trapp »entfloh« gar nach dem Streit mit der theologischen Fakultät der Professur, ging in die Bildungspolitik und leitete dann ein Lehrinstitut für Mädchen. Kant lehnte Rufe auf Professuren, die seinen Ansprüchen nicht entsprachen, ab und arbeitete u. a. als Bibliothekar bis er die Professur für Logik und Metaphysik erhielt. Diese anekdotischen Einlassungen weisen jedoch einen bedeutsamen Unterschied zu den hier beschriebenen weiblichen Biographien auf: die Brüchigkeit in den Frauen-Biographien erscheint viel weniger als Resultat von Entscheidungen, denn vielmehr als kleinschrittiger Kampf in den damals herrschenden politischen

parallel zur Verberuflichung und initiiert durch die Geisteswissenschaftliche Pädagogik entwickelte sich Erziehungswissenschaft als universitäre Disziplin, die vor allem aus einer hermeneutisch-geisteswissenschaftlichen Denktradition heraus entstand (▶ Kap. 3.3). Einen Beitrag zur Disziplinbildung leisteten aber auch die praktischen Orientierungen, die schon früh sozialwissenschaftlich fundiert wurden. Sie waren häufig verwoben mit sozialen Bewegungen und politischen Bestrebungen, also etwa mit der Arbeiterbewegung oder – wie hier gezeigt – mit der Frauenbewegung. In der Gleichzeitigkeit des Ringens um weibliche Teilhabe, die Integration in die Handlungsfelder und wissenschaftliche Erkenntnisproduktion zeigt sich eine Strukturlogik der Verwissenschaftlichung der Pädagogik, die bis heute durch die Ambivalenz der Orientierung von Forschung an praktischen Bedarfen und einer wissenschaftsbasierten Professionalisierung des Handelns geprägt und jeweils durchdrungen von gesellschaftlichen Ordnungslogiken und Machtstrukturen ist.

Mit dieser Art der Erkenntnisgenerierung geht – das zeigen besonders deutlich die Beispiele von Alice Salomon und Jane Addams – auch eine Vernetzung mit Forschung einher. So war Hull House nicht nur mit der Universität von Chicago und der damals entstehenden Sozialpsychologie vernetzt, hier lebten auch wissenschaftlich qualifizierte und interessierte Frauen, die die generierten Erkenntnisse nutzten, um bildungspolitische Ziele durchzusetzen. In Berlin gründete Alice Salomon die »soziale Frauenschule«, auf deren Tradition sich heute die Alice-Salomon-Hochschule beruft. Dies sind zwei Beispiele für die Institutionalisierung wissenschaftlicher Arbeit und die Professionalisierung durch die Entwicklung einer akademischen Perspektive.

Wenn hier eine weitere Gestalt erziehungswissenschaftlichen Forschens jenseits theologischer, philosophischer oder der neu entstehenden soziologischen akademisch etablierten Traditionen aufgemacht wird (▶ Kap. 3.1), dann zeigt sich darin auch eine zusätzliche wissenschaftstheoretische Position, nämlich die Gesellschaftskritik, die bereits früh Gegenstand der Auseinandersetzung wird. Im Grunde lässt sich das ge-

---

Verhältnissen. Helene Lange wurde das Ablegen des Lehrerseminars zunächst versagt, erst die Übersiedlung nach Berlin ermöglichte ihr dies.

sellschaftspolitische Engagement von Personen wie Lange, Salomon oder
Addams nicht von ihrer wissenschaftlichen Position trennen.

Doch sind die Analysen zur Benachteiligung von Frauen und Mädchen
in der Bildung (Lange), zu den gesellschaftlichen Bedingungen von Armut
(Salomon), den Benachteiligungsstrukturen im Kapitalismus (Addams)
und den biologistischen Annahmen über Leistung und Begabung (Vaerting) immer auch Ausdrucksgestalten einer Kritik an den gesellschaftlichen Verhältnissen, in die Erziehungs- und Bildungsverhältnisse eingelagert sind[9]. Die Frauenbewegung war dabei Gegenstand (Lange) und
Ausgangspunkt (Salomon) der wissenschaftlichen Auseinandersetzung
mit den gesellschaftlichen Verhältnissen, die durch wissenschaftlich fun-
diertes Handeln schlussendlich verbessert werden sollten[10]. Dass damit
freilich eine Zweckgebundenheit der Forschung einherging und sich in
weiten Teilen der frauenbewegten Perspektiven nach wie vor eine Akzep-

---

9   Der Begriff Kritik wird hier wissenschaftlich verwendet, der nichts mit der all-
    tagsweltlichen Vorstellung des Kritisierens gemeinsam hat, sondern sich als eine
    analytisch reflexive Perspektive versteht, in der gesellschaftliche Ungleichheits-
    verhältnisse und Ungerechtigkeiten mit wissenschaftlichen Methoden aufge-
    deckt und beschrieben werden. In der Tradition der Kritischen Theorie (Hork-
    heimer) nimmt Kritik gesellschaftliche Ideologien in den Blick, die etwa in
    Ungleichheiten führen (z. B. den Kapitalismus).
10 Wie fragil diese kritische Perspektive war und in welche existenziell bedrohli-
    chen Lagen wissenschaftlich tätige Frauen gebracht wurden, zeigt sich im wei-
    teren biographischen Verlauf von Salomon und Vaerting, aber auch in den
    langen Phasen, in denen Frauen nach 1933 nicht oder nur sehr eingeschränkt am
    Wissenschaftssystem teilhatten. Der Wechsel der politischen Macht- und Kräf-
    teverhältnisse verdrängte im Nationalsozialismus Frauen für lange Zeit wieder
    aus der Wahrnehmung als aktive Mitgestalterinnen einer wissenschaftlichen
    Pädagogik und Themen, die sich mit kritischer Machtanalyse auseinandersetz-
    ten, wurden lange Zeit ausgeblendet. Die ersten Lehrstühle in der Erziehungs-
    wissenschaft, die in der Nachkriegszeit mit einer Frau besetzt wurden, waren die
    von Elisabeth Siegel (1901–2002), die ab 1947 an den Pädagogischen Hoch-
    schulen Lüneburg, Celle und Paderborn arbeitete und Elisabeth Blochmann
    (1892–1972), die man 1933 aufgrund ihrer jüdischen Herkunft von ihrer Pro-
    fessur an der Pädagogischen Akademie Halle entlassen hatte und die 1952 nach
    Marburg berufen wurde. Die Berufungspolitik ging recht schleppend voran. In
    der DDR wurden bis Ende der 1960er Jahren 13 Frauen habilitiert, in West-
    deutschland bis 1970 keine (Glaser/Prien 2004).

tanz der weiblichen Zuständigkeit für Fürsorge und Pflege reproduzierte, wurde in diesem Zusammenhang nicht kritisch hinterfragt.

In zahlreichen wissenschaftstheoretischen und Methodenbüchern tritt das Werk und der theoretische Beitrag der hier aufgeführten (und zahlreicher weiterer) Frauen gegenüber einem anekdotischen Erzählen über ›engagierte Sozialarbeiterinnen‹ und ›Frauenrechtlerinnen‹ in den Hintergrund und gehört somit zu den vergessenen Diskursen (Erdmann/Vogel 2023). Das bedeutet, dass ihr Beitrag zur Systematik der Disziplin kaum gewürdigt wird. Hierin zeigt sich abermals eine machtförmige Verstrickung von Lesarten theoretischer Beiträge: die männlichen Karrieren hatten durch ihre universitäre Einbindung gleichzeitig eine Legitimation des Sprechens, während den weiblichen Karrieren diese Legitimation lange Zeit abgesprochen wurde (▸ Kap. 3.3). Gleichwohl zeigen sich insbesondere die Ansätze von Addams und Salomon als äußerst fortschrittliche Wissenschafts-Praxis-Verbindungen, die methodenplural Zustände erheben, die Möglichkeit von Einzelfallanalysen einbeziehen und darin immer wieder Systematisierungschancen suchen, die auf institutionelle und gesellschaftliche Bedingungen sozialer Ungleichheit verweisen und gleichzeitig die Professionalisierungsnotwendigkeiten, jenseits eines karitativen »Helfen-Wollens«, überwinden. So wurde die Doppelstellung der sozialen Arbeit zwischen Hilfe und Kontrolle bei Addams und Salomon schon früh Gegenstand der wissenschaftlichen Auseinandersetzung auf der Grundlage empirischer Erkenntnisse. Vaertings und Langes Beitrag liegt besonders darin, dass sie die Wahrnehmung von Bildungsambitionen von der Annahme ›natürlicher‹ Unterschiede abgelöst haben und für eine versachlichte Perspektive auf Beteiligung und Teilhabe plädiert haben.

3.3 Pädagogische Strömungen in der ersten Hälfte des 20. Jahrhunderts

Die Ausdifferenzierung der Profession und der wissenschaftlichen pädagogischen Forschung, wie sie im vorhergehenden Kapitel bereits angedeutet wurde (▶ Kap. 3.2), lässt sich an dieser Stelle nun noch einmal hinsichtlich wissenschaftlicher Strömungen und deren Forschungsperspektiven betrachten. Den bereits angesprochenen Symbolischen Interaktionismus (▶ Kap. 4.4), der die US-amerikanische Wissenschaft sehr prägte, steht in Deutschland eine Theorieperspektive gegenüber, die als geisteswissenschaftliche Pädagogik bezeichnet wird. Internationale Strömungen, die aus sozialen Bewegungen hervorgingen, zeigten sich nicht nur in der Frauen-, sondern auch in der Jugendbewegung, die durch geisteswissenschaftliche und reformpädagogische Perspektiven sowie empirische Annäherungen an die pädagogische Wirklichkeit beeinflusst wurde. Im Folgenden soll zunächst eine knappe Auseinandersetzung mit der geisteswissenschaftlichen Tradition und dann mit reformpädagogischen Ansätzen stattfinden. Im Anschluss wird auf die Einflüsse aus der experimentellen Psychologie und der vom amerikanischen Pragmatismus geprägten Sozialpsychologie eingegangen. Das Kapitel weicht vor diesem Hintergrund von der vorhergehenden Darstellungsweise anhand einzelner Theorien/Theoretiker:innen ab, da sich ab Beginn des 20. Jahrhunderts Pädagogik als wissenschaftliche Disziplin ausdifferenzierte und daher unterschiedliche Theorieperspektiven einer »Strömung« zugeordnet werden können.

Geisteswissenschaftliche Pädagogik

Als sich im Zuge der Ausweitung des Wissenschaftssystems im 19. Jahrhundert die Disziplinen neu ordneten, entstand die Bezeichnung Geisteswissenschaft in Abgrenzung zu Naturwissenschaft. Die inhaltliche Begründung war, dass ihr Forschungsgegenstand durch geistig-kulturelle bzw. geschichtliche Phänomene bestimmt ist. Die Geisteswissenschaftliche *Pädagogik* formierte sich unter maßgeblichem Einfluss von *Wilhelm Dilthey*

(1833–1911) und hatte zum Ziel, Pädagogik als eigenständige Wissenschaft zu begründen (Schaser 2010). Auf Dilthey geht die auch in heutiger Zeit bedeutsame Auseinandersetzung mit dem Gegensatz von Naturwissenschaften, die einen erklärenden Zugang zur Natur haben, und Geisteswissenschaften, für welche ein verstehender Zugang zur Natur festgestellt werden kann (Dilthey 1910/1973). Dieser verstehende Zugang wird von ihm durch das Modell des hermeneutischen Zirkels beschrieben, das die Trias von Vorverstehen – Verstehen – Erkenntnis als zirkulären Prozess konzipiert. (Abb. 3.1).

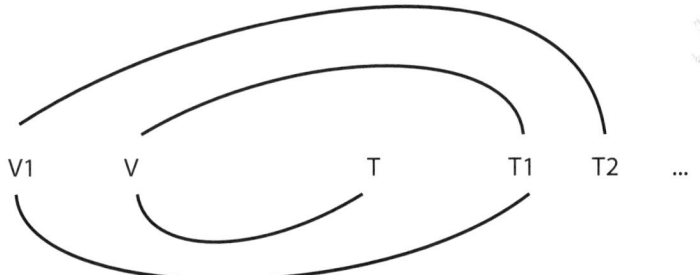

Abb. 3.1: Hermeneutischer Zirkel. V = Vorverständnis, T = Textverständnis (vgl. Lamnek 1988)

Wenn man z. B. einen wissenschaftlichen Text liest, so ist dieser Text nur dann begreifbar, wenn die einzelnen Aussagen in den Gesamtkontext des Textes gestellt werden. Dies umfasst den Text insgesamt wie auch den Entstehungskontext: die historische Epoche, die theoretische Perspektive, die Biografie der Autorin usw. Umgekehrt ist das Werk wie der Text nur dann verstehbar, wenn man Kenntnis von den einzelnen Teilen besitzt (vgl. Krüger 2009: 24). So beinhaltet das Verstehen eines Textes ein zirkuläres Lesen: man fängt an einem Punkt an, kontextuiert dann den Text durch biografische und historische Informationen, liest ihn wieder, versteht seine Aussagen deutlicher usw. Für geisteswissenschaftliche Pädagogik sind drei Grundannahmen relevant (ebd.: 26 ff.):

• Das *Theorie-Praxis-Verhältnis* ist durch unterschiedliche Grade an Theorieverständnis bestimmt. Dies hat Erich Weniger (1894–1961) deutlich ausgeführt: Als Theorie ersten Grades bezeichnet Weniger dabei das Alltagsverständnis von Erziehung. Es handelt sich um Theorien, die aus dem Erfahrungsschatz der pädagogisch Handelnden stammen. Eine rein darauf basierende Pädagogik neige jedoch dazu, konservativ zu sein (Weniger 1929/1990: 16). Unter Theorie zweiten Grades bezeichnet Weniger »alles, was auf irgendeine Art formuliert im Besitz des Praktikers vorgedrungen und von ihm benutzt wird« (ebd.: 17). Hierbei handelt es sich um theoretisches Wissen (in Form von Lehrsätzen und Lebensregeln), das von Alltagswissen durchdrungen ist. Hochschulische Bildung »sorgt« schließlich für die Möglichkeit, eine »Theorie dritten Grades« ausbilden zu können. Hiermit ist eine reflexive Distanznahme von der Unmittelbarkeit der Praxis gemeint, die an Pädagog:innen gleichwohl den Anspruch stellt, sich selbst zu »befangen« und aus der Verantwortung für die Praxis heraus zu urteilen (ebd.: 21). Weniger konzipiert Theorie also unter einem »Primat der Praxis« (ebd.), wobei Praxis den Vorrang hat und Theorie »erst wenn sich dabei [in der Praxis, M.H.] Schwierigkeiten ergeben« notwendig wird (Bollnow 1969: 19).

- Methodisch geht Geisteswissenschaft *geschichtsbewusst* und damit sinnverstehend vor: Erfahrungen werden theoretisch reflektiert und geschichtlich systematisch eingeordnet (Nohl 1933/2002: 119). Erziehungshandlungen werden damit als historische Erscheinungen betrachtet, in ihnen »tragen« sich Erziehungsvorstellungen aus der Vergangenheit »ab«. Dies ist besonders an »geistigen Objektivationen« von Erziehung nachvollziehbar: in Gesetzestexten zu Erziehung und Bildung, in Lehrplänen und Curricula, in pädagogischen Konzepten und sogar – um ein aktuelles Beispiel einzubeziehen – auf Homepages zeigt sich ein pädagogisches Wissen, das gleichsam geronnene Ausdrucksgestalt eines historischen Prozesses ist und diesem Prozess selbst im Moment seiner Veröffentlichung bereits wieder angehört. Im hermeneutischen Textverstehen liegt in diesem Zusammenhang eine Möglichkeit der Analyse jener Objektivationen und deren Wirken bis in die Gegenwart hinein (Krüger 2009: 28).

- Die *Relative Autonomie* ist die logische Folge der wissenschaftlichen Auseinandersetzung mit Pädagogik: Pädagogik »muss sich von ihrer eigenen Mitte her bestimmen« (Bollnow 1969: 21). Damit ist einerseits der Versuch gemeint, Pädagogik gegenüber den zuvor genannten Bezugswissenschaften: Theologie, Philosophie, Psychologie und Soziologie als eigenständige Disziplin zu bestimmen. Da jedoch jeweilige Nähen nicht zu verkennen sind, bleibt diese Bestimmung von Eigenständigkeit eine ständige Aufgabe unter jeweiligen historischen Bedingungen (Krüger 2009: 30). Zugleich gilt es, Kindheit und Jugend gegenüber gesellschaftlicher Vereinnahmung durch Staat und Wirtschaft zum Beispiel zu verteidigen (Weniger 1929/1990) und Pädagogik folglich in den Dienst der Bildungsmöglichkeiten des Kindes in gesellschaftlichen Verhältnissen zu stellen (Nohl 1933/2005).

Was bedeutet dies für das Thema dieses Bandes – dem erziehungswissenschaftlichen Forschen? Dies soll im Folgenden exemplarisch anhand der geisteswissenschaftlichen Positionen von Spranger und Nohl dargestellt werden:

Eduard Spranger (1882–1963) war nach Trapp (▶ Kap. 3.1) der erste Wissenschaftler, der 1911 auf einen Lehrstuhl für Pädagogik berufen wurde. Auf den Ruf nach Leipzig folgte 1919 der Ruf nach Berlin. In den 1920er Jahren trug Spranger maßgeblich dazu bei, dass Jugendforschung und Jugendbildung wissenschaftlich bearbeitet wurden (Spranger 1926/ 1979). Die durch die Verlängerung der Pflichtschulzeit auf acht Jahre in der Weimarer Republik bedingte Ausdehnung der Jugendphase fiel zeitlich mit der organisierten Jugendbewegung zusammen, die sich aus der Wandervogelbewegung um 1900 entwickelt hatte. In diesem historischen Kontext entstehen Jugendtheorien, die sich bewusst von Kindheitstheorien absetzen und die Eigenlogik dieser Lebensphase hervorheben.

Unter Bezugnahme auf das humanistische Bildungsideal von Wilhelm von Humboldt (1767–1835) setzt Spranger sich mit der Frage danach auseinander, wie der Bildungsweg vom Jugendlichen zum vergesellschafteten Erwachsenenleben sinnhaft gestaltet werden kann und arbeitet die wechselseitige Abhängigkeit von Individuum und Gesellschaft heraus (Spranger 1926/1966: 34). Dabei ist die durch ihn geleistete systematische Verbindung philosophischer und psychologischer Perspektiven mit pädagogischen Ansätzen als Beitrag zur Verselbstständigung von Pädagogik als wissenschaftlicher Disziplin zu verstehen. Dies beinhaltet – ähnlich wie bei Herbart (s. o.) – eine Abgrenzung von einem rein auf Erfahrung basierenden pädagogischem Können und die wissenschaftliche Fundierung einer »Pädagogik des Verstehens« (vgl. Drewek 2003: 145). Anhand der stichwortartigen Darstellung dokumentiert sich in der wissenschaftlichen Perspektive von Eduard Spranger die Einbettung von Erziehung und Bildung in historische und disziplinäre Zusammenhänge sowie die Relationierung zu den Bezugswissenschaften Philosophie und Psychologie.

Auch wenn Spranger hier reformierend erscheint, lässt sich seine national-konservative Haltung, die er gegenüber gesellschaftlichen Reformbestrebungen vertrat, nicht leugnen. Dies zeigt sich insbesondere auch an seinem Verhältnis zum Nationalsozialismus. Während viele Wissenschaftler – und insbesondere die benannten Wissenschaftlerinnen – infolge des Nationalsozialismus ihre Ämter verloren, blieb Spranger ohne Parteimitgliedschaft in Berlin Professor für Pädagogik und distanzierte sich nicht vom nationalsozialistischen Regime – im Gegenteil: in vielen seiner Werke nimmt er positiv auf den Nationalsozialismus Bezug[11]. Nach dem Zweiten Weltkrieg war er bis zu seiner Emeritierung im Jahr 1950 Professor in Tübingen.

Der bereits erwähnte *Herman Nohl* (1879–1960) wurde 1922 auf eine Professur für Pädagogik nach Göttingen berufen. Er hatte bei Wilhelm Dilthey Geisteswissenschaften studiert und unterhielt im Zeitraum seiner Habilitation (1908) erste Kontakte zur Jugendbewegung und Reformpädagogik. Ebenso wie Spranger« ist seine Position ambivalent einzuschätzen. Einerseits hat er als ein zentraler Vertreter der wissenschaftlichen Pädagogik entscheidend zu ihrer Theorieentwicklung beigetragen und stand in diesem Zusammenhang erkenntnistheoretisch für die Einheit von Praxis und pädagogischer Wissenschaft. Kennzeichnend dafür ist zum Beispiel, dass er das Handbuch der Pädagogik herausgab, in dem er eine geisteswissenschaftliche Verortung von Pädagogik vornahm, also: die Be-

---

11 Es ist hier leider nicht der Platz, um ausführlich auf die Verstrickungen geisteswissenschaftlicher Pädagogik mit dem Nationalsozialismus einzugehen. Spranger selbst hatte z.B. 1933 ein Rücktrittsgesuch als Hochschullehrer in Berlin eingereicht, da er mit der Berufung des NS-Ideologen und Pädagogen Alfred Baeumer nicht einverstanden war und er befand sich 1944 einige Wochen in Gestapo-Gefangenschaft. Gleichwohl ist die positive Bezugnahme auf den Nationalsozialismus ebenso wie die antisemitischen Publikationen – etwa in der Zeitschrift »Die Erziehung« – ein Hinweis auf eine grundlegende Ambivalenz, die sein Werk durchzieht (Horn 1996, Brumlik/Ortmeyer 2016).

deutsamkeit des geschichtlichen Kontextes für die Entwicklung von Erziehungsvorstellungen hervorhob. Ebenso trug er maßgeblich zur Etablierung einer Sozialpädagogik bei, in der Zögling und Erzieher sich in einer Generationsbeziehung befinden, die in der Dichotomie von Veränderung und Zurückhaltung auf Erzieherseite, Hingabe und Widerstand auf der Zöglingsseite balanciert (Klika 2003: 130).

Andererseits wird Nohl zu den national-konservativen Eliten gezählt, deren theoretische Ausführungen auf anti-demokratischen Vorstellungen (z. B. geistiger Führerschaft) basieren (Klika 2003: 132) Dies schreibt sich sowohl in sein konservatives Frauenbild ein als auch in die idealistische Begrüßung der Machtergreifung 1933. Als Wissenschaftler, der nach der pädagogischen Einheit strebte, sind für Nohl die Erkenntnis und Beschreibung der oben bereits angesprochenen konstitutiven Gegensätze von Erziehung (Individuum und Gemeinschaft, freier Wille und Gehorsam usw.) zentral. Jedoch – so idealisiert Nohl schließlich nach der Machtergreifung – seien diese Gegensätze unter dem NS-Regime erst zu einer Einheit gewachsen, nach der pädagogisches Handeln streben müsse (Nohl 1935). Nohl idealisiert hier nicht nur die Idee von Einheit, sondern verortet darin auch die Jugendbewegung: sie habe sich von einer durch die Ambivalenz von Individuum und Gemeinschaft gekennzeichneten Bewegung hin zu einer an Einheit orientierten Bewegung entwickelt, die »bereit [sei] ihrem Führer bedingungslos zu folgen« (Nohl 1935: 72). Hierin sieht Nohl schließlich sein pädagogisches Ideal verwirklicht (Ortmeyer 2012). Die Doppelwertigkeit des Strebens nach einer verwissenschaftlichten Pädagogik, die sich geisteswissenschaftlich mit wichtigen Grundlagen der Sozialen Arbeit auseinandersetzt und zugleich große Nähen zur nationalsozialistischen Ideologie aufweist, kennzeichnet das Werk Herman Nohls. Aus ungeklärten Gründen wurde er 1937 zwangsemeritiert (Klika 2003), 1945 zurück an die Universität Göttingen berufen, wo er bis zu seiner Emeritierung 1949 blieb.

Nach ihrem theoretischen Aufbruch im ausgehenden 18. und 19. Jahrhundert verdankt sich die Etablierung einer wissenschaftlichen Pädagogik der zunehmenden Verschulung von Kindheit und Jugend sowie den ge-

sellschaftlichen Reformbewegungen der Frauen- und Jugendbewegung[12].
Die Verschulung bedeutete, dass Kindheit und Jugend zunehmend länger
dauerte und gleichzeitig eine akademische Lehrer:innenbildung immer
wichtiger wurde. Mit der Frauen- und Jugendbewegung nahm die Akademisierung pädagogischer Arbeit nicht nur den schulischen Raum ein,
sondern erstreckte sich auch auf die kindlichen und jugendlichen Lebenswelten sowie Themen sozialer Ungleichheit. Verschulung und gesellschaftliche Reformbewegungen können also als Motor für die Ausdifferenzierung der Disziplin verstanden werden, den Vertreter der
Geisteswissenschaftlichen Pädagogik disziplinpolitisch und theoretisch
nutzten.

Mit Blick auf den letzten Absatz (▶ Kap. 3.2) zeigt sich im Wirken
Herman Nohls eine zweite Ambivalenz des geisteswissenschaftlichen Beitrags zur Disziplinbildung: das systematische »Vergessen« des Beitrags von
Frauen in der Wissenschaft. So förderte Nohl zwar zahlreiche Frauen und
schon in den 1920er Jahren waren 50 % seiner Promovend:innen weiblich.
Gleichzeitig kritisierte er die Perspektive »geistiger Mutterschaft« sinngemäß als eine Art weibliche Monopolisierung von Erziehung (Nohl 1947,
auch: Weniger 1959). Gegenüber dem Begriff der »geistigen Mutterschaft«
prägte er die Begriffe der »geistigen Führerschaft« und der »hebenden
Liebe«, die die Beziehung zwischen den Generationen beschrieb und vom
Geschlecht abgekoppelt wissen wollte. Dennoch befürwortete er eine ge-
schlechtergetrennte schulische Erziehung. Schließlich begrenzte er den
Einflussbereich Langes auf die Mädchenbildung und wirkte mit seinem
mehrbändigen und über lange Zeit bedeutsamen Handbuch der Pädagogik (Nohl/Pallat 1928–1933, zit. n. Schaser 2010) nivellierend auf die Bedeutung der Frauenbewegung und ihrer theoretischen Beiträge zur Entwicklung einer akademischen Pädagogik (ebd.), obwohl er sowohl mit
Lange als auch mit Salomon in regem Austausch gestanden hatte.

---

12 Die Bedeutsamkeit der Frauenbewegung war bei Vertretern der geisteswissenschaftlichen Pädagogik keineswegs unumstritten, fürchteten sie doch hier eine
Feminisierung der Pädagogik (Andresen/Baader 1998), eine These, die heute
noch mit Problematisierungsmetaphern einhergeht, ohne dass es empirische
Belege dafür gibt (Rieske 2012).

Tenorth (1985) nennt dies eine »Mystifikation« in der Nohlschen Theoriebildung. Hierin deutet sich ein symbolischer Kampf um Privilegien und Zuständigkeiten an, der nicht nur die Deutungshoheit im Kontext der Geschichtsschreibung der Disziplin betrifft, sondern auch den Versuch impliziert, »den Korpus des [wissenschaftlichen] Personals geschlossen zu halten« (Oelkers, zit. n. Kleinau 2008: o. S.).

Reformpädagogische Ansätze

»Die« Reformpädagogik[13] hat die Orientierung am Primat der Praxis und der Lebenswelt von Kindern und Jugendlichen mit der geisteswissenschaftlichen Pädagogik gemein. Im Zentrum reformpädagogischer Bewegungen steht immer wieder eine idealisierende, stellenweise auch romantisierende Perspektive auf das Kind (Ullrich 1999), die zum Teil die wissenschaftlichen Perspektiven instrumentell erscheinen lassen, i. S. der Nutzung von Wissenschaft, um z. B. die Erziehungsideale realisieren zu können. Ein recht bekanntes Beispiel hierfür ist das Buch »Das Jahrhundert des Kindes« der Schwedin Ellen Key (1849–1926). Die Autorin war eine Vorreiterin im Kampf um Kinder- und Frauenrechte, trat aber auch für darwinistische Ideen der Auslese von Partnerschaften ein, damit Kinder nur unter den günstigsten Voraussetzungen gezeugt würden. Dies schloss auch eine Eugenik ein, d. h. die Auslese kranker und als behindert bezeichneter Kinder (Key 1992). Bekannte Ansätze aus der Reformpädagogik sind immer wieder die von Rudolf Steiner und Maria Montessori. Sie werden vor allem mit Blick auf ideale Perspektiven auf das Kind referiert. Dabei waren bei Montessori und anderen Reformpädagog:innen von Beginn an auch ein empirisches Wissenschaftsverständnis leitend, das mit theoriegeleiteter Erkenntnis über Kinder und Jugendliche verbunden wurde. Zwei dieser Ansätze – der von Maria Montessori und der von Siegfried Bernfeld – sollen hier skizziert werden:

---

13 »Die« Reformpädagogik ist kein in sich geschlossenes Theoriegebilde, noch handelt es sich um einen kohärenten pädagogischen Ansatz (Oelkers 2005; Ullrich 1999). Vielmehr verbergen sich hierunter sehr unterschiedliche Ansätze, die zum Teil auch widersprüchlich sind und die sich untereinander abgrenzen.

Maria Montessori (1870–1952) studierte in Rom Medizin und promovierte 1896 in diesem Fach. Sie arbeitete danach insbesondere mit den damals wenig beachteten und vor allem unter dem Prinzip der Versorgung betreuten Kindern, die als geistig behindert galten. Hier manifestierte sich ihr Eindruck, die Behandlung dieser Kinder sei weniger ein Gegenstandsbereich für die Medizin als für Pädagogik. Dabei ist für Montessori Pädagogik nicht das Ergebnis philosophischen Nachdenkens über Erziehung, sondern vielmehr das Ergebnis empirischer und zum Teil experimenteller Forschung zu den neuropsychiatrischen Grundlagen von Erziehung. Während sich im deutschen Sprachraum die Überzeugung hält, Montessori habe ihre Theorien durch die pädagogische Arbeit mit Kindern gewonnen, wurde sie in Italien entsprechend ihres eigenen Selbstverständnisses als empirische Wissenschaftlerin wahrgenommen und als »Vertreterin des pädagogischen Positivismus« (Böhm 2003: 75) eingeordnet[14]. Diese Perspektive zielt darauf, ein Verfügungswissen zu erhalten, das die menschlichen Lebensverhältnisse verbessert. Insofern ist Pädagogik bei ihr eng verbunden mit experimentalwissenschaftlichem Vorgehen und entsprechenden medizinisch wissenschaftlichen Zugängen (ebd.: 80). In Spannung dazu steht die Konzeption des Kindes als Ursprung eines göttlichen Planes.

Die Idee, die sie hiermit verbindet, ruht in der Vorstellung, dass die Verbesserung der Erziehung zu einer Verbesserung der Gesellschaft beitragen könne – stark verknappt ausgedrückt heißt dies: was Kinder früh lernen, lässt sie später einen moralischen Beitrag zur Gesellschaft leisten.

Vor diesem Hintergrund lässt sich die Entwicklungs- und Lerntheorie Montessoris als Realisierung eines »inneren Bauplans« beschreiben, der sich durch die »selektive Aufnahme und Verarbeitung von äußeren Reizen selbst aufbaut« (ebd.: 81). Dabei sind die von Montessori selbst entwickelten Lehrmaterialien, mit denen sich ein Kind während sogenannter sensibler Phasen befasst, von entscheidender Bedeutung. Nach Montessori strebt die kindliche Entwicklung danach, Dinge in ihrer Funktionalität zu erkennen und daran zu reifen. Pädagog:innen haben in diesem Zusammenhang die Aufgabe, eine kindgerechte Umgebung (angemessenes Mo-

---

14 Positivismus ist eine Perspektive der Philosophie, die Wissen nur auf tatsächliche, sinnlich wahrnehmbare Befunde bezieht.

biliar, Lernmaterial usw.) zu schaffen (Montessori 1991). Die Ausrichtung von Montessoris Erkenntnisperspektive lässt sich damit als positivistisch beschreiben, d. h. auf wahrnehmbare und objektiv prüfbare Befunde gerichtet. Daher scheint es zunächst geradezu abwegig, Montessori selbst als Reformpädagogin einzustufen. Doch finden sich in ihrer Idee der Kindzentrierung und seiner Mystifizierung reformpädagogische Impulse, die durch die Montessori-*Pädagogik* deutlich ausdifferenziert wurden (vgl. Ullrich 1999) und die sich wiederum nicht anders denn als reform-pädagogisch – im Sinne einer Abkehr von einer streng hierarchischen Anpassung an die Erwachsenenwelt – zu beschreiben sind.

Siegfried Bernfeld (1892–1953) nimmt eine gegenteilige Haltung zu dieser kindzentrierten Sicht ein. Der von der Reformpädagogik und Jugendbewegung deutlich beeinflusste Pädagoge und Psychologe hatte bei Sigmund Freud studiert und sich bereits früh mit jugendkulturellen Themen befasst. Sein Werk war durch die Lehren der Psychoanalyse geprägt, gleichzeitig hatte er einen marxistischen Zugang zu Pädagogik (Blankertz 1982). Das bedeutet, dass er das Verhältnis von Erzieher und zu Erziehenden deutlich als ein in die Gesellschaft eingebettetes Machtverhältnis einordnete. Er kritisierte dabei, dass Pädagog:innen kaum prüften, ob ihre Ansätze das leisten, was sie versprächen. Gleichzeitig reflektiert er die Grenzen dessen, was Erziehung leisten kann. Dabei geht es ihm weniger um die Handlungen der Erziehenden in Bezug auf Kinder und Jugendliche als vielmehr um die Abhängigkeit des Erziehungserfolges von den sozialen Bedingungen, unter denen Erziehung stattfindet. Er betont, dass Erziehung und ihre Organisationen strukturell konservativ seien und gesellschaftliche Strukturveränderungen nicht durch (schulische) Erziehung zu erlangen seien. Erziehung selbst könne nur verändert werden, wenn sich die Gesellschaft ändere (Dudek 2003: 175 f.). Damit kritisiert er Positionen wie die von Montessori, aber auch Perspektiven Geisteswissenschaftlicher Pädagogik und schließlich klassische Ansätze von Kant bis Humboldt, die insgesamt die Beziehung zwischen Pädagogen und zu Erziehenden ins Zentrum stellen und die Erwartung formulieren, dass durch eine gelungene Erziehung die Menschheit resp. die Gesellschaft sich zum Besten entwickeln möge.

In diesem Zusammenhang gemahnt Bernfeld eine »Tatbestands-Gesinnung« (Bernfeld 1925/1973: 13), eine Wissenschaftlichkeit, welche die

Zielperspektive der Menschheits- und Gesellschaftsverbesserung ins Verhältnis zu den tatsächlichen Ergebnissen von Erziehung setzt. Er vergleicht dabei das Erziehen als eine uralte Praxis, die ähnlich wie das Heilen zur Menschheit gehöre. Gleichzeitig habe die Medizin im Laufe der Jahrhunderte einen Prozess der Verwissenschaftlichung durchgemacht, während Erziehung erst wenig rationalisiert sei. Er bringt dazu folgendes Beispiel:

>»Comenius erfand das Bilderbuch; Millionen Lehrer, Mütter, Menschen verwendeten es anstatt des vorher Üblichen. Die geistige Tat – so geringfügig sie sein mag, so bedeutungslos gegenüber anderen Taten – ist ihrer Struktur nach eine solche. Sie verlangt vom Täter den Mut, sich von einer hergebrachten Anschauung zu befreien und die Phantasie, ein Neues zu denken. Die Pädagogikleistung aber hat einen Bezug auf gesellschaftliches Tun, auf Tun in der Gesellschaft wenigstens. Der Täter muß daher noch ein Drittes leisten: die Anschauung, von der er sich befreit hat, muß unzweckmäßig sein, die neue, die er erdacht muß sich als zweckmäßig bewähren. Was immer der Zweck sei, einer muß hier sein, denn man dichtet nicht Pädagogik, sondern man denkt sie« (ebd.: 16).

Bernfeld führt hier Johann Amos Comenius[15] und das durch ihn erfundene Schul- und Jugendbuch (*orbis sensualium pictus*) an, das Lehrinhalte mit Holzschnitten anreichert. Am Beispiel von Comenius entfaltet Bernfeld nun, worin wissenschaftliches Handeln bestehe: erstens im Entwurf einer neuen Didaktik (in Form eines Buches); zweitens in der Abgrenzung bzw. der Begründung der neuen Idee vor dem Hintergrund des gesellschaftlichen Kontextes; drittens in der Überprüfung ihrer Bewährung. Der polemische Nachsatz, »man dichtet Pädagogik nicht, man denkt sie«, ist ein Seitenhieb auf Wirksamkeitsversprechen, die vor allem in idealistischen Konzeptionen bestehen (dies bezeichnet Bernfeld als dichten) und ihre Bewährung oder Wirksamkeit nicht reflektieren (i. S. v. »denken«).

Zusammenfassend zeigen sich mit Montessori und Bernfeld zwei Kontrastvarianten der Reformpädagogik. Gemeinsam ist ihnen zwar, »von den Kindern/Jugendlichen aus« zu argumentieren. Montessoris Werk ist jedoch von einer Idealisierung ›des Kindes‹ durchzogen, das auch vor sozialdar-

---

15 Johann Amos Comenius (1592–1670) war ein Philosoph, Theologe und Pädagoge, in dessen Werk die christlich-humanistische Lebensgestaltung im Mittelpunkt steht. Im Zentrum seiner pädagogischen Idee steht der Begriff der Bildung, die den Menschen zur Weisheit führen solle und in der die Anschauung und das eigene Tun den K. rn der Tätigkeiten ausmachen.

winistischen, ableistischen und rassistischen Positionierungen nicht Halt
macht. Dies teilt die Reformpädagogin Montessori mit anderen reformpädagogischen (und geisteswissenschaftlichen) Strömungen (Idel/Ulrich
2017). Die politischen Verstrickungen, die daraus hervorgingen, indem
Montessori sich auch mit den faschistischen Ideen Mussolinis verband
(Seichter 2024), führen zu kontroversen Diskussionen von Reformpädagogik insgesamt. Sie zeigen einmal mehr die enge Verwobenheit der
»Ideenwelten der Pioniere« (Idel/Ullrich 2017: 14), sprechen aber nicht
zwingend für die etablierten Praxismodelle, z. B. die Landerziehungshei-
me, die Jenaplan-, Waldorf- und Montessorischulen (ebd.). Hinter solchen
Vorstellungen steht die Idee umfassender Kontrollierbarkeit des Aufwachsens durch wissenschaftlich gewonnenes Wissen und seiner Kopplung an Ideologie (z. B. ein bestimmtes rassistisch geprägtes Kindheitside-
al).

Hiervon unterscheiden sich die Schriften Bernfelds, weil er erstens jene
differenztheoretischen Vorannahmen nicht teilt und zweitens eine systematische Vorstellung von Erziehungswissenschaft entfaltet, die gesellschaftlich eingebettet ist. So bestimmt er nicht nur einen heute noch an-
schlussfähigen Erziehungsbegriff, wenn er schreibt: Erziehung ist »die
Summe der Reaktionen einer Gesellschaft auf die Entwicklungstatsache«
(Bernfeld 1925/1973: 51) und so Erziehung als Praxis, Pädagogik als System
von Normen und Anweisungen und Erziehungswissenschaft als Tatsachenwissenschaft unterscheidet. Sein Ansatz steht also für eine frühe
Analyse der strukturellen Unterschiede von Forschung und Praxis.

Empirische Bezüge auf Pädagogik aus Psychologie und Sozialpsychologie

Mit dem beginnenden 20. Jahrhundert wuchs das Streben nach empirisch
gesicherter Erkenntnis über Erziehung und Bildung. Vorbild sollten hier
oftmals die Naturwissenschaften sein, Ziel, die Erkenntnis von den Tatsachen her zu denken. Als zwei zentrale Konzepte können die experimentelle Pädagogik und die von der Sozialpsychologie beeinflusste Pädagogik genannt werden. Beide verweisen auf unterschiedliche Verständnisse
von Empirie und können zugleich als kritische Einsatzpunkte an der

95

geisteswissenschaftlichen Pädagogik verstanden werden. Als Beispiele dieser Richtungen sollen hier die Ansätze von Ernst Meumann und John Dewey vorgestellt werden

Ernst Meumann (1862–1915), ein Schüler des bekannten Psychologen Wilhelm Wundt, widmete sich in seinen Schriften und in seiner weiteren Forschungstätigkeit vor allem pädagogischen Fragestellungen. Pädagogik galt bei Meumann als empirische Wissenschaft, daher setzte er sich sehr für die Akademisierung pädagogischer Berufe ein. In der von ihm begründeten experimentellen Pädagogik (Meumann 1907/2018) sollten Auswirkungen der geistigen und körperlichen Entwicklung von Schulkindern auf Schulerfolg untersucht werden. Meumann gründete auch das Hamburger Institut für Jugendkunde und prägte hier den Begriff »Jugendliche« maßgeblich (Probst 2014). Dabei kritisierte er vor allem die theoretische Jugendforschung hinsichtlich ihrer mangelnden praktischen Orientierung. Mit der Idee von einer experimentellen Pädagogik verknüpfte sich also die Vorstellung, dass empirisch basiert pädagogische Problemlösungen herbeigeführt werden können. Im Zentrum stand ein auf Hypothesen basierendes Vorgehen, das Beobachtungen und Experimente zum systematischen Gegenstand des Erkenntnisgewinns machte. Kern der experimentellen Pädagogik war die Arbeit in einem Laboratorium, in dem – z. B. an der Universität Zürich, einer frühen Wirkungsstätte Meumanns – Messgeräte zu Untersuchungen an Kindern und Jugendlichen verwendet wurden. Diese Orientierung an den Mitteln exakter Forschung – also »Beobachtung, Experiment, Statistik« (Meumann, 1913: 3 f.) – war zu dieser Zeit international hochgradig anschlussfähig (Tenorth 2000: 264) und bildete einen Kontrapunkt zum Allgemeingültigkeitsanspruch einer geisteswissenschaftlichen Pädagogik (ebd.: 265).

Meumann war daran interessiert, an der wissenschaftlich abstrahierbaren »Wahrheit« der Entwicklung von Kindern und Jugendlichen orientiert eine Pädagogik zu etablieren, die der Individualität von Kindern und Jugendlichen gerecht wird und die motivationalen und emotionalen Bedürfnisse integriert (Probst 2014: 26 f.). Auch das Lehrer:innen- und Elternhandeln wurde folglich Gegenstand der experimentellen Pädagogik, durch die Unterrichtsmethoden erprobt und entwickelt werden sollten (auch Tenorth 2000).

Meumann gilt heute als einflussreicher Wegbereiter der Empirischen Pädagogik und der Pädagogischen Psychologie. Er verstand experimentelle Pädagogik als Tatsachenwissenschaft, die sich grundlegend von geisteswissenschaftlichen und einigen reformpädagogischen Ansätzen unterscheidet.

John Dewey (1859–1952) vertritt einen ganz anderen Ansatz empirischer Sozialforschung zu Prozessen des Aufwachsens. Er wird einerseits zu den Reformpädagog:innen gezählt, insofern er eine ideale Vorstellung von Erziehung hatte, andererseits hat er insbesondere schulische Erziehungs- und Bildungstheorien beeinflusst. Dewey wird dem amerikanischen Pragmatismus zugerechnet, der dafür steht, dass praktisches Handeln über theoretische Vernunft gestellt wird. Einer Theorie wird vor diesem Hintergrund Gehalt zugerechnet, wenn sie sich an der Praxis bildet und in der Praxis wiederum als tragfähig erweist (Dewey 1998: 244). Dewey gehörte mit dieser Denkrichtung einer Gruppe von Wissenschaftler:innen an, die später als »Chicago School« bezeichnet wurden und zu denen auch George Herbert Mead gehörte, von dem wir schon in dem Teilkapitel zu Jane Addams berichtet haben, dass er das Praxisprojekt Hull House unterstützt und zum Ausgangspunkt zahlreicher Analysen gemacht hat (▶ Kap. 3.2). Mit dieser Denkrichtung wird ein Grundstein für eine empirische Fundierung der Erziehung gelegt.

Dewey versteht die Wichtigkeit einer Orientierung an der Lebenswirklichkeit als grundlegend, da biologische Bedürfnisse eine psychische Aktivitätsbereitschaft bedingen, die in Handlungen umgesetzt werden: »Activity entailes action« (Bulmer 1984: 29). Aufgabe der Erziehung sei es vor diesem Hintergrund, Menschen zu befähigen, eine wandlungsfähige demokratische Gesellschaft zu erhalten und an ihr zu partizipieren. Daher müssen die Menschen selbst wandlungsfähig sein und sich durch fortwährende Bildungsprozesse auf gesellschaftlichen Wandel einstellen können (Dewey 1998). Dieser Gedanke mündete in eine Forschungsperspektive, die Erfahrung zum Ausgangspunkt von Forschung nimmt. Forschungsergebnisse entstehen dabei auf der Grundlage von Hypothesen und Experimenten (Bulmer 1984: 32). Die Ergebnisse werden niemals als final betrachtet, weil sie sich in einer dynamischen – d. h. sich ständig wandelnden – Praxis immer wieder neu bewähren müssen (Rommerskirchen 2017: 161). Das Bonmot, das Dewey deshalb zugerechnet wird, ist, dass Bildung nicht für das Leben vorbereite, sondern das Leben selbst Bildung sei. Dies ist zwar kein direktes Zitat von ihm, sondern lediglich eine wirksame Paraphrase – es markiert aber deutlich die Perspektive, die Dewey selbst eingenommen hat und die er in vielfältigen Aktivitäten umgesetzt hat: z. B. der Gründung von Colleges für Arbeiter, gewerkschaftlicher Bildung und Einsatz für ein alle Schüler:innen umfassendes Transportwesen (die gelben Schulbusse, die bis heute das Straßenbild der USA prägen, gehen auf Deweys Initiative zurück).

Fokussiert auf die Forschungsaktivitäten ist in diesem Zusammenhang allerdings die von ihm noch zu Chicagoer Zeiten gegründete »Laboratory School« – eine Versuchsschule, in der experimentelle Modelle entwickelt wurden, die einerseits seine Theorien überprüften, andererseits als Grundlage der Generierung neuer Erkenntnisse diente. Hier wurden z. B. Ideen für Projektunterricht entwickelt, erprobt und theoretisch beschrieben, die bis in die heutige Zeit hineinwirken und über die Grenzen der USA hinaus Bekanntheit erlangten. Ein bekanntes deutsches Beispiel ist etwa die Laborschule Bielefeld, die 1974 gegründet wurde. Sie liegt in unmittelbarer Nachbarschaft zur Universität und integriert unterschiedliche Forschungsperspektiven systematisch. In Deweys Schulkonzepte hatten vor allem auch jene demokratieorientierten Perspektiven zum Lehrer:innen-Schüler:innenverhältnis und zur Gestaltung von Unterricht über forschendes Lernen und Projektformate Eingang gefunden, die etwa von Vertreter:innen der Geisteswissenschaftlichen Pädagogik abgewehrt wurden (vgl. Oelkers 2009).

Zusammenfassend konnte in den Kurzporträts zur Veranschaulichung reformpädagogischer Impulse und empirischer Ansätze gezeigt werden, dass der Vorwurf der unwissenschaftlichen Perspektivnahme, der Reformpädagogik häufig begleitet, nicht hinreichend ist. Ebensowenig kann man empirischen Annäherungen an das pädagogische Handeln absprechen, ohne eine Vorstellung/Theorie von pädagogischem Handeln zu operieren. Gleichzeitig wurde deutlich, dass sich in reformpädagogische Zugänge idealisierende und zum Teil romantisierende Vorstellungen in das Wissen über das Kind einschreiben (Ullrich 1999) und sich z. T. modernitätstheoretische koloniale Denk- und Machtfiguren festschreiben. Dabei gibt es auch Überlagerungen der einzelnen Strömungen. So ist Montessoris Vorstellung zur Machbarkeit von Erziehung etwa anschlussfähig an die Vorstellungen Meumanns über die naturwissenschaftliche Begründbarkeit pädagogischen Gelingens. Bernfeld geht es wie Dewey um die Orientierung an den Lebenswirklichkeiten der zu Erziehenden und die Demokratiebildung durch Erfahrung. Damit liefern solche Ansätze schon früh professionstheoretische Impulse, in denen Praxis beständiger Gegenstand wissenschaftlicher Reflexion ist. Die heutige Bezugnahme auf Reformpädagogiken ist heterogen: ihre wissenschaftliche Erkenntnis war nicht zuletzt aufgrund der Zentrierung Heranwachsender ein Meilenstein in der Forschung zu Prozessen von Erziehung und Bildung. Zugleich ist zwischen den aus wissenschaftlichen Perspektiven entwickelten »Konzepten«, dem Autor:innen*werk* und seiner Rezeptionsgeschichte zu trennen. So ist Erziehung im Anschluss an Bernfeld, Dewey oder Montessori häufig viel eher eine handlungstheoretische Wendung der Erkenntnisorientierung als dies bei den Autor:innen selbst angelegt ist.

Einordnung in den disziplinären Zusammenhang

Bisher konnte gezeigt werden: die Tradition der Erziehungswissenschaft gründet sich auf pädagogische Forschungsperspektiven, die mit Vorstellungen von gutem und richtigem Handeln eng verknüpft waren. Ergo: Die Idee guter Praxis leitete wissenschaftliche Erkenntnis an. Dabei zeigen sich unterschiedliche Vorgehensweisen in der Erkenntnis über Praxis:

Die erste Vorgehensweise wurde in diesem Kapitel mit Bezug auf die philosophischen Traditionslinien innerhalb der Erziehungswissenschaft entfaltet. Insbesondere für die Geisteswissenschaftliche Pädagogik wurde herausgearbeitet, dass sich kaum mit der empirisch vorfindbaren Lebenswirklichkeit auseinandergesetzt wurde. Vielmehr hat geisteswissenschaftliche Pädagogik ihre Praxiskenntnis deutlich weniger empirisch methodisiert, wenn auch die Hermeneutik als Erkenntnispfad (Stichwort: hermeneutischer Zirkel) eine hohe Bedeutung hatte. Das bedeutet, dass Verstehen die Methode ist (Tenorth 2010). So entsteht der Eindruck einer Idealisierung von Kindheit und Jugend sowie einer Stilisierung des pädagogischen Verhältnisses. Dies schreibt sich etwa in Bonmots ein, die wir im pädagogischen Feld allenthalben finden, wenn etwa die Rede von »geistiger Mutterschaft« (Bäumer/Langer 1901: 4) oder »geistiger Führerschaft« (Nohl 1928/33, zit. n. Schaser 2020) ist, um nur zwei Figuren unter vielen zu nennen.

Die zweite Vorgehensweise, die hier genannt werden kann, war die Gewinnung theoretischer Erkenntnis durch Praxis und für Praxis. Hier gibt es von Durkheim bis hin zu Addams, Salomon und Montessori, Bernfeld, Meumann und Dewey eine lange Traditionslinie der Einbeziehung von Lebenswirklichkeiten in Erkenntnisse über pädagogische Prozesse. Zu erinnern ist hier an die Forderung Kants nach Experimentierschulen, die allerdings nur eine Forderung blieb. Die Verbindung von Sozialstatistik und Angeboten der Nachbarschaftshilfe in Addams' Hull House oder die Laboratory School von Dewey verweisen hingegen auf eine zunehmend systematische Verknüpfung. Die hier aufgerufenen Wissenschaftler:innen sind selbstverständlich nur eine Auswahl, ihr Grad an systematischer Empirisierung ist sehr unterschiedlich. Allerdings verweisen sie darauf, dass Forderungen nach empirischer Forschung in der Erziehungswissenschaft den Prozess der Disziplinbildung systematisch begleitet hat (vgl. Krüger 1999).

Exkurs: Erziehungswissenschaft im Nationalsozialismus

Faschistische Ideen waren in der ersten Hälfte des 20. Jahrhunderts international gegenwärtig. Jüngst hat dies etwa Sabina Seichter (2024) mit Blick auf Maria Montessori herausgearbeitet. Aber auch in verschiedenen Werken deutscher Pädagog:innen, die hier genannt wurden, hat sich gezeigt, dass keine wissenschaftliche Biographie in Deutschland vom Nationalsozialismus unberührt blieb. Wissenschaftler:innen wie Adorno, Horkheimer, Salomon und Bernfeld wurden als Jüd:innen ihrer Ämter enthoben, sie flohen in die USA; Vaerting wurde aufgrund ihrer politischen Haltung zwangsweise entlassen und überdauerte die Zeit des Nationalsozialismus in Berlin, da sie aufgrund eines Ausreiseverbotes Rufe aus den Niederlanden und den USA nicht annehmen konnte.

Nohl und Spranger gehörten zu den national-konservativen Eliten. Von ihnen kann gesagt werden, dass die nationalsozialistische Ideologie in ihren Anfängen zumindest Anknüpfungspunkte fand (vgl. Tenorth 2010).

Nicht nur aufgrund der Rassenideologie des Nationalsozialismus, auch aufgrund unbequemer Haltungen waren sozialwissenschaftlich kritische Positionierungen riskant. Erziehungswissenschaft als kritische Wissenschaft zu etablieren – wie dies etwa bei Vaerting und Bernfeld deutlich wurde – war obsolet. Die Diktatur des Nationalsozialismus duldete keine ›unbequemen‹ Positionen und keine Vielfalt der Denkformen. Karriere machten jetzt Personen wie Alfred Baeumler (1887–1968) und Ernst Krieck (1882–1947), die sich aktiv für den Nationalsozialismus einsetzten (vgl. Blankertz 1982: 278 ff.). Krieck bezog sich schon vor 1933 affirmativ auf die Idee des »Dritten Reiches«. Seine Ausführungen über Erziehung können dabei als Legitimation einer ideologischen Erziehung gesehen werden, die totale Institutionalisierung propagiert und gleichzeitig an die Rassenideologie gebunden ist (ebd.). Bei Baeumler hingegen ist ein Perspektivwechsel von einer analytischen nachvollziehenden Auseinandersetzung mit dem aufklärerischen Problem hin zu einer mythischen und irrationalen Sichtweise. Dabei verstand er den Sieg des Nationalsozialismus in Deutschland so, dass damit eine Entscheidung gegen Rationalismus zugunsten von Irrationalismus und Mythologie herbeigeführt worden sei. Dies bedingte, dass Baeumler sich »dementsprechend für den Kampf gegen den Intellektualismus« entschied (ebd.: 280).

Beide Pädagogikprofessoren waren aufgrund ihrer engen Bindung an die Rassenideologie schon zu Zeiten des Nationalsozialismus nicht unumstritten (vgl. Tenorth 2010: 238). So setzte sich etwa Oswald Kroh (1887–1955) für die Orientierung von Pädagogik auf Erziehung und nicht Politik ein (ebd.), auch wenn er ansonsten dem Nationalsozialismus positiv gegenüberstand. Die geisteswissenschaftlichen Pädagog:innen Nohl, Spranger, Flitner, Weniger und Litt bezogen sich affirmativ auf einzelne Aspekte, die im Nationalsozialismus propagiert wurde – wie etwa Nohl auf das völkische Denken oder die Eugenik, Weniger auf Militärpädagogik (ebd.: 239). Diese Orientierung an singulären Aspekten ist eine Ausdrucksgestalt für die Verkehrung aufklärerischer Wissenschaftstradition in ihr Gegenteil. Die Orientierung an als universell geltenden Prinzipien wie Mündigkeit und Freiheit ist damit nivelliert – allerdings nicht vor dem Hintergrund einer systematischen gesellschaftskritischen Perspektive, sondern vielmehr aufgrund der ideologischen Durchdringung der Pädagogik als Wissenschaft.

Hieran lässt sich veranschaulichen, was das gesamte Wissenschaftssystem der damaligen Zeit betraf: der Zugriff der NS-Ideologie auf Wissenschaft war total (vgl. Blankertz 1982). Zwar wurde gezeigt, dass Denken und Handeln prinzipiell nicht frei von gesellschaftlichen Machtstrukturen sind, doch wurde im Nationalsozialismus ein entscheidendes Prinzip der Idee von Universität außer Kraft gesetzt: die Freiheit von Forschung und Lehre und die Funktion von Wissenschaft als gesellschaftlicher Reflexionsinstanz.

»In allen pädagogischen Arbeitsfeldern, von der Schule bis zur Hochschule, in Erwachsenenbildung und Fürsorge, in der Jugendarbeit und im Militär kann man die gleiche Anpassung an Führer- und Rassenideologie, an Geschlechtsmetaphysik und militaristische Zielbilder, Heimatgedanken und Blut-und-Boden-Ideologeme der NS-Bewegung finden. Die Schriften dieser Pädagogen [der NS-Pädagogen, die Verf.] nähern sich in ihrer intellektuellen Dürftigkeit den Pamphleten über Erziehung an, die man in ›Mein Kampf‹ oder bei den Parteiideologen von Schirach bis Hans Schemm, dem Führer des NSLB[16], lesen kann« (Tenorth 2010: 236f.).

3.4 Die empirische Wendung und die Forderung, Pädagogik durch Erziehungswissenschaft zu ersetzen

Nach dem Zweiten Weltkrieg musste sich die Erziehungswissenschaft in beiden Teilen Deutschlands neu ordnen. Tenorth (2010) markiert drei Phasen der Ordnungsbildung: Der ersten Phase der Restauration als Wissenschaft folgte eine zweite, die in der Bundesrepublik durch eine Phase der Öffnung hin zu anderen Sozialwissenschaften, in der DDR durch »die Etablierung einer einheimischen Theorie- und Wissenschaftsorganisation«

---

16 Beim NSLB handelt es sich um den Nationalsozialistischen Lehrerbund, der der NSDAP angegliedert war. Er wurde 1926 gegründet und 1945 verboten (Müller/Ortmeyer 2016).

gekennzeichnet war (ebd.: 338). In den 1970er bis 1990er Jahren war Erziehungswissenschaft sowohl in der BRD als auch in der DDR als Wissenschaftsdisziplin anerkannt und Fragen der besonderen Merkmale der Disziplin wurden verhandelt. In diesem Unterkapitel soll eine Perspektive eingenommen werden, die für die Entwicklung erziehungswissenschaftlicher Forschung beispielhaft ist. Sie setzt in der benannten zweiten Phase an, in der eine Öffnung hin zu anderen Sozialwissenschaften stattfand, und markiert einerseits das Initial zur systematischen Empirisierung der Pädagogik, andererseits den Wandel von der Pädagogik zur Erziehungswissenschaft. Exemplarisch soll daher auf die Ansätze von Heinrich Roth und Wolfang Brezinka eingegangen werden.

Heinrich Roth (1906–1983) war in seiner Jugend geprägt durch die Jugendbewegung »Der Wandervogel«. In der Weimarer Republik absolvierte er ein Lehramtsstudium und arbeitete als Hauslehrer. Er promovierte 1933 bei Oswald Kroh, der Mitglied in der NSDAP war, und trat 1941 selbst in die NSDAP ein. Nach dem Zweiten Weltkrieg arbeitete Roth in der Lehrer: innenbildung und befasste sich mit Lernen und Gedächtnis sowie didaktischen Fragen. Durch eine Studienreise in die USA machte er sich u. a. mit der Perspektive John Deweys vertraut. Eine wichtige Rolle spielte Roth in der Nachkriegszeit nicht nur durch seine Nähe zur Gewerkschaft für Erziehung und Wissenschaft (GEW) oder seine zentrale Rolle beim Deutschen Bildungsrat[17], sondern auch, weil er 1963 einen bedeutsamen Impuls für die systematische empirische Erforschung erziehungswissenschaftlicher Perspektiven gesetzt hat.

---

17 Der Deutsche Bildungsrat war ein westdeutsches Gremium, das zwischen 1966 und 1975 die Abschlüsse und Lehrpläne in den unterschiedlichen Bundesländern koordinierte und für die Planung des Bildungssystems insgesamt zuständig war. Hintergrund war die Feststellung eklatanter Ungleichheiten in der Zugänglichkeit nach Klassen, die in den 1960er Jahren aufgedeckt und unter dem Stichwort der »Bildungskatastrophe« verhandelt wurden (Picht 1964), empfahl der Rat u. a. die Entwicklung eines Gesamtschulsystems, das durchlässiger sei als das segregierte Schulsystem. In Westdeutschland ist zwar im Nachgang die Gesamtschule als Sekundarschulform eingeführt worden. Die Ersetzung des segregierten Schulwesens durch eine Einheitsschule wurde jedoch nicht umgesetzt. Vielmehr etablierte sich auch nach Wende und Wiedervereinigung ein mehrgliedriges Schulsystem.

In seinem Beitrag »Die realistische Wendung in der Pädagogischen Forschung« (Roth 1963) grenzt Roth zunächst pädagogische von naturwissenschaftlicher Erkenntnis ab. Freilich habe es mit der experimentellen Pädagogik unter Ernst Meumann (▶ Kap. 3.3) eine Orientierung an Empirie gegeben – allerdings vornehmlich nach dem Vorbild naturwissenschaftlicher, nicht durch erfahrungswissenschaftliche Methoden wie Psychologie und Soziologie (ebd. S. 109). Dabei knüpft Roth an die geisteswissenschaftliche Tradition an und arbeitet Verbindungslinien heraus: Pädagogik sei nicht zuletzt durch Dilthey, Nohl und Weniger »der Erziehungswirklichkeit als [...] tragende[s] Fundament« der Erziehungswissenschaft verpflichtet (ebd.: 113) und bliebe selbstverständlich auch »more philosophorum« der erziehenden und bildenden Praxis (ebd. 112), d. h. eine Reflexionsinstanz über Erziehung. Doch mit der Perspektive auf die Erziehungswirklichkeit ginge – so Roth – die Notwendigkeit einher, »Methoden zu entdecken und zu schaffen, die es erlauben, die intuitive Hermeneutik der Erziehungswirklichkeit, die immer den problemerzeugenden Ausgangspunkt bilden wird, auf erfahrungswissenschaftliche Grundlagen zu stellen und dadurch deutlicher abzusichern« (ebd.: 113 f.).

Dies bedeutet gleichsam, Pädagogik zu »entideologisieren« und dazu beizutragen, dass der Reflexionsgrad über die Wirklichkeit erhöht werde. Diese »Wendung«, die er einführt, ist als eine Art Brückenschlag von geisteswissenschaftlicher hin zu empirisch fundierter Erziehungswissenschaft zu verstehen. Roth lässt das Alte – insbesondere die geisteswissenschaftliche Pädagogik und ihre hermeneutische Forschungsorientierung – nicht ganz hinter sich, sondern zollt ihr Respekt, verweist aber auf die Anfälligkeit für Ideologien aufgrund der mangelnden Tatsachenorientierung. Damit übt Roth implizit Kritik an der Verstrickung der geisteswissenschaftlichen Pädagogik in den Nationalsozialismus.

Für seine Weitsicht der empirischen Wendung und sein bildungspolitisches Engagement wurde Roth einerseits sehr gerühmt, so dass etwa 2014 ein wichtiger Forschungspreis nach ihm benannt werden sollte. Dabei jedoch war die eigene NSDAP-Mitgliedschaft Roths sowie seine Publikationstätigkeit während des Nationalsozialismus, die auch rassistische Äußerungen enthielt, scheinbar in Vergessenheit geraten. Roth wurde 1947 als Mitläufer eingestuft und war spätestens ab den 1960er Jahren maßgeblich an bildungspolitischen und -wissenschaftlichen Debatten der

jungen Bundesrepublik beteiligt. Die Verstrickung der Geisteswissenschaftlichen Pädagogik in den Nationalsozialismus in seiner eigenen Forderung nach der empirischen Wendung implizit und unpersönlich zu
belassen (was Brezinka später deutlich kritisiert hat), muss hier als Ausdrucksgestalt der Ambivalenz verstanden werden, auf der die Bundesrepublik sich seinerzeit – auch wissenschaftlich – gründete: das »Verwischen«
der eigenen Beteiligung »mit einer Aura des Widerständigen« (Hoffmann-
Ocon 2014: 18). So liest sich der folgende Satz: Pädagogik dürfe nicht im
»Licht subjektiver Erfahrungen, im modischen Wechsel der Meinungen,
unter dem Druck von Mächtigen« bleiben, »die nicht das Regulativ einer
Wissenschaft vor Augen haben, der es um Wahrheit und Objektivität geht«
(ebd.: 119), wie eine späte Einsicht. Es ergibt sich insgesamt ein wider-
sprüchliches Gesamtbild. So lernte Roths einerseits an der Geschichte,
blieb aber auch nach 1945 durchaus würdigend auf das wissenschaftliche
Oeuvre von Kroh bezogen (Retter 2001).

Gehen wir zurück zur »realistischen Wendung«, so soll diese noch einmal in ihrem Stellenwert als Initial eingeordnet werden. Die Forderung
nach einer Empirisierung der Pädagogik führte bei Roth nicht zu einer
Ausarbeitung einer erziehungswissenschaftlichen Methodologie. Dies
kritisierte etwa *Wolfgang Brezinka* (1928–2020). Er selbst hatte in der
Nachkriegszeit in Salzburg, Innsbruck, New York und Harvard studiert
und ab Mitte der 1950er Jahre in Würzburg, Innsbruck und Konstanz
Professuren innegehabt. Die von Durkheim (▶ Kap. 3.1) und auch Bernfeld (▶ Kap. 3.3) angestoßene Unterscheidung von Erziehungswissenschaft
und Pädagogik wurde bei Brezinka sehr entschieden vorangetrieben. Er
tritt dabei für die empirische Verwissenschaftlichung der Erziehungswissenschaft ein, die er mit Blick auf die Zeit davor und insbesondere auf die
Geisteswissenschaftliche Pädagogik negiert[18] (Brezinka 1972). Ein Defizit
in der Wissenschaftlichkeit von Pädagogik bestehe darin, dass sie vor allem

---

18 Dabei hat Brezinka sich vor allem von der bis dato in Deutschland dominanten
   Geisteswissenschaftlichen Pädagogik abgegrenzt. Andere – auch wissenschaft-
   lich fundierte – Linien wie sie bei Wundt, Dewey oder in den Perspektiven
   Bernfelds und Montessoris (▶ Kap. 3.3) deutlich werden oder aber wie sie bei
   Salomon und Lange (▶ Kap. 3.2) angelegt sind, blendet er in seiner Argumen-
   tation aus.

105

praktisch-normativ orientiert sei, ihm selbst ginge es aber darum, die Erziehungswissenschaft als Sozialwissenschaft zu bestimmen, weil »erzieherisches Handeln soziales Handeln ist« (ebd.: 34). Zentral ist daher zunächst, »möglichst genau herauszuarbeiten, was man wissen will und noch nicht weiß« (ebd.: 50), also den Ausschnitt sozialer Wirklichkeit zu bestimmen, der untersucht werden soll. Ziel sei es dann, jene »Gesetzmäßigkeiten, die den erzieherisch relevanten Vorgängen zugrunde liegen«, herauszuarbeiten (ebd.: 51).

Mit diesen Bestimmungen ist Erziehungswissenschaft im Positivismus verortet. Das bedeutet, dass Wissen an »positiven«, tatsächlich sinnlich wahrnehmbaren Ereignissen gewonnen wird. Während Roth mit seinem oben zitierten Beitrag Offenheit gegenüber der Methode der Erkenntnis andeutet, schließt sich bei Brezinka die Perspektive und er wertet Roths Aussage als »zu wenig zielstrebig, zu unsystematisch und oberflächlich« (Brezinka 2007: 128). Er schlägt Roths Position damit einer »Sammelsuriums-Pädagogik« (ebd.) zu, die – selbst wenn er Roths »Verdienste als viel beachteter Werber für mehr empirische Forschung« (ebd.: 132) anerkennt – das eigentliche Ziel verfehlt: Eine Verwissenschaftlichung durch das Auffinden und Überprüfen von Gesetzmäßigkeiten (ebd.: 147), die Überprüfung und die Ableitung von Hypothesen. Hier bezieht sich Brezinka auf Rudolf Lochner (1895–1978), der bereits früh kritisierte, dass Pädagogik überwiegend »Erziehungslehre« sei (Lochner 1967: 12). Vor diesem Hintergrund hatte er Qualitätsmaßstäbe wissenschaftlicher Erkenntnis entfaltet: Klarheit und Einfachheit der Gegenstandsbestimmung, intersubjektive Überprüfbarkeit und logische Richtigkeit der Ergebnisbestimmung, Werturteilsfreiheit sowie die Fähigkeit, die Ergebnisse systematisch zu anderen Erkenntnissen zu vermitteln, denen sich Brezinka (1988: 326) anschließt.

Heinrich Roth hat mit seiner Position eine eher integrative Haltung eingenommen, während die Lektüre von Brezinkas Werk den Eindruck vermittelt, sich der ›alten Zöpfe‹ (sprich: der hermeneutisch-geisteswissenschaftlichen und der philosophischen Tradition) entledigen zu wollen. Beiden geht es mit Blick auf die »realistische Wendung« und die Empirisierung vor allem um kausal-deduktives Denken. Gleichwohl lässt sich bei Roth erkennen, dass es Grenzen der Kausalität geben kann, auch wenn er sich eine Integration hermeneutischer und empirischer Perspektiven nicht vorstellen kann. Hier zeigt sich, in welcher Aufbruchsstimmung sich der Wandel von der Pädagogik zur Erziehungswissenschaft vollzogen hat, geht es doch zunächst darum, überhaupt eine Perspektive zu entwickeln, die die Erziehungswirklichkeit datenbasiert nachvollziehbar integriert und pädagogische Praxis als sozialwissenschaftlich zugängliche erfasst und beschreibbar macht. Man kann sagen: es brauchte diese Diskussion, um zu einer sozialwissenschaftlichen Erziehungswissenschaft zu kommen, die schließlich auch unterschiedliche Methodologien integriert (▶ Kap. 5).

3.5 Ausblick: Von den individuell verbürgten Ansätzen zu Theorie-»Schulen«

Die Geschichte des erziehungswissenschaftlichen Forschens ist mit Brezinka nicht zu Ende erzählt. Doch lässt sich sagen, dass mit der breiten Einführung der Magister- und Diplomstudiengänge in den 1960er und 1970er Jahren die Etablierung eines Hauptfaches gelungen war, das sich zwar unter der Bologna-Reform verändert hat, in dem aber die disziplinäre Eigenlogik erhalten blieb (vgl. Krüger 2019). Man kann sagen, dass mit der Verwissenschaftlichung des Lehrer:innenberufs und der beruflichen sozialen Arbeit die Disziplinbildung begonnen hat und mit der empirischen Wendung schließlich ein Ausdifferenzierungsprozess einherging, der Praxis und Wissenschaft insgesamt betraf: im Bildungs- und Sozialsystem wurden weitreichende Reformbewegungen angestoßen, die soziale Arbeit, aber auch Schulen und Universitäten betraf (ebd.); hiermit differenzierten sich auch wissenschaftliche Ansätze und Perspektiven weiter aus. Diese werden im kommenden Kapitel (▶ Kap. 4) auszugsweise behandelt. So wechselt dann der Modus von einer historischen Darstellung, die anhand individueller Beiträge abgehandelt wurde, hin zu einer Darstellung, die von Ansätzen und Theorie-»Schulen« ausgeht.

Die exemplarische Auseinandersetzung mit den Einflüssen auf die Perspektiven erziehungswissenschaftlichen Forschens zeigt, wie Peter

Vogel (2016) und auch Robert Kreitz (2011) explizieren, dass Erziehungswissenschaft nicht nur eine akademische Wissenschaft ist, sondern ihre
Wissensbestände und Argumentationsformen unterschiedlichen Wissensformen angehörten (vgl. auch Thole/Wedde/Kather 2021), auch diejenigen
politischer Haltungen und sozialer Ordnungsvorstellungen. So tragen sich
in der knappen historischen Skizze über erziehungswissenschaftliche
Forschung unterschiedliche Auseinandersetzungen ab, die in den Unter-
kapiteln dieses Abschnitts deutlich wurden:

• Zuerst ist hier die Auseinandersetzung zwischen ›Reiner Lehre‹ und
  ›Praxislehre‹ als zwei Unterscheidungsdimensionen theoretischer Perspektiven auf den Gegenstand Erziehung zu nennen. So wird in philosophischen Grundlegungen die ›reine Lehre‹ und damit ein allgemein
  an als verbindlich geltender idealer Theorierahmen deutlich, der von
  »dem« Kind oder »dem/der« Heranwachsenden ausgeht, das/der/die
  bestimmte Prozesse durchlaufen muss und universalistische Erziehungsziele (Mündigkeit, Teil der Gesellschaft sein, Autonomie) erlernen
  muss.
• Die damit aufgerufenen Universalismen werden jedoch in neueren
  Auseinandersetzungen immer wieder kritisiert. So verweist die exemplarisch ausgewählte Diskursarena um Frauen in der wissenschaftlichen
  Pädagogik auch auf eine Reflexion um die zunehmende Vielfalt pädagogischer Handlungsfelder und des Differenzierungsbedarfs von Er-
  ziehungszielen, in dem Sinne, dass Teilhabe allen, unabhängig von der
  sozialen Herkunft und Geschlecht, gewährt werde.
• Am Beispiel der Pionierinnen der Erziehungswissenschaft haben wir
  gleichzeitig auch gesehen, dass die Theoriebildung einerseits Ausdrucksgestalt, andererseits Austragungsort symbolischer Kämpfe um die
  hegemoniale Ordnung waren. Das bedeutet: Theoretiker wie Kant,
  Herbart, Schleiermacher usw. haben in ihren Theorien nicht nur ideale
  Erziehungsprozesse beschrieben, sie haben damit auch die zeitgemäße
  gesellschaftliche Ordnung reproduziert. Dies hat sich im vorliegenden
  Kapitel vor allem mit Blick auf die Involviertheit von Frauen in die frühe
  Phase erziehungswissenschaftlicher Theoriebildung gezeigt. Die Tatsache, dass sie in kaum einem historischen Werk systematisch einbezogen
  werden (eine Ausnahme bildet hier der Band von C.W. Müller zu

»Methoden der Sozialarbeit, 1991), zeigt dabei zugleich, dass sich andere Wissenschaftler:innen über die Zeit halten oder sogar postum erst etablieren konnten.

- Ferner hat sich auch die empirische Erziehungswissenschaft sehr verändert. In der empirischen Wendung von Roth und insbesondere in Brezinkas Anschluss an positivistische Vorstellung von Erziehungswissenschaft schreiben sich deutlich Diskurse ein, in denen (wie bei Meumann) naturwissenschaftliche oder psychologische Messverfahren der Hoffnung Ausdruck verleihen, Formeln für eine ›gute‹ Erziehungspraxis zu finden. Dies hat einer empirischen Orientierung Aufschwung gegeben, aber die empirischen Methoden haben sich ausdifferenziert (▶ Kap. 5). So erheben gegenwärtige Forschungen zu Differenzierung in Gesellschaften mehr als nur Ursache-Wirkungsverhältnisse und befassen sich u. a. mit der aktiven Hervorbringung von Unterschieden in Erziehungsverhältnissen (vgl. Diehm/Kuhn/Machold 2013; Helsper et al. 2009; Hummrich/Schwendowius/Terstegen 2022). Dies steht für eine Perspektive, in der Wissenschaft nicht mehr nur die besten Erkenntnisse dazu zu liefern beansprucht, wie gute Erziehung sein soll, sondern auch eine wichtige Instanz der Reflexion von in die Gesellschaft eingebetteten Erziehungsverhältnissen ist.
- Schließlich kann diese Reflexionsperspektive dann auch nicht vor dem Anspruch wissenschaftlicher Erkenntnis selbst Halt machen. Immer wieder befassen wir uns in diesem Band mit der Frage, in welche Macht- und Dominanzverhältnisse erziehungswissenschaftliche Forschung eingebettet ist. Dabei zeigt sich, dass Erziehungsverhältnisse, aber auch die Verhältnisse in der Wissenschaft gesellschaftliche Machtstrukturen legitimieren und auch reproduzieren. Das heißt, gesellschaftliche Ordnungen werden durch die Wissenschaft selbst reproduziert (s. o.). Diese Perspektive wird u. a. in postkolonialen Studien herausgearbeitet, die sich mit sog. *Wissensordnungen* befassen, d. h. in denen es um Fragen dazu geht, welches Wissen im Wissenschaftssystem als anerkennungsfähig gilt. Darauf werden wir am Ende des Bandes (▶ Kap. 6) ausführlicher eingehen.

III   Theorie und Empirie

4 Theoretisierungsangebote der Analysen von Erziehungsverhältnissen

Wozu erziehungswissenschaftliches Wissen dienen soll, wurde ausführlich im dritten Kapitel (▶ Kap. 3) dieses Bandes verhandelt. Dabei wurden verschiedene Denktraditionen und Perspektiven vorgestellt, die sich in spezifischer Weise mit gesellschaftlichen Bedingungen und Anforderungen an die Wissenschaft von der Erziehung auseinandersetzten. In diesem Zusammenhang lässt sich nun darüber streiten, auf welcher Grundlage Wissen eigentlich gewonnen wird. Trägt die Unterscheidung »theoretisch-empirisch« in der Erziehungswissenschaft überhaupt? Oder ist nicht jede theoretische Erkenntnis auch mit einer Art Empirie, einem praktischen Bezug ausgestattet? Umgekehrt sieht sich Erziehungswissenschaft auch mit der Frage konfrontiert, ob wissenschaftliches Wissen, unabhängig davon, ob es theoretisch oder empirisch sei, denn überhaupt notwendig sei, wenn es nicht die Praxis anleitet. Dies ist ein grundlegendes Legitimationsproblem, mit dem sich Erziehungswissenschaft immer wieder konfrontiert sieht, weil Erziehungswissenschaft sich jenem im zweiten Kapitel (▶ Kap. 2) entfalteten Doppelanspruch zwischen theoretischer Erkenntnis (dem Erkenntnisinteresse) und der Bedeutsamkeit der Praxis auseinandersetzt. Dieser Doppelanspruch spielt auch in den folgenden beiden Kapiteln eine Rolle. In diesem vierten Kapitel werden insbesondere theoretische Zugänge zu Erziehungswissenschaft untersucht. Dabei steht die Frage im Zentrum, welche Erkenntnisprobleme sie zentral setzen und wie sie dabei auch immer wieder mit dem Normproblem der erziehungswissenschaftlichen Praxisbezogenheit zu tun haben.

Bei den sechs Theorietraditionen, die hier eröffnet werden sollen, handelt es sich um Kritische Erziehungswissenschaft (▶ Kap. 4.1), Strukturfunktionalistische Erziehungswissenschaft (▶ Kap. 4.2), Systemtheoretische Erziehungswissenschaft (▶ Kap. 4.3), Interaktionistische Erziehungswissenschaft (▶ Kap. 4.4), Strukturtheoretische Erziehungswissenschaft (▶ Kap. 4.5) und (Post-)strukturalistische Erziehungswissenschaft (▶ Kap. 4.6). Mit diesen ausgewählten Theorietraditionen ist die Erziehungswissenschaft in ihrem theoretischen Repertoire keineswegs erschöpft. Interessante Bezüge liefern auch weitere Perspektiven wie die Psychoanalytische Pädagogik, praxeologische und historisch-materialistische Ansätze, feministische und ökologische Ansätze usw. Die Auswahl ist begründet durch die Anschlussfähigkeit an erziehungswissenschaftliche Perspektiven, in denen Erziehung nicht allein als Interaktionsbeziehung, sondern als gesellschaftlich eingebetteter Prozess verstanden wird.

In diesem Kapitel werden zunächst die zentralen Bezugstheorien (sehr knapp) skizziert, dann deren erziehungswissenschaftliche Bedeutung entfaltet und schließlich wird exemplarisch auf Fallbeispiele und Studien eingegangen, die in der Tradition der jeweiligen Theorien verstanden werden können.

4.1 Kritische Erziehungswissenschaft

Zentraler Bezugshorizont der Kritischen Erziehungswissenschaft ist die Kritische Theorie, die in den 1920er Jahren im Frankfurter Institut für Sozialforschung von Max Horkheimer, Theodor W. Adorno und weiteren Mitarbeitern (z. B. Fromm, Marcuse, Löwenthal) entwickelt wurde (vgl. Krüger 2009). Diese Theorieperspektive erlangte insbesondere als Gesellschaftstheorie der Nachkriegszeit eine große Bedeutung. Vor allem durch die in dem vielzitierten Werk »Dialektik der Aufklärung« (Adorno/Horkheimer 1947/1987) geübte Kritik an der abendländischen Vernunfttradition wurde eine Bearbeitung der nationalsozialistischen Vergangenheit möglich, die auch wegweisend für erziehungswissenschaftliches Denken war. Kern der Dialektik der Aufklärung ist die Erkenntnis, dass die Aufklärung die Barbarei des Nationalsozialismus erst möglich gemacht habe, da die formale Rationalität, die es gestattet, z. B. Produktions- und Aneignungsprozesse zu beschleunigen, auch den Verfall von Werten impliziere, die in Entmündigung bzw. Unmündigkeit und schließlich die Aufgabe zivilisatorischer Errungenschaften führe. Dies bietet eine Erklärung dafür, dass mittels der Zergliederung von Arbeits- und Entscheidungsprozessen Verantwortung für das eigene Handeln nicht mehr übernommen werde. Auch Erziehung ist in diese Dialektik und Verfallslogik verstrickt. Sie bedarf folglich einer grundlegenden Kritikfähigkeit und Offenheit, um zu Autonomie und Mündigkeit zu führen, durch die wiederum Gesellschaftskritik an drohender Übernahme radikaler Ideologien möglich wird (Adorno 1971).

Erkenntnis ist im Rahmen Kritischer Erziehungswissenschaft somit eng mit einer gesellschaftskritischen Perspektive verkoppelt und jeweils auf die Ermöglichung von Mündigkeit gerichtet. Dabei war für erziehungswissenschaftliche Erkenntnisse auch der Begriff der Emanzipation leitend, wie ihn Jürgen Habermas (1968) verwendet hat. Erkenntnisinteresse ist hierbei an die Maßgabe der Selbstreflexion gebunden, die »das Subjekt aus der Abhängigkeit von hypostasierten Gewalten« löst (ebd.: 159) und gesellschaftliche Abhängigkeits- und Machtverhältnisse reflektierbar macht (vgl. Krüger 2019: 78). In einer Wissenschaftsperspektive, die rein auf die Beherrschung der Natur gerichtet ist, so kritisiert Habermas (1963), tritt an die Stelle von Emanzipation durch Aufklärung »Instruktion der Verfügung über gegenständliche und vergegenständlichte Prozesse« (ebd.: 232). Hier sieht Habermas Gesellschaftswissenschaften in der Verantwortung, Aufklärungsprozesse über die Gesellschaft selbst zu initiieren und damit zur Emanzipation im Sinne der Selbstreflexion beizutragen (Habermas 1968).

Die hier nur sehr holzschnittartigen Bezüge zu den sozialwissenschaftlichen Grundlagen Kritischer Erziehungswissenschaft weisen Unterschiede und Gemeinsamkeiten auf. Bei Horkheimer und Adorno steht das sich bildende Subjekt in seiner gesellschaftlichen Verwobenheit im Zentrum. Dabei geht es mit Blick auf Erziehungsprozesse darum, dass politisch vereinnahmende Ideologien nach Auschwitz Erziehung nicht dominieren, sondern über Mündigkeit eine Integration in die Gesellschaft erreicht wird (vgl. auch Horkheimer 1958/1985, Adorno 1971). Habermas bezieht sich mit seinem emanzipatorischen Erkenntnisinteresse stärker darauf, Abhängigkeitsverhältnisse zum Gegenstand der Selbstreflexion zu machen. Erziehung hat hierin die Aufgabe, den Menschen dazu zu befähigen, durch

Selbstreflexion mündig an der Gesellschaft zu partizipieren (vgl. Krüger 2019: 77 ff.).

Drei Bezugspunkte einer Kritischen Erziehungswissenschaft sollen im Folgenden entfaltet werden: *Erstens* werden pädagogische Anschlüsse an die Dialektik der Aufklärung und daraus resultierende Forschungsperspektiven betrachtet; *zweitens* wird die Bedeutung von Emanzipation und Mündigkeit für erziehungswissenschaftliche Forschungsperspektiven diskutiert; *drittens* werden aktuelle Bezugspunkte einer Erkenntnistheorie, die sich mit den Gegenständen von Bildung und Erziehung auseinandersetzt, in den Blick genommen.

Dialektik der Aufklärung in erziehungswissenschaftlicher Erkenntnis

Die erziehungswissenschaftliche Dimension der Dialektik der Aufklärung liegt nun darin, dass Erziehungswissenschaft sich mit der Frage auseinanderzusetzen habe, wie der unmündige Mensch zur Mündigkeit gelangt, welches die Maßstäbe für Mündigkeit seien und wie die nachwachsende Generation befähigt werde, mit der Nicht-Vorhersehbarkeit der Zukunft umzugehen (Blankertz 1970/1992: 306 f.). Somit steht Erziehungswissenschaft immer auch im Kontext gesellschaftlicher Verhältnisse und arbeitet primär an der Rekonstruktion der »Erziehung als den Prozess der Emanzipation, d. h. der Befreiung des Menschen zu sich selbst« (ebd.: 306).

»Die großen Katastrophen des 20. Jahrhunderts enthalten jedenfalls bohrende Rückfragen an die institutionalisierte Erziehung. Technische und ökonomische Effizienz sind für ein Bildungswesen unter den Bedingungen der wissenschaftlichen Zivilisation unerlässlich – das Motiv, um dessentwillen die Pädagogik sich für die Institutionalisierung der Erziehung über drei Jahrhunderte hinweg verwandte, ist damit nicht erfüllt. Pädagogische Theorie hat den Weg zur Institutionalisierung der Erziehung gerechtfertigt, begünstigt und in manchen Phasen mitbestimmt. Die Institutionalisierung war für die Pädagogik zugleich der Weg ihrer Verwissenschaftlichung: In den Phasen expansiver Bildungspolitik wurde der Pädagogik ein Vorschußkredit auf technisch verwertbare Handlungsanweisungen zur gesellschaftlichen Funktionalisierung von Erziehung, Schule und Berufsausbildung angetragen, der den Szientismus weitertrieb« (Blankertz 1982/ 1992: 306).

Mit dieser Figur leitet Herwig Blankertz ein Schlusskapitel seiner »Geschichte der Pädagogik. Von der Aufklärung bis zur Gegenwart« ein. Dieses 40 Jahre alte Werk hat an Instruktivität nichts verloren und mündet in diesem Zitat in eine Reflexion wissenschaftlicher Perspektiven auf Bildung und Erziehung selbst. Er weist damit auf die Bedeutsamkeit einer funktionalen Praxisentwicklung hin, die die Verwissenschaftlichung jeweils vorangetrieben hat. Dabei steht die Maßgabe der Effizienz (z. B. möglichst vielen Kindern einen Zugang zu Bildung zu gewähren, standardisierte Lehr- und Prüfungssysteme zu entwickeln) und der technischen Umsetzung (Bücher und Lehrwerke) im Vordergrund. Das Bildungssystem ist also selbst eine Art Industrie, in der es um die Befähigungen der Kinder und Jugendlichen geht, die zur weiteren Verwendung an den Ausbildungs- und Arbeitsmarkt ›übermittelt‹ werden. Hier ist es Aufgabe einer kritischen Erziehungswissenschaft, die Ermöglichung von Mündigkeit zum Referenzpunkt des Nachdenkens über Erziehungsverhältnisse und den Bedingungen der modernen Massenbildung zu machen.

Eine ähnliche Argumentation leitet die Kritische Bildungstheorie Heinz-Joachim Heydorns. Auch er geht von der Verpflichtung der Erziehung und Bildung auf Mündigkeit aus, bezieht hier aber auf der Grundlage historischer Analysen auch die Bedeutsamkeit von sozialer Ungleichheit ein, die durch das Bildungssystem manifestiert wird (Heydorn 1970/2004). Dabei zeigt er, dass Bildung trotz des universalistischen Anspruchs, sie möge *alle Menschen* zur Mündigkeit führen, zu einem bürgerlichen Privileg geworden ist (vgl. Borst 2011). So reproduziert das nach bürgerlichen Kriterien segregierte Bildungssystem nicht nur Ungleichheit, sondern ermöglicht auch sehr unterschiedliche Zugänge zu Mündigkeit durch Bildung (Heydorn 1970/2004: 244 ff.). Kurz: weder haben alle den gleichen Zugang zu Bildung, noch ist es für alle Kinder und Jugendlichen gleichermaßen möglich, gleichermaßen Mündigkeit durch Bildung zu erreichen. Zugleich hält Heydorn fest, dass sich in mechanistischen (i. S. formal überformter, z. B. schulischer) Bildungsprozessen eine ähnliche Entfremdungsstruktur wie in der Aufklärung spiegelt. Die Rationalisierung der Bildungsgänge verliert gewissermaßen das Ziel – Mündigkeit – aus dem Auge (ebd.: 287 ff.). Je eher Personen darauf angewiesen sind, sich über die schulisch-institutionellen Möglichkeiten der Bildung Zugang zu gesellschaftlichen Privilegien zu verschaffen, desto eher sind sie vom Privileg der

Mündigkeit ausgeschlossen (ebd.). Dies gelte nicht nur für Ungleichheiten innerhalb der Gesellschaft(en), sondern auch für jene Ungleichheit *»zwischen* den Völkern« (ebd.: 287, Hervorh. d. Verf.).

Zur erziehungswissenschaftlichen Bedeutung der Kritischen Theorie

Der emanzipatorische Gedanke pädagogischen Handelns setzt Mündigkeit und gesellschaftliche Verantwortung in ein Verhältnis zur Selbstreflexion und fragt dabei, wie es Pädagogik in Praxis und Theorie gelingt, »in der heranwachsenden Generation das Potenzial gesellschaftlicher Veränderung hervorzubringen« (Mollenhauer 1964: 667). Dabei steht nicht nur das einzelne Individuum im Fokus, wie dies bei der Geisteswissenschaftlichen Pädagogik der Fall war, sondern die Ermöglichung von Emanzipation als Subjekt *innerhalb* der Gesellschaft (vgl. Krüger 2019: 79). Besonders deutlich wird dies im Werk von *Wolfgang Klafki* (1927–2016). Wolfgang Klafki hatte bei dem geisteswissenschaftlichen Pädagogen Erich Weniger promoviert und sich in seinem Frühwerk mit in dieser Tradition stehenden Fragen befasst. Dabei wurde vornehmlich das Subjekt in seiner Bildsamkeit Gegenstand der wissenschaftlichen Auseinandersetzung, während seine gesellschaftliche Einbindung nicht beachtet wurde. In seinem späteren Werk zur kritisch-konstruktivistischen Erziehungswissenschaft (Klafki 1977) verband Klafki nun Ideologiekritik an herrschenden Machtverhältnissen mit der Perspektive auf Subjektgenese im Zeichen von Mündigkeit, Emanzipation und Selbstbestimmung (Klafki 1971: 179). Dabei wird Erziehungswissenschaft als »Theorie einer Praxis« konzipiert (ebd.: 175). Dazu entwickelt er vier Thesen, die hier kurz vorgestellt werden sollen.

Erste These: »Theorie und Praxis der Erziehung stehen sich primär nicht als zwei deutlich geschiedene Bereiche menschlicher Tätigkeit *gegenüber,* sie werden nicht – als vermeintlich zunächst getrennte Betätigungen – erst *sekundär* miteinander in Beziehung gebracht; vielmehr sind sie ursprünglich in charakteristischer Weise miteinander verschränkt. *Aller* pädagogischen Praxis liegen immer schon Elemente von Theorie zugrunde, auch wenn die praktizierenden Erzieher sich dessen nicht bewußt sind« (ebd.: 177).

Mit dieser These schließt Klafki zunächst an die geisteswissenschaftlicher Tradition an, da Theorie hier als »Aufklärung der Praxis über sich selbst« (ebd.: 178) verstanden wird. Gleichzeitig wird hier ein Bezug zu einem Motiv der Kritischen Theorie aus den Marginalien zum Verhältnis von Praxis und Theorie (Adorno 1969) hergestellt. Adorno beschreibt hier die Wechselseitigkeit von Theorie und Praxis: weder gehen sie ineinander auf, noch ist die eine gegenüber der anderen vorgängig (▶ Kap. 1). In pädagogisch-praktisches Handeln, so lässt sich mit Klafki schließen, fließen zwei Arten von Theorien ein: Theorien können erstens implizit sein, d. h. sie sind den Handelnden möglicherweise gar nicht bewusst: die Praxis ist theoriegeladen, weil ihr bestimmte Normen zugrunde liegen. Und Theorien können zweitens »ausdrücklich« i. S. v. explizit sein, z. B. wenn es sich um pädagogische Theorien in institutioneller Erziehung handelt (vgl. ebd.).

Zweite These: »Die Praxis und die ihr zugrundeliegenden Theorieelemente sind *geschichtlich*, haben bestimmte *geschichtliche* Voraussetzungen und unterliegen *geschichtlichem* Wandel. *Indem* die Erziehungswissenschaft diese geschichtlichen Voraussetzungen untersucht und bewußt macht, stellt sich ihre aufklärende Funktion im Verhältnis zur Praxis genauer als *historische Aufklärung* dar. Das heißt: Erziehungswissenschaft kann den pädagogischen Praktikern ein Bewußtsein ihrer historischen Situation, der historischen Voraussetzungen ihrer Arbeit, ein historisch begründetes *Gegenwartsbewußtsein* vermitteln« (ebd.: 178).

Klafki tritt hier für ein »kritisch-historisches Selbstverständnis der Praxis« (ebd.: 179) ein, mit dem es möglich wird die ideologischen Gebundenheiten des eigenen Handelns zu reflektieren und scheinbare Selbstverständlichkeiten und Traditionen zu hinterfragen. Erziehungswissenschaft bedeutet damit nicht nur, die Praxis über sich aufzuklären, sondern Praxis im Sinne der Aufklärung zu ermöglichen. Was heißt nun »Praxis im Sinne der Aufklärung«? Es heißt, dass Erziehung sich »als Hilfe zum Mündigwerden, zur Selbstbestimmung und Selbstverantwortlichkeit des aufwachsenden Menschen, und zwar prinzipiell *jedes* jungen Menschen«, versteht (ebd.). Diese Forderung bindet Klafki in seiner kritisch-konstruktiven Erziehungswissenschaft 1976 dann auch an den Bezug zur Kritischen Theorie. Hier erklärt er Kritische Theorie zum notwendigen Bestandteil der Erziehungswissenschaft, da »die wechselseitige Bedingtheit der in der Erziehung zu vermittelnden Selbstbestimmungsmöglichkeiten des einzelnen und einer politisch zu verwirklichenden Gesellschaftsstruktur, die Selbstbestimmung für alle zuläßt« (ebd.: 46), Voraussetzung für Erkenntnisse über Erziehungsprozesse sei.

Dritte These: »Zur kritisch historischen Aufklärung über die jeweilige geschichtlich vermittelte Gegenwartssituation, die Erziehungswissenschaft der Praxis vermitteln kann, gehört heute zentral die Untersuchung der *ökonomischen, gesellschaftlichen* und *politischen* Voraussetzungen, Grenzen, Abhängigkeiten und Verflechtungen, die das gegebene Erziehungssystem und die in ihm vollzogenen Unterrichts- und Erziehungsprozesse kennzeichnen« (Klafki 1971: 179 f.).

Erziehungswissenschaft hat somit nicht nur die Aufgabe, die Vergangenheit gesellschaftlicher Bedingungen zu reflektieren, sondern auch die gegenwärtigen gesellschaftlichen Bedingungen, Ungleichheiten und politischen Verhältnisse müssen in Erziehungstheorien einfließen. Hier markiert Klafki nun eine Anschlussmöglichkeit empirischer Sozialforschung, die über deskriptive Methoden Aussagen über die tatsächlichen Bedingungen der Erziehung zu machen vermag. Deren Ergebnisse sind freilich wiederum Gegenstand wissenssoziologischer und ideologiekritischer Reflexion (ebd.: 180): es gilt nicht nur diese Ergebnisse zu sammeln, sondern auch, sie zu interpretieren und so ihre Bedeutung für die Realisierung von Mündigkeit, Emanzipation und Selbstbestimmung zu erschließen.

Vierte These: »Die vierte These zielt auf die möglichen und notwendigen Hilfen der Erziehungswissenschaft im Hinblick auf dieses Interesse der pädagogischen Praxis. Sie lautet: Wenn es um eine optimale Ermittlung der tatsächlichen Wirkungen und insbesondere der realen Wirkungs*möglichkeiten* der pädagogischen Praxis geht, so sind erziehungswissenschaftliche Forschung und Theorie einerseits und eben diese pädagogische Praxis andererseits im Sinne ständiger Wechselwirkungsprozesse oder besser: im Sinne eines *permanenten Rückkopplungsprozesses* aufeinander bezogen« (ebd.: 181).

Die vierte These ist also wieder dem Verhältnis von Theorie und Praxis gewidmet. Klafki hofft hier auf eine »Verwissenschaftlichung der Praxis« (ebd.) und legt damit ein bedeutsames Kriterium für berufliches bzw. professionalisiertes Handeln fest: dass die Rückkopplung mit der Praxis eine Daueraufgabe sei. Umgekehrt steckt in der vierten These auch die

Erwartung, dass sich Theorie auf die Praxis zu beziehen habe und dazu die Praxis selbst beforschen möge. Hier erfolgt also eine deutliche Kritik an Geisteswissenschaftlicher Pädagogik und eine Hinwendung zu einer empirischen Orientierung in dem Sinne, dass Empirie sich auf die (Erziehungs-) Tatsachen besinnt und diese zum Ausgangspunkt der Erkenntnis nimmt. In dieser Orientierung findet sich also eine Resonanz auf die »empirische Wendung« (▶ Kap. 3), so dass der ideologiekritischen Perspektive sowie der Orientierung an Mündigkeit, Selbstbestimmung und Solidarität eine Forschungsperspektive zur Seite gestellt wird, die die Praxis zum Ausgangspunkt der Entwicklung von Fragen und Methoden nimmt. Dabei ist Klafkis Ansatz von einer gleichberechtigten Zusammenarbeit von Forschung und Praxis begleitet (Krüger 2019: 81 f.), in der sich eben auch Praxis gegenüber Forschung emanzipiert und nicht zum bloßen Objekt wird und praktisch Handelnde (z. B. Lehrer:innen und Schüler:innen) den Forschungsprozess mitbestimmen können (Klafki 1974).

Eine Beispielstudie und ein Fallbeispiel aus der Erziehungswissenschaft

»Die Forderung, daß Auschwitz nicht noch einmal sei, ist die allererste an die Erziehung« (Adorno 1971: 88). Mit dieser Forderung beschreibt Adorno »die wohl eindringlichste Formel für ein pädagogisches Postulat der Nachkriegszeit« (Gruschka 2004: 135). Sie ist die Begründung für das vehemente Eintreten von Adorno für das normative Erziehungsziel Mündigkeit und die Ablehnung gegenüber der Schule als Massenbildungsinstitution. Letzteres kann mit heutigen Worten so begründet werden, dass ein Einwand gegen die Schule ist, dass diese den Heranwachsenden den Subjektstatus entziehe und sie lediglich zu Leistungsträger:innen macht. Nach Adorno ist diese Formel auch zu einem Leitsatz der Kritischen Erziehungswissenschaft geworden, jedoch mit dem Verweis darauf, dass Mündigkeit noch nicht verwirklicht sei (Blankertz [1982] 1992). Andreas Gruschka (2004a) sieht den Grund dafür, dass in erziehungswissenschaftlichen Denkformen die Ziele (Mündigkeit, Selbstbestimmtheit, Emanzipation) stets positiv bestimmt sind. Darum wurde die Widersprüchlichkeit der Ziele selbst in der Forschung nicht herausgearbeitet.

Gleichwohl ist in Rechnung zu stellen, dass mit Personen wie Blankertz, Mollenhauer, Heydorn und Klafki ein Denken begonnen hat, das in zahlreichen Ansätzen und Perspektiven erziehungswissenschaftlichen Denkens weitergeführt wurde. Dabei wurden unterschiedliche Anschlüsse gesucht, die auch hier nach der Perspektive auf die Dialektik der Aufklärung (a) und der Forderung der Herausarbeitung von Widersprüchen (b) ausdifferenziert werden kann:

(a) In der Tradition der Dialektik der Aufklärung und der Erziehung nach Auschwitz wurde u. a. der Aufklärungsanspruch und Gesellschaftsanalyse durch Erziehungswissenschaft hervorgehoben (vgl. z. B. Andresen/Nittel/Thompson 2019). Dieser Forschungszugang lässt sich anhand von zahlreichen Forschungsperspektiven ausbuchstabieren, zum Beispiel mit Blick auf Digitalisierung und Algorithmisierung (Thompson 2020) oder mit Blick auf ethnische Diversität (Mehlem 2019). Beispielhaft können in diesem Zusammenhang die Erkenntnisse aus der Studie »Schule und Nationalsozialismus« (Meseth/Proske/Radtke 2004) einmal veranschaulicht werden:

Im Zentrum der Studie zu »Schule und Nationalsozialismus« steht die Frage, wie die nachkommende Generation aus der Geschichte lernen könne. Dabei werden Lehrer:innen-Schüler:innen-Interaktionen aus dem Geschichtsunterricht analysiert, der zum Thema Nationalsozialismus in der 12. Klasse stattgefunden hat. Anhand ihrer Analysen arbeiten die Verfasser heraus, dass der Zugang von Schüler:innen zum Thema Nationalsozialismus höchst unterschiedlich ist und weniger durch Sachlichkeit als durch implizites Metawissen gekennzeichnet ist. So entsteht ein Widerspruch, der in Schule und Unterricht permanent hervorgebracht wird: einerseits sollen unterrichtliche Themen sachlich vermittelt werden, andererseits ist das Thema des Nationalsozialismus moralisch aufgeladen. Diese wird dadurch bearbeitet, dass der Geschichtsunterricht zum Thema Nationalsozialismus vornehmlich als »Einübung in die sozial gültig gemachten Redeweisen« (Meseth et al. 2004: 142) verstanden wird.

Die Erkenntnis, die sich an zentrale Gedanken der Dialektik der Aufklärung anschließen lässt, kann wie folgt bestimmt werden: Die Forscher zeigen sowohl auf, dass die Schüler:innenschaft heterogen ist und sich ihnen die Zugänglichkeit zum Thema Nationalsozialismus nicht unmittelbar erschließt. In die Schule fließen so gesellschaftliche Differenzierungen ein, die es notwendig machen, die historischen Bedingungen des Wissenserwerbs jeweils zu berücksichtigen. Andererseits zeigt sich in der Curricularisierung des Themas eine Zurichtung (wie sie etwa von Heydorn in Bezug auf Schule insgesamt thematisiert wurde), die eben nicht nur die Aufklärung ins Zentrum stellen, sondern darin eine schulische Rationalisierung liegt, durch die eine bildsame Auseinandersetzung verhindert wird.

(b) Widersprüche, Antinomien und Paradoxien begleiten Erziehungsprozesse kontinuierlich und werden in unterschiedlichen erziehungswissenschaftlichen Studien systematisch herausgearbeitet: etwa durch Andreas Gruschka in seiner Studie zur Bürgerlichen Kälte (1994), und auch Arno Combe und Werner Helsper (1994) haben sich konsequent mit unauflösbaren Widersprüchen im pädagogischen Handeln auseinandergesetzt. Diese Ansätze werden zum Teil in eine Perspektive pädagogischer Fallarbeit geführt, die wiederum systematisch versucht, die Praxis über sich selbst aufzuklären (Klafki). Das bedeutet, dass Fälle – zumeist Transkriptionen aus praktischen Situationen von Schule und Unterricht – mit wissenschaftlichen Methoden analysiert werden und an ihnen die Widersprüche und Fallstricke pädagogischen Handelns herausgearbeitet werden (vgl. Hummrich 2016, 2021; Beck et al. 2000). So wird etwa durchgängig die Widersprüchlichkeit von Autonomie (Selbstbestimmtheit) und Heteronomie (Fremdbestimmtheit) in pädagogischen Settings und Handlungssituationen herausgearbeitet. Zum Teil werden diese so aufgelöst, dass das Postulat der Mündigkeit nicht eingelöst werden kann und so Emanzipation nicht erreicht wird. Dies zeigt sich sogar in Situationen, in denen die Autonomie von Schüler:innen gerade befördert werden soll. Es entstehen paradoxe Verstrickungen, von denen eine hier exemplarisch aufgeführt werden soll:

> »L1: wir haben uns gestern zusammengesetzt und haben uns überlecht, daß wir zunächst einmal (global) informieren wollen was heute überhaupt gewählt wird (lautere Stimme) – viele wissen überhaupt nicht was die Schulkonferenz ist viele wissen nicht was ne Fachkonferenz ist viele kennen nicht den Unterschied zwischen Schülersprecher und Schülervertreter. geschweige denn Vertretungslehrer Verbindungslehrer oder sonstiges .. wir wollen heute insgesamt *fünf* Wahlgänge veranstalten .. können wer mal das eine Licht hinten ausmachen .... (unverständlich also insgesamt fünt getrennte Wahlgänge
> S: (Husten, Gemurmel, lautes Rufen)

L1: als erstes steht die Wahl der äh Lehrervertreter an . das ist *wahnsinnig schwer* heute für euch . weil es kandidieren (tatsächlich) nur *vier* Lehrer und auch noch vier Lehrer*innen*
S: (Pfeifen auf die Betonung von Lehrerinnen)
L1: und ihr müßt insgesamt *vier wählen*
S: nööö . oaahh (Gemurmel, Zwischenrufe, Lachen, unverständliche Rufe von Schülern)
L1: ich denke das is *kein* Problem
S: (is'n Problem) (unverständliche Einwürfe)«[19]
(Helsper 1996: 553).

Situationen wie diese sind auch heute noch denkbare Handlungen in Schulen, da sie typisch für Prozesse in Schulen sind, die auf aktive Demokratieerziehung zielen: In einer Gesamtschule sind Schüler:innen hier aufgefordert, Lehrervertreter:innen für die Schul- und die Fachkonferenzen zu wählen. Dabei erfolgt die Aufforderung durchweg in einem ironisierenden, teilweise zynischen Aufforderungscharakter: die Lehrerin, die die Wahl einleitet, unterstellt, die Schüler:innen wüssten nicht, was und warum sie wählten und würden den Vorgang des Wählens insgesamt nicht verstehen. Sie leitet daher die Schüler:innen in einem pädagogisierenden Zugang zur Wahl an – was in der Formulierung einer Aufgabe mündet: »Ihr müsst insgesamt vier wählen.« Das nachgesetzte »Ich denke, das ist kein Problem« unterstreicht hier den Aufgabencharakter. Werner Helsper (1996) arbeitet hierzu heraus: »Das offizielle Versprechen autonomieerzeugender Partizipation schlägt um in die Einübung von Heteronomie, die weiterhin als Selbstbestimmungsmöglichkeit gehandelt wird« (ebd.: 553). Es wird also getan, als ob die Schüler:innen partizipativ und selbstbestimmt handeln würden, obwohl die Lehrerin gleichzeitig deutlich macht, dass es sich nicht um eine freiwillige Wahl und Veranstaltung handelt. Die Schüler:innen reagieren auf diese Widersprüchlichkeit mit Widerstand: Sie unterbrechen die Lehrerin, sind unaufmerksam und machen ihrerseits ironisierende Bemerkungen. Das bedeutet aber auch, dass die eigentlichen

---

19 Die Transkriptionsregeln des Originaltextes wurden hier übernommen. Dabei wurde im Originaltext Interpunktion zur Markierung von Pausen verwendet (z. B. ist ein Punkt eine Sekunde Pause), es wurde transkribiert, wie gehört; unsichere Transkriptionen und die Kommentierung von Geräuschen (Lachen, Weinen, Husten) sind in Klammern gesetzt.

Selbständigkeits- und Autonomiebehauptungen der Schüler:innen (Lachen, Pfeifen, Zwischenrufe) ignoriert werden.

Anhand der Studien zum Aufklärungsanspruch und zur Mündigkeit und den damit verbundenen Widersprüchen lassen sich wichtige Schlussfolgerungen für unsere Frage nach erziehungswissenschaftlichem Forschen ziehen. Zunächst zeigt sich, wie sich zum einen der Grundwiderspruch von Erziehung als (fremdbestimmte) Hin*führung* zur Mündigkeit hält und bestätigt; zum anderen kann gezeigt werden, dass Postulate wie Autonomie, Partizipation und Selbstbestimmung in vielen Kontexten zur reinen Form geworden sind. Das heißt Autonomie, Partizipation und Selbstbestimmung werden äußerlich bzw. technokratisch umgesetzt. Ihr Beitrag zu einer tatsächlichen Verwirklichung von Autonomie muss angezweifelt werden. Diese Widersprüchlichkeit bestätigt sich auch in zahlreichen aktuellen Rekonstruktionen und sie verweist auf die strukturelle Anfälligkeit des pädagogisch-professionellen Handelns für Verstrickungen und Ambivalenzen (Helsper 2021a, Pollmanns 2019).

Gerade in solchen Analysen liegt schließlich das Potenzial einer erziehungswissenschaftlichen Perspektive, die die pädagogische Bearbeitung des Erziehungsziels oder -postulates Mündigkeit kritisch betrachtet und ihre Uneinlösbarkeit durch Pädagogik vor dem Hintergrund gesellschaftlicher Strukturen (wie der Schulpflicht, der hierarchischen Struktur von pädagogischen Beziehungen und nicht zuletzt der Bedeutsamkeit unterschiedlicher Herkünfte und Zugehörigkeiten) betrachtet.

4.2 Strukturfunktionale Erziehungswissenschaft

Der Strukturfunktionalismus ist eng mit dem Namen *Talcott Parsons* (1902–1979) und seiner Theorie Sozialer Systeme (Parsons 1976) verbunden. Ein soziales System ist nach Parsons ein gemeinschaftlicher Zusammenhang, der durch ein zwischenmenschliches Verhaltensgefüge gekennzeichnet ist. Die einzelnen Teile eines Systems stehen in wechselseitiger Abhängigkeit zueinander (in Interdependenz). Während bei der Kritischen Theorie die Widersprüche und Paradoxien im gesellschaftlichen Handeln im Zentrum der Betrachtung steht, fragt der Strukturfunktionalismus, wie sich Gesellschaften durch ihre sozialen Systeme erhalten. Parsons sucht in seinen Studien nach der Bedeutung funktionaler Differenzierung. Im Zentrum steht die Analyse der Ausdifferenzierung der Gesellschaft in ihre Teilbereiche. Dabei wird auch untersucht, inwiefern den Teilbereichen auch gesellschaftliche Funktionen zuzuordnen sind. Hierzu hat Parsons ein Modell entwickelt, das jedes System entsprechend seiner Funktionen in vier Bereichen beschreiben lässt: in Bezug auf die Frage, welche Anpassungsleistung des Systems an sich ändernde Bedingungen erwartet wird (Adaption), hinsichtlich der Zieldefinition und -verfolgung, die in dem System möglich ist und persönlichen Einsatz erwartet (Goal Attainment), in Bezug auf die Bedingungen der Eingliederung (Integration) und ihre Bedingungen sowie die Aufrechterhaltung (Latency) der grundlegenden Strukturen und Wertmuster. So entsteht ein Vierfelderschema (Abb. 4.1).

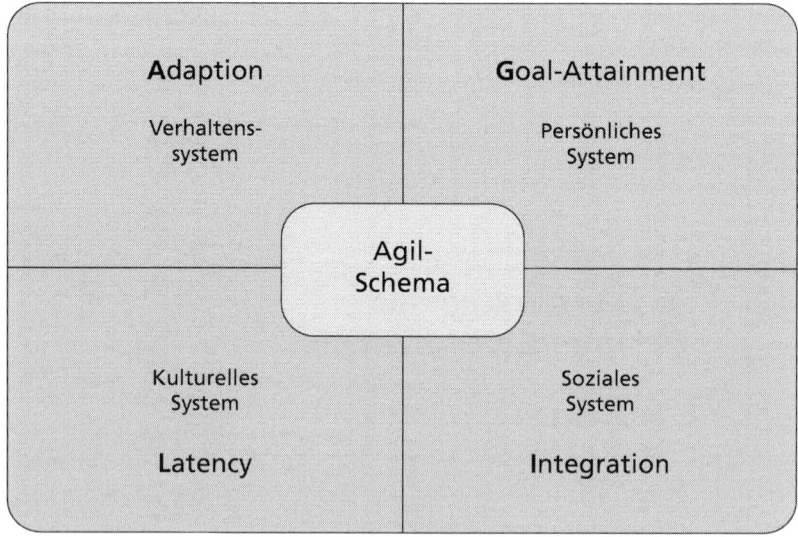

Abb. 4.1: Das AGIL Schema (vgl. Parsons 1975)

Die Gesellschaft teilt Parsons dabei in vier Subsysteme auf: das Verhaltenssystem, das persönliche, das kulturelle und das soziale System. Für alle Systeme erarbeitet er die spezifischen Rollenerwartungen, die an das Individuum gerichtet werden (ebd.: 43). Systeme bilden dabei auch unterschiedliche Subsysteme aus. Im Verhaltenssystem geht es um Bedürfnisse, im persönlichen System um die Motive der Handlungsorientierung von Individuen. Das soziale System basiert auf sozialen Rollen, die im Handeln eingenommen werden (bspw. die Berufsrolle, die Elternrolle, die Schüler:innenrolle usw.). Das kulturelle System basiert auf Werten und Normen, die die Handlungen der Akteur:innen beeinflussen (ebd.).

Parsons Theorie ist deshalb erziehungswissenschaftlich interessant, weil er zu Familie und Schule als relevanten sozialen Systemen geforscht hat. Familie stellt Parsons zunächst als »strukturell isoliert« (Schulze et al 1989: 33) heraus, also als durch die Gattenfamilie gekennzeichnet – nicht etwa, wie in früheren Zeiten, durch mehr als zwei Generationen und die Integration von Anverwandten gekennzeichnet. Die moderne Familie lebt zumeist als Kernfamilie, die einerseits ein Teilsystem der Gesellschaft ist, andererseits ist sie ein für sich funktionierendes System. Als Teilsystem der Gesellschaft richtet sich die Familie in der primären Sozialisation – also in der ersten sozialen Erfahrung der Vergesellschaftung – auf die »Einführung der Kinder in ihre Rolle als Gesellschaftsmitglied[er, die Verf.]« (ebd.: 34; Parsons 1956). Als eigenständiges System ist die Familie als zwischenmenschliches Verhaltensgefüge beschreibbar.

Parsons (1968) fragt in diesem Zusammenhang danach, wie das System (stabil) erhalten wird, und zählt hierzu die Verteilung der Geschlechterrollen, die von den Kindern je übernommen werden und in das eigene Persönlichkeitssystem integriert werden (Parsons 1955). Er geht dabei von einer »maskulinen Dominanz und einer Verantwortlichkeit für Frau und Familie« (Meuser 1998: 57) beim Jungen aus. Der Mann repräsentiert die Familie nach außen, die Frau ist für die Sorgebeziehungen innerhalb der Familie verantwortlich. Im Laufe der Sozialisation gleichen sich Jungen und Mädchen den jeweils unterschiedlichen oder diametralen Verhaltensmustern an. Sie übernehmen dabei nicht nur die Geschlechterrollen, sondern eignen sich auch die gesellschaftlichen Funktionen an. Parsons situiert diese Perspektive in einem Familienmodell, das aus heutiger Sicht als sehr konservativ beschrieben werden kann: der Mann repräsentiert die instrumentelle Vernunft, die Frau die Fürsorglichkeit, die Kinder (Mädchen und Junge) übernehmen diese Rollen (ebd.). Es handelt sich um ein heteronormatives Modell, also ein Modell, in dem die Zweigeschlechtlichkeit dominant ist. Auch heute noch ist dieses Modell häufiger Bezugspunkt von Theorien und normativen Annahmen. Gleichzeitig differenzieren sich Familienformen zunehmend aus.

In der Industriegesellschaft reicht nun Familie allein nicht aus, um die Erwachsenenrollen der nachwachsenden Generation zu verinnerlichen. Das Kind muss im Laufe der Sozialisation lernen, unterschiedliche Beziehungsformen einzugehen. In der Familie und der primären Sozialisation sind die Beziehungen emotional sehr nah und persönlich (sie sind partikular), in der Schulklasse nimmt die emotionale Bedeutung von Beziehungen ab (Parsons 1968), die Beziehungen werden universalistischer. So lernen Kinder und Jugendliche, dass es je nach Leistung unterschiedliche Statusdifferenzen (gute:r Schüler:in/schlechte:r Schüler:in) gibt. Die Aneignung der Werte und Normen der Erwachsenenwelt geschieht dabei allmählich: in der Grundschule sind die Beziehungen emotionaler und näher als später in der Oberstufe (ebd.). Am Ende der Schulzeit wird dabei eine Statusdifferenzierung erreicht, die Übergänge in die Erwachsenenwelt und Teilhabemöglichkeiten an Bildungsgängen nach der Schule reguliert.

Eine Schärfung seiner Handlungstheorie hat Parsons durch die sogenannten *Pattern Variables* vorgenommen. Dies sind »mögliche Kategorien individuellen Handelns« (Korte 1995: 179), durch die sich soziale Beziehungen beschreiben lassen. Dabei stehen sich unterschiedliche Beziehungsformen diametral gegenüber (z.B. Familie und gesellschaftlich-öffentliche Handlungsbezüge).

Pattern Variables		
1. Affektivität	-	affektive Neutralität
2. Selbstorientierung	-	Kollektivorientierung
3. Partikularismus	-	Universalismus
4. Statuszuweisung	-	Leistungsorientierung
5. diffuses Verhalten	-	spezifisches Verhalten

Im ersten Paar ist auf die Alternative von unmittelbarer Bedürfnisbefriedigung und Selbstdisziplinierung in Form von Verzicht und Aufschub verwiesen (vgl. Wernet 2003: 65). Auch die weiteren Begriffe der linken Hälfte sind deutlich eher um das Individuum als einzigartiges Wesen in seiner emotionalen Bedürftigkeit zentriert, während die Begriffe der rechten Seite eher distanzierte und sachlich-kühle Handlungsorientierungen beschreiben (vgl. Tillmann 1990). Dabei beschreibt das zweite Variablenpaar die Handlungsorientierungen zwischen Selbstbezüglichkeit und Gemeinwohlorientierung; das dritte die Möglichkeit, zwischen den besonderen (partikularen) Bedingungen einer Situation und abstrakten und generalisierten Orientierungen zu unterscheiden. Das vierte Paar nimmt in den Blick, dass Handlungskontexte danach unterschieden werden, ob ein Status zugewiesen wird (z. B. in der Familie als Kind aus einem bestimmten Milieu) oder durch die Leistung erreicht wird (gute:r/schlechte:r Schüler: in). Das fünfte Variablenpaar verweist auf die thematische Ausrichtung einer Beziehung: Steht ein bestimmtes Thema im Fokus (Lernen am Gegenstand), ist die Beziehung spezifisch ausgerichtet, können viele Themen eingebracht werden (Erlebnisse des Alltags, Erfahrungen in der Schule), spricht man von diffusen Beziehungen. Auch hier lassen sich in Parsons Modell Familie und Schule wieder idealtypisch einander gegenüberstellen.

Erziehungswissenschaftliche Bedeutung des Strukturfunktionalismus

Die soziologischen Ausführungen von Parsons sind für die Erziehungswissenschaft bedeutsam, da Parsons ein Modell geschaffen hat, welches die Systeme des Aufwachsens unterscheiden und ausdifferenzieren hilft. So liegt eine Verhältnisbestimmung von Familie und Schule vor, die die Relevanz der unterschiedlichen Sozialisationsinstanzen untermauert. Wissenschaftliche Modelle wie das von Parsons helfen dabei zu verstehen, wie unterschiedliche Bereiche idealtypisch zusammenwirken und einander ergänzen. Trotz der Kritik kann mithilfe des Strukturfunktionalismus auch heute noch die Struktur sozialer Beziehungen nachvollzogen werden. Im Zentrum steht bei Parsons die Einsozialisierung in die Gesellschaft. Damit ist also nicht – wie bei der Kritischen Erziehungswissenschaft – Autonomie *gegenüber* gesellschaftlichen Vereinnahmungen der Gegenstand der Erkenntnis. Folglich gehören die Widersprüche aufgrund der Gegensätzlichkeit der heteronomen (fremdbestimmten) Rahmung und des Zieles (Autonomie) auch nicht zum zentralen Erkenntnisinteresse.

Vielmehr geht es um Anpassung an die sozialen Systeme, die Internalisierung ihrer Verhaltenserwartung (Verinnerlichung) im persönlichen System, die Integration in das Sozialsystems und die Selektion nach Leistung (vgl. AGIL-Schema, s. o.). Dies betrifft sowohl Familie wie auch Schule. Damit ist nicht das Subjekt Gegenstand erziehungswissenschaftlicher Theoriebildung, sondern der Gegenstandsbereich des Strukturfunktionalismus im Anschluss an Parsons ist die gesellschaftliche Teilhabe. Kritisch gesehen wird in diesem Zusammenhang, dass die Zuweisung diametraler Funktionsbereiche von Familie (diffus und partikular) und Schule (sachlich und universalistisch) nicht mehr zeitgemäß sei. Gleichwohl erweist sich die Perspektive dann als sinnvoll, wenn es um die Frage geht, wie Gesellschaften sich auch über Erziehungs- und Bildungssysteme und Prozesse erhalten.

Ein Fallbeispiel aus der Erziehungswissenschaft

Das Werk von Parsons ist auch in aktuellen erziehungswissenschaftlichen Theorien breit rezipiert worden. Beispielhaft sind hier die Studien von Andreas Wernet zu Professionalisierung des Lehrer:innenberufs zu nennen (Wernet 2003). Wernet knüpft hier an die *Pattern Variables* an, um zunächst Familie und Gesellschaft bzw. Schule systematisch zu unterscheiden und dann darauf zu verweisen, dass Schule nicht nur auf die Gesellschaft (und damit die rechte Seite der Pattern Variables) vorbereite, sondern bereits Ausdrucksgestalt dieses Musters sei (ebd.: 95). Dies stellt die Anforderung an den Lehrer:innenberuf, »dieses Muster in möglichst reiner Form wirklich werden zu lassen« (ebd.: 115). Pädagogisches Handeln besteht so nicht – wie in der Kritischen Erziehungswissenschaft ausgeführt – aus Widersprüchen oder Paradoxien, sondern der Anspruch der Professionalisierung sei die Vermeidung von Widersprüchen. Gleichwohl laufe diese Ansprüchlichkeit – so Wernet (ebd.: 117) – die Struktur einer Entgrenzung entgegen: in den empirischen Ausarbeitungen von Interaktionen durch

Wernet wird deutlich, wie sowohl lehrer:innenseitig als auch schüler:innenseitig die distanzierte Rollenförmigkeit systematisch scheitert. Dies kann an folgendem kurzen Beispiel verdeutlicht werden:

> »Lehrer: Lies deine Hausaufgaben vor.
> Schüler: Ich habe sie nicht gemacht.
> Lehrer: Darf ich fragen, warum nicht?
> Schüler: Ich sehe nicht ein, wozu ich Dinge tun soll, die absolut wirklichkeitsfern sind und sowieso nie wieder gebraucht werden.«
> (Wernet 2003: 143)

Der Lehrer fordert hier ein rollenförmiges Handeln und handelt selbst mit Bezug auf seine Lehrerrolle: Lehrer geben Hausaufgaben und führen dazu Überprüfungen durch. Der Schüler hat eine Grenzüberschreitung begangen, indem er seiner Rolle als Schüler nicht gerecht wurde. Gleichzeitig handelt er in seiner ersten Äußerung noch rollenadäquat, da er sein Versäumnis eingesteht. Die Tendenz der Entgrenzung ist aber hier schon dadurch sichtbar, dass der Schüler sein Handeln nicht begründet. Er deutet so an, dass er sich den schulischen Anforderungen nicht beugt. Der Lehrer indes erinnert den Schüler an eine bedeutsame Funktion der normativen Ordnung in der Schule: das Handeln, insbesondere dann, wenn es erwartungswidrig ist, muss begründet werden. Der Schüler liefert jedoch keine normkonforme Entschuldigung, sondern hinterfragt den Sinn der Hausaufgaben und damit auch des Arbeitsbündnisses mit dem Lehrer. Er entgrenzt die unterrichtliche Situation somit abermals durch einen »Metadiskurs« (Wernet 2002: 23), in dem der Lehrer zu demjenigen wird, der begründungspflichtig scheint. Damit liegt ein Dilemma vor: entscheidet sich der Lehrer, der Begründungspflicht nachzukommen, hintergeht er die Ordnung des Unterrichts und handelt selbst entgrenzt. Besteht er auf der Erledigung der Hausaufgaben, kommt er seiner rollenadäquaten Begründungspflicht nicht nach. Die Situation könnte weiter eskalieren.

> »Lehrer: Dies ist keine Entschuldigung für die Nichterledigung der Hausaufgaben. Ich erwarte, sie in der nächsten Stunde zu sehen.
> Schüler: Aber ich kann mit dem Zeugs in meinem Leben nie wieder was anfangen.
> Lehrer: Merkst du nicht, dass diese Thematik nicht in den Unterricht passt? Wenn Du möchtest, können wir uns gerne nach der Stunde darüber unterhalten. Die Hausaufgaben holst Du bitte nach« (ebd.: 64).

In diesem Segment wird deutlich, dass der Lehrer dem Dilemma, das der Schüler provoziert hat, nicht auf den Leim geht. Er erinnert vielmehr an das rollenadäquate Verhalten: Lehrer:innen geben Hausaufgaben, Schüler:innen erledigen sie, Lehrer:innen haben das Recht, die Hausaufgaben zu kontrollieren. Der Lehrer verzichtet dabei darauf, dem Schüler seine Perspektive zu begründen, und lässt sich vom eigentlichen Unterricht nur minimal ablenken. Er verweist damit den Schüler im weiteren Verlauf auf seine Position als jemand, der in der Hierarchie unterlegen ist und von dem Anpassung (Rollenadäquanz) erwartet wird. Gleichzeitig macht er aber auch noch ein außerunterrichtliches Gesprächsangebot: »wir können uns gerne nach der Stunde darüber unterhalten« signalisiert, dass der Lehrer neben seiner Funktion als Wissensvermittler auch als Erziehender auftritt und die Hinterfragung von Hausaufgaben zwar in der Unterrichtssituation delegitimiert wird, aber in einer anderen Situation durchaus adäquat zum Aushandlungsgegenstand werden kann.

4.3   Systemtheoretische Perspektiven in der Erziehungswissenschaft

Der Soziologe *Niklas Luhmann* (1927–1998), mit dessen Name die Systemtheorie unverbrüchlich verknüpft ist, hat die Theorie von Parsons so beschrieben:»Sie setzt soziale Systeme mit bestimmten Strukturen voraus und fragt dann nach den funktionalen Leistungen, die erbracht werden müssen, damit Systeme erhalten bleiben« (Luhmann 1970: 113). Er kritisiert diese Vorstellung von Theoriebildung aufgrund der Bedeutung, die Parsons dem Strukturbegriff beimisst. Hiermit erscheinen Systeme wenig wandelbar oder dynamisch zu sein, sie sind der dynamischen Komponente – der Funktion – vorgeordnet (ebd.: 114). Luhmann fragt also nicht nur, wie Systeme funktional erhalten werden, sondern auch welche gesellschaftlichen Funktionen sie selbst erfüllen. Im Laufe der Zeit entwickelte Luhmann seine Systemtheorie weiter. Systeme seien, so schreibt er (Luhmann 1984) selbstreferenziell, d.h. sie beziehen sich auf sich selbst und reproduzieren sich durch Kommunikation innerhalb ihrer selbst. Die Struktur als vorgängige Bedingung der Systeme verliert dabei an Bedeutung (Schulze/Tyrell/Künzler 1989: 32), das Verhältnis von Systemen untereinander, ihre Funktionalität und ihre kommunikative Konstruiertheit sind sein Forschungsgegenstand.

Luhmann (1975) grenzt in diesem Zusammenhang soziale Systeme, psychische Systeme und Maschinensysteme voneinander ab. Soziale Systeme sind in Interaktionen, Organisationen und Gesellschaften unterteilt. Psychische Systeme sind das, »was ansonsten als ›Mensch‹, ›Persönlichkeit‹, ›Individuum‹ bezeichnet wird« (Krüger 2009: 129). Während psychische und soziale Systeme im Medium von Sinn operieren – also durch Handeln Sinn erzeugen –, tun dies Maschinensysteme und auch andere Organismen (z. B. Tiere) nicht. Soziale Systeme reduzieren dabei durch Interaktionsmuster und Beziehungsregeln die Kommunikation. So werden Grenzen innerhalb der Systeme hergestellt, die die Komplexität reduzieren – nicht in jedem System kann jede Handlungsoption gewählt werden (vgl. Luhmann 1984). Dabei ist es notwendig, dass die Systeme aktiv – durch Kommunikation – aufrechterhalten werden. Dies geschieht in einem dynamischen Prozess, denn Systeme sind nicht nur Ergebnisse aus einer Komplexitätsreduktion durch kommunikative Regeln, sie sind auch kontingent. D. h. nicht alle Handlungs- und Verhaltensmöglichkeiten sind von vorneherein festgelegt.

Die Unterscheidungslogik, die Luhmann hier einführt, wird mit dem Begriff der *funktionalen Differenzierung* beschrieben. Damit werden die »festen, durch Geburt bestimmten Positionszuweisungen auf[ge]löst und die Qualität der Inklusion der Individuen in die Gesellschaft [...] den Kriterien der einzigen Funktionssysteme überlassen« (Luhmann 2002: 71). Das System der funktionalen Differenzierung löst dasjenige der stratifikatorischen Differenzierung ab. Letzteres beschreibt Gesellschaften der Vormoderne, in denen Differenzierung nach Herkunft (dem sozialen Stand) erfolgte. Die Funktionssysteme bieten nun die Möglichkeit, durch Funktionsbereiche zu differenzieren. Damit verliert die Vererbung an Bedeutung. Es braucht neue Formen der Vermittlung. So bildet sich das Erziehungssystem als funktionales Teilsystem der modernen Gesellschaft heraus und verdrängt die häusliche Erziehung (ebd.: 70, Luhmann/Schorr 1982).

Die erziehungswissenschaftliche Bedeutung der Systemtheorie

Teil dieser funktionalen Differenzierung ist auch die Verwissenschaftlichung bzw. Disziplinbildung der Erziehungswissenschaft. Luhmann und Schorr (1982) plädieren wie Brezinka dafür, dass zwischen Pädagogik und Erziehungswissenschaft unterschieden werde, da Pädagogik Teil der Handlungsorientierung sei, Erziehungswissenschaft jedoch eine distanziertere Perspektive erfordere, in der Beobachtung und Reflexion von Pädagogik gegenständlich wird (vgl. Krüger 2019: 103; zu dieser Perspektive auch: Diehm/Radtke 2022).

Zentral ist in diesem Zusammenhang nach Luhmann und Schorr (1982), dass Erziehungs*wissenschaft* das ›Technologiedefizit‹ beobachtet, reflektiert und beschreibt. Denn pädagogisches Handeln funktioniert eben nicht als Technologie, in der man einfache (mechanische) Anweisungen entwickelt und befolgt, sondern ist selbst durch Offenheit (Kontingenz) gekennzeichnet. So sind Ergebnisse von pädagogischem Handeln kaum vorhersagbar, sie sind jeweils durch Ungewissheit gekennzeichnet (Helsper/Hörster/Kade 2005). Luhmann geht hier so weit, von einer *doppelten Kontingenz* zu sprechen: *erstens* sind die Erwartungen in pädagogischen Beziehungen nicht unbedingt anschlussfähig. Dies zeigt sich z. B. daran, dass Lehrer:innen und Schüler:innen manchmal Unterschiedliches von einer Vermittlungssituation erwarten – wie im Beispiel zum Strukturfunktionalismus (► Kap. 4.2); *zweitens* können Lehrkräfte und Schüler:innen mit ihren wechselseitigen Erwartungen aneinander nicht immer aneinander anschließen – die Erwartungserwartung aneinander ist unterschiedlich. Dies zeigt auch im Beispiel aus Wernet (2002) (s. o.). Hier könnte der Schüler etwa erwartet haben, dass der Lehrer erwartet, dass der Schüler und er in der namentlichen Situation eine Diskussion über den Sinn der Hausaufgaben eingehen; der Lehrer könnte die Erwartungserwartung haben, dass der Schüler eben jene Disziplinierung als notwendige Orientierung und hinreichende Arbeitsaufforderung begreift. In dieser doppelten Kontingenz verbirgt sich eine »grundlegende Ungewissheit« (Helper 2021a: 94) und ist kennzeichnend für das Technologiedefizit: Kinder und Jugendliche lassen sich nicht als Trivialmaschinen behandeln, die – um beim obigen Beispiel zu bleiben – der Hausaufgabenaufforderung Hausaufgabenerledigung folgen lassen. Ein Lernender lehnt die Aufgaben z. B. einerseits aufgrund der Aufgabe selbst ab, andererseits »weil sie seine Erziehung bezweckt und er sich nicht in die Rolle dessen begeben will, der dies nötig hat« (Luhmann 1987: 178).

Systemtheoretische Ansätze greifen Elemente des Strukturfunktionalismus auf – etwa die funktionale Differenzierung der Gesellschaft – und differenzieren sie weiter aus. Dabei erhält das Erziehungs- und Bildungssystem gegenüber anderen Teilsystemen der Gesellschaft eine eigene Rolle, die – auch hier bestehen gewisse Nähen zum Strukturfunktionalismus – vor allem auf die Integration in die Gesellschaft ausgerichtet sind. Mit dem Technologiedefizit und der Struktur der Ungewissheit wird gleichzeitig eine Forschungsperspektive darauf eingenommen, dass Erziehung nicht nur in Anpassung, sondern aus Kommunikation besteht. Kommunikation steht dabei vor der schwierigen Aufgabe, nicht immer eindeutig zu sein und auch nicht vorweggreifen (antizipieren) zu können, welche wechselseitigen Erwartungen verknüpft werden. Pädagogisch Handelnde und Zu-Erziehende können weder in den:die jeweils Andere:in hineingucken, noch können sie einer bestimmten Formel folgen, die es leicht macht, Erziehungsprozesse zu vollziehen. Für systemtheoretisch ausgearbeitete Forschungsperspektiven stellt sich damit die Aufgabe, die Bearbeitungsfigurationen des doppelten Kontingenzproblems in pädagogischen Kontexten zu analysieren.

Eine Beispielstudie aus der Erziehungswissenschaft

Exemplarisch soll hier wiederum ein aktueller Anwendungsbereich der Systemtheorie in der Erziehungswissenschaft vorgestellt werden. Hier können zunächst Studien zu institutioneller Diskriminierung genannt werden. Während in zahlreichen Studien zuvor Fragen des pädagogischen Umgangs mit »Ausländerkindern« im Vordergrund standen, lenkten Wissenschaftler:innen wie Mechthild Gomolla, Isabell Diehm (1957–2023) und Frank-Olaf Radtke den Blick auf die Bedeutsamkeit des Erziehungssystems und fokussierten auf die Bedeutsamkeit der organisationalen Struktur bei der systematischen Schlechterstellung von Minderheiten und der Hervorbringung von Differenzen (Radtke 2008; Diehm/Kuhn/Machold 2017).

Um diese Perspektive zu verdeutlichen, soll hier die Studie »Institutionelle Diskriminierung« (Gomolla/Radtke 2002/2009) herausgegriffen werden. Hier arbeiteten die Autorin und der Autor heraus, wie ethnische Differenz in der Schule hergestellt wird und wie insofern mit den Kontingenzproblemen umgegangen wird, die sich insbesondere in Migrationsgesellschaften stellen. Die Bearbeitung des Kontingenzproblems kann – verknappt gesagt – als Mechanismus beschrieben werden, der Diskriminierungshandeln beinhaltet. Um dies nachzuvollziehen, vergegenwärtigen wir uns den Beginn der Studie, die kurz vor der Jahrtausendwende erhoben wurde: die Autorin und der Autor vermerken eine statistische Auffälligkeit für die Region Bielefeld, in der die Studie stattgefunden hat – im Zuge eines demographischen Wandels und der Abnahme von Schüler:innenzahlen wurde festgestellt, dass die Anzahl der Sonderschulen weder abgenommen hatte, noch ihre Schüler:innenzahl sich verändert hatte.

Festgestellt wurde jedoch, dass die Zahl der als Migrant:innen bezeichnete Kinder auf den Förderschulen zugenommen hatte. Hier entstand die Frage, in welcher Relation Empfehlungsverhalten der Lehrer:innen und statistische Schlechterstellung der »Migrantenkinder« steht. An unterschiedlichen Entscheidungsstellen (Einschulung, Überweisung auf Sonderschulen, Übergang in die Sekundarstufe) wurden Daten gesammelt: Dokumente, Gutachten, Daten aus Befragungen u.v.m. Sie wurden systematisch interpretiert und mit den institutionellen Handlungsmöglichkeiten verglichen. Hier stellte sich heraus, dass Diskriminierung kein Einzelfall ist, bei dem unterstellt werden kann, dass einzelne Lehrer:innen rassistisch motiviert handeln. Die Diskriminierung entsteht vielmehr in der Verbindung eines kontingenten Systems pädagogischen Handelns mit den gesellschaftlichen Deutungsmustern in Bezug auf Migration, die in Schule als Organisation Einzug gehalten haben. So offenbaren die vielen Analysen in der Studie, dass z. B. Lehrer:innen in den Empfehlungen und Gutachten häufig weniger auf Leistung rekurrieren als vielmehr auf Defizitannahmen über Sprache oder Kulturalität der ›Migrantenkinder‹. Die

Bearbeitung von Kontingenz findet also statt, indem gesellschaftliche Stereotype über defizitäre Kompetenzen von Personen mit Migrant:innenstatus übernommen werden. Die Lehrer:innen haben dabei häufig keine böse Absicht im Sinn, sondern ihre Erwartungserwartung ist geprägt von der Vorstellung, das Beste für die Kinder zu wollen. Dass sie dabei nicht Leistung, sondern Sprache und Herkunft zu Beurteilungskategorien machen, stellt sich als Kontingenzbearbeitung dar, die zur Folge hat, dass ›Migrantenkinder‹ häufiger auf die Gesamtschule und nicht auf das Gymnasium empfohlen werden.

Die Studie veranschaulicht einerseits, dass mittels des Instrumentariums der Systemtheorie das komplexe Problem der Diskriminierung und der strukturellen Schlechterstellung von ›Migrantenkindern‹ sehr deutlich beschrieben werden kann. Hier lässt sich auch nachvollziehen, dass die Unterscheidung von Pädagogik und Erziehungswissenschaft bedeutsam ist, wenn es darum geht, systematische Muster der Benachteiligung zu erkennen und zu beschreiben. Dies vermag etwa Lehrer:innen nicht in ihrem einzelnen (partikularen) Handeln zu entlasten, aber es vermag die Einlagerung des (professionellen) Handelns in das System und seinen Erhalt zu reflektieren. In diesem Sinne sind auch in der Schul- und Unterrichtstheorie zahlreiche Studien entstanden, die ihre Ergebnisse systemtheoretisch rahmen und selbst vor diesem Hintergrund Theorien entwickeln. Eine kleine Auswahl stellen aktuellere Studien zu Unterrichtstheorie (Meseth/Proske/Radtke 2011; Asbrand/Martens 2018), dem Lernen Erwachsener (Dinkelaker 2018) oder auch zur Forschungsmethodologie (Meseth 2016) dar, die zeigen, wie produktiv systemtheoretische Perspektiven für die Analyse von Erziehungsverhältnissen sind.

4.4 Interaktionistische Erziehungswissenschaft

Im Gegensatz zu strukturfunktionalen und systemtheoretischen Ansätzen blickt man mit interaktionistischen Perspektiven auf konkrete Handlungsabläufe – die Interaktionen. Dabei ist jedoch die Bedeutung der Gesellschaft keineswegs ausgeblendet, denn gesellschaftliche Normen und Orientierungen schreiben sich in die Handlungsabläufe ein. Wie ist das zu verstehen? Das Werk des US-amerikanische Sozialpsychologen *George Herbert Mead* (1963–1931), der im Übrigen wie John Dewey ein regelmäßiger Gast in Jane Addams' Hull House war (▶ Kap. 3.2 und ▶ Kap. 3.3), gibt Aufschluss darüber. Mead und Dewey sind der sogenannten ›Chicago School‹ zuzurechnen, in der der Mensch als kreativ handelnd und problemlösend betrachtet wird. Sie grenzen sich damit von Theorien ab, nach denen Menschen Reizen, Normen und gesellschaftlichen Strukturen ausgeliefert sind. Im Zentrum des Ansatzes steht die symbolische Interaktion, das heißt, die Verständigung der Menschen untereinander im Symbolsystem Sprache.

1900 hielt Mead eine Vorlesung an der University of Chicago, die 1934 in den USA unter dem Titel »Mind, Self and Society«, 1968 als ›Geist, Identität und Gesellschaft‹ in Deutschland erschien. Er wendet sich einem Kernproblem der Erziehungswissenschaft zu, nämlich der Frage, wie Identität entsteht und wie ein sozial handlungsfähiges Individuum hervorgebracht wird. Identität gründet sich in Interaktionen *und* in Sozialität und somit beschreibt Mead Identität als »verinnerlichte soziale Struktur« (Mead 1968/1995: 182). Er weist also auf die Bedeutsamkeit von anderen Interaktionspartner:innen hin, die er in zwei Gruppen unterteilt: die *signifikanten Anderen*, die einem Kind sprachlich (also symbolisch) vermitteln, wie sie es wahrnehmen, und umgekehrt, wie sie selbst auch wahrgenommen werden wollen; und die *generalisierten Anderen*, die größere Gemeinschaften und deren Regeln und Normen repräsentieren. Die Abfolge der Verinnerlichung entspricht der Logik des Spiels, in das Kinder im Aufwachsen eingebunden sind. Zunächst spielen sie sehr konkrete Spiele, übernehmen Rollen von wirklichen Vorbildern. Dieses Spiel setzt sich mit den signifikanten Anderen auseinander und wird von Mead (ebd.: 194) »play« genannt. Im Laufe des Aufwachsens gehen Kinder – zum Beispiel in Wettkämpfen – Regelspiele ein. Dies wird von Mead »game« genannt (ebd.). Im Wettkampf muss das Kind »die Haltung aller Beteiligten in sich haben« (ebd.: 196), die eigenen Handlungen werden »von den Annahmen über die voraussichtlichen Handlungen der anderen Spieler bestimmt (ebd.; insges. auch: Hummrich/Kramer 2017).

In diesem Kontext bildet sich die Identität in der Trias von »Me«, »I« und »Self« heraus (das englische Vokabular wird hier zur besseren Sichtbarkeit der unterschiedlichen Komponenten verwendet). In das »Me« gehen alle Haltungen ein, die das Subjekt für sich selbst als relevant übernimmt (Mead 1995: 218). Das »I« bezeichnet Mead als Spontanitätsinstanz – es reagiert auf die Haltungen anderer unmittelbar und ist damit wenig vorherbestimmbar. Das Zusammenspiel aus »I« und »Me« bringt die Persönlichkeit – die Identität – hervor, die Mead mit »Self« beschreibt. Diese Hervorbringung ist ein sozialer Prozess, der kreativ gestaltet wird (ebd.: 221). Sozial heißt, dass die Identitätsbildung auf Interaktionen (deshalb auch der Begriff »Interaktionismus«) angewiesen ist. Es kommt darauf an, dass Personen sich einigen und eine gemeinsame Sprache finden. Die Sprache versteht Mead als Symbolsystem, in dem Individuen wechselseitig Erwartungen aneinanderstellen und die Fähigkeit der Perspektivübernahme entwickeln (Hummrich/Kramer 2017).

Die erziehungswissenschaftliche Rezeption des Symbolischen Interaktionismus

Im deutschen Sprachraum haben sich zahlreiche Erziehungswissenschaftler:innen differenziert auf den Symbolischen Interaktionismus bezogen. Dazu gehören z. B. auch *Klaus Mollenhauer* (1928–1998) und *Friedrich-Wilhelm Kron* (1933–2016), die sich mit dem Rollenhandeln in Erziehungsprozessen auseinandergesetzt haben (Mollenhauer 1972; Kron 1996; Koller 2014). Mollenhauer hat dazu ausgeführt, dass »alles Handeln in einem sozialen Kontext [geschieht], in dem die Handelnden bestimmte Positionen einnehmen und mithilfe gegenseitiger Verhaltenserwartungen interagieren« (ebd.: 56). Erziehung meint hier also nicht Anpassung an die

Gesellschaft, sondern ist als Interaktion zwischen Erzieher:in und Zu-Erziehende:r gedacht. Dabei ist es das Ziel, dass junge Menschen am gesellschaftlichen Rollenspiel teilhaben könnten (ebd.).

Kron schließt hier an und weist auf den Handlungsspielraum hin, den Kinder und Jugendliche durch Erziehung erhalten sollen. Es gehe darum, Zu-Erziehende freien Willen und Selbstverantwortlichkeit in ihren Meinungen und Überlegungen zu ermöglichen (Kron 1996: 55). Damit grenzt sich Kron zunächst von autoritären Erziehungskonzepten ab, in denen Erwachsene das Verhalten vorgeben, Kinder die Vorgaben befolgen. Im Geist der 1968er-Tradition und der Kritischen Theorie (▶ Kap. 4.2) orientiert er auf Mündigkeit als Erziehungsziel und denkt darüber nach, welche Voraussetzungen dieses Ziel in Erziehungsverhältnissen benötigt. Dabei zeugt seine Position auch von einem Wandel der Generationsbeziehungen. Während etwa bei Schleiermacher (▶ Kap. 3.1) noch die Frage war, was denn die ältere mit der jüngeren Generation wolle, so zeigt sich in Krons Perspektive eine Demokratisierung der Beziehungen zwischen den Generationen.

Dies bedeutet auch, dass er von einem konservativen Modell der Rollenverteilung, wie es im Strukturfunktionalismus (▶ Kap. 4.1) zu finden ist, Abstand nimmt. Es geht hier nicht vorrangig um Anpassung der Jüngeren an die durch Ältere vorstrukturierte Gesellschaft. Seine Vorstellung von Erziehung gründet auf aktiver Gestaltung einer symbolischen Interaktion, »in welcher es um *wechselseitige* Aufhellung und Aufklärung von Willen, Wertorientierungen, Normen, Intentionen und Legitimationen sozialen Handelns und das dieses mitbedingenden sozialen und gesellschaftlichen Feldes geht« (ebd.: 57).

Am Beispiel der beiden Autoren Mollenhauer und Kron zeigt sich beispielhaft, wie einflussreich der Symbolische Interaktionismus war und wie bedeutsam seine Perspektiven für die Demokratisierungsbewegung der Nachkriegszeit sind. Diese Perspektiven führen später in eine Diskussion um pädagogische Generationsbeziehungen, die sich fragen, ob, angesichts der technischen Innovation und des Verlusts an Deutungshoheit der älteren Generation, diese überhaupt noch eine Bedeutung für die jüngere Generation haben könne.

Ein Fallbeispiel aus der Erziehungswissenschaft

Diese Frage hat sich auch die Studie »Jugend zwischen Familie und Schule« (Helsper/Kramer/Hummrich/Busse 2009) gestellt. Ausgangspunkt war ein gesellschaftlicher Diskurs, der auch erziehungswissenschaftlich Resonanz fand: dass nämlich die Frage Schleiermachers, was denn die ältere Generation mit der jüngeren wolle, inzwischen umgekehrt sei und man fragen müsse: Was will den die jüngere mit der älteren Generation (Böhnisch 1997). Im Kontext dieser Frage wurden an drei sehr unterschiedlichen Schulen Schulleiter:innen-Reden zur Begrüßung neuer Schüler:innen, Unterrichtsinteraktionen in zehnten Klassen und Interviews mit Lehrer: innen und Schüler:innen ausgewertet. Hinzu kamen Analysen von gemeinsamen Mahlzeiten in der Familie ausgewählter Schüler:innen sowie Elterninterviews. Die Schulen – ein exzellenzorientiertes Gymnasium, eine ländliche Sekundarschule und eine reformpädagogische Gesamtschule – deckten somit eine gewisse Breite des sekundarschulischen Handlungsfeldes ab. Das bedeutete auch, dass die Schulen sehr unterschiedliche Milieubezüge aufwiesen und hier untersucht werden konnte, wie sich pädagogische Generationsbeziehungen empirisch (also auf der sozialen Wirklichkeit beruhend) ausgestalten und wie Familie auf Schule bezogen ist. Um nun die Frage zu beantworten, ob und wie sich pädagogische Generationsbeziehungen verändert haben, gehen wir genauer auf eine familiale Interaktion ein, die sich in einem Familieninterview ergeben hat:

Mutter: ((zur Interviewerin)) Manche Sachen akzeptiert er einfach auch. was in Zeitungen steht. wobei mir schon eingetrichtert worden is: Papier is geduldig. das is das was ich von klein auf von meinen Eltern gehört habe: Hinterfrage!
Marcus: Mama, ich bin ich bin kein…
Mutter: Hinterfrage!
Marcus: Ich bin kein solcher äh FAZ ge – äh Apostel wie beispielsweise manch anderer in meiner Klasse. Nein, ich=ich lass mir von äh den Zeitungen meine Meinung nicht vorschreiben, ich äh suche sie mehr oder weniger- ähm ich denke längere Zeit darüber nach äh was gefällt mir, womit kann ich mich am besten identifizieren äh und in was für einen Zusammenhang kann ich das setzen (I: mhm). Und äh dann hab ich eine Meinung und wenn ich die Meinung dann…
Mutter: Zivilcourage muss er noch lernen.
Marcus: Einmal hab … dann- bin ich etwas ›starr‹ (betont) in meinen Ansichten
Mutter: Also nich wechgucken. Auch Zivilcourage is wichtig.
Marcus: Das akzeptier ich nun nich.

Mutter: ((2 unverständliche Wörter)) haben die beiden großen und das muss er auch noch lernen einfach.
Marcus: ‚Ja, Zivilcourage' (leicht abfällig)
Mutter: Ja nich wechgucken, sondern auch mal- auch wenn man aneckt einfach Klappe auf.
Marcus: Wenn es unbedingt notwendig ist.

Der 16-jährige Marcus besucht das exzellenzorientierte Gymnasium und wächst als drittes Kind mit großem Abstand zu seinen Halbgeschwistern auf. Er ist der Klassenbeste und hat schon relativ genaue Vorstellungen davon, dass er später einmal in der Wissenschaft oder als Anwalt Karriere machen will. Sein Auftreten wirkt recht konservativ: er trägt oft gebügelte Hemden und Baumwollhosen, sein Rucksack gibt den einzigen Hinweis auf jugendliches Erscheinen. Im Gespräch mit seiner Mutter ist dieser Konservatismus Gegenstand der Aushandlung.

Die Mutter erzählt dabei der Forscherin, dass Marcus Dinge, die in der Zeitung stehen, unhinterfragt akzeptiert. Sie stellt sich in eine Tradition des Widerstandes (schon die Eltern haben ihr eingetrichtert, Dinge, die in der Zeitung stehen, zu hinterfragen) und diese Botschaft möchte sie nun auch an ihren Sohn vermitteln:»hinterfrage«! Marcus grenzt sich davon ab: er sei kein FAZ (gemeint ist die Frankfurter Allgemeine Zeitung) Apostel und denke zuerst über Gelesenes nach, bevor er es in ein Bild setzt. »mit was kann ich mich identifizieren« ist dabei der Maßstab, den er seinem Urteil zugrunde legt. Die Mutter wendet sich wieder ab und bleibt bei ihrer Meinung: »Zivilcourage muss er noch lernen.« Marcus wird dabei in die Geschwisterfolge eingereiht und seine Geschwister werden ihm als Vorbild gegeben. Hier stimmt Marcus in leicht genervter Attitüde zu: »Ja, Zivilcourage.«

Im Symbolsystem Sprache werden die Wörter und Sätze, über die man sich verständigt, mit Bedeutung aufgeladen. Die Mutter nutzt Begriffe wie Hinterfragen, Zivilcourage und »Klappe auf« als Symbolisierung ihrer kritischen Haltung, die sie Marcus Symbolsystem kritisch gegenüberstellt. Marcus stellt sich mit seinem Symbolsystem (FAZ, nachdenkliche Besonnenheit, die Integrität des Gelesenen) als gemäßigter Skeptiker dar. Die Mutter äußert also in ihrem Me-Bild gesellschaftskritische Haltungen, die sie spontan (»I«) äußert. Sie unterbricht ihren Sohn und lässt sich von ihrer Kritik am Sohn nicht abbringen. Marcus hingegen kann sein eigenes Me-

Bild nicht voll entfalten, ohne dass ihm das Me-Bild der signifikanten Anderen (der Mutter) in die Quere kommt. Die Mutter erkennt seinen Selbstentwurf als ›gemäßigter Skeptiker‹ nicht an. Marcus lenkt, wenn auch ironisierend, ein.

Wir können diese Szene als sozialisatorische Miniaturfigur begreifen, in der der Sohn mit elterlichen Erziehungsidealen (Autonomie, Kritikfähigkeit, Reflexivität) konfrontiert wird. Die Mutter weist Marcus' Selbstentwurf dabei zurück und stellt so eine generationale Asymmetrie her, in der das eigene Me-Bild Dominanz und Vorbildwirkung beansprucht. Dies setzt Marcus unter Druck, intellektuell hohen Ansprüchen zu genügen und sich in die Traditionslinie der Großeltern, Eltern und Geschwister zu stellen. Gleichwohl erfüllt Marcus ihre Forderung couragiert für sich einzutreten und die »Klappe auf« zu machen, indem er gegenüber der Mutter seine Haltung vertritt. In der Nachahmung der Mutter (»Ja, Zivilcourage«) setzt er seine Haltung des gemäßigten Skeptikers fort – auch wenn er in der Situation zunächst unterliegt. Die Mutter erkennt dabei nicht, dass ihr Sohn gegenüber ihr die »Klappe« aufmacht und sich mit einer gewissen Courage gegen sie stellt. Man kann hier generations- und jugendtheoretisch anschließen. An den hohen Anforderungen, die die Mutter stellt, wenn es darum geht, den eigenen Standpunkt begründet zu vertreten, lässt sich erkennen, dass Marcus – auch wenn er in er konkreten Situation zurückgewiesen wird – in einem bildungsförderlichen gehobenen Mittelschichtmilieu aufwächst. Die Auseinandersetzung mit der älteren Generation findet statt und er wird zum ›konservativen Rebellen‹ gegenüber seiner progressiven Mutter. Darin zeigt sich aber auch die Bezogenheit von Mutter und Sohn aufeinander. Die Mutter artikuliert Verantwortungsübernahme für die Haltung, die ihr Sohn einnimmt (er muss noch lernen, er soll sein wie seine Geschwister), dabei gesteht sie ihm Aushandlungsspielräume zu, die aber nur so lange legitim scheinen, wie er ihrer Argumentationsführung standhält. Dass hier ein Bedeutungsverlust der älteren Generation vorliegt, kann an diesem Fall nicht bestätigt werden. Im Gegenteil: Gerade die Ambivalenz von Bezogenheit und Abgrenzung (King 2004) ist ein Charakteristikum für die Jugendphase. Fallen Generationsbeziehungen aus oder kehren sich um (also dann, wenn die Kinder Verantwortung für die Eltern übernehmen), so zeigt sich, dass auch die Möglichkeiten, das »Selbst« zu bilden, erschwert sind (Helsper et al. 2009).

Insgesamt kann deutlich werden: die Perspektive des Symbolischen Interaktionismus eröffnet Analysemöglichkeiten für die Erziehungswissenschaft. Dabei zeigt sich zwar, dass die Vorstellung von Kron, es gehe in der Erziehung vor allem darum, wechselseitige Aufhellung zu betreiben, eine Idealvorstellung ist. Denn Marcus' Mutter erwartet Anpassung. In der Art, wie der Aushandlungsprozess geschieht, zeigt sich aber auch, dass Marcus seine Meinung vertritt und kein Sprechverbot bekommt. Diese Komplexität, in der Me-Bilder verglichen und spontan (»I«) zur Aufführung gebracht werden, um die eigene Identität (»Self«) zur Geltung zu bringen, lässt sich mit interaktionistischen Perspektiven angemessen fassen. Darum haben sich diese Perspektiven auch in weitere Ansätze eingeschrieben, wie im Folgenden gezeigt wird.

4.5 Strukturtheoretische Perspektiven in der Erziehungswissenschaft

Strukturale oder strukturalistische Ansätze sind in der Erziehungswissenschaft bedeutsam, weil sie sich mit Prozessen der Subjektbildung im Kontext der Gesellschaft befassen. Damit sind sie nah an interaktionistischen Theorien, sie nehmen aber auch Elemente aus dem Strukturfunktionalismus und der in diesem Band nicht näher verhandelten Psychoanalyse auf.

Zentraler Vertreter des deutschsprachigen Strukturalismus ist *Ulrich Oevermann* (1940–2021), der Sozialisation – also die Sozialwerdung des Menschen – als Subjektbildungsprozess versteht (Hummrich/Kramer 2017). Dabei schließt Oevermann an die Psychoanalyse an, indem er die Entwicklung des Subjekts den Individuationskrisen Geburt, Trennung von Selbst und Anderem (im ersten Lebensjahr), Ödipale Krise (5.–6. Lebensjahr) und Adoleszenzkrise (ca. 13.–18. Lebensjahr) zuordnet. Subjekte müssen sich in den genannten (und auch in anderen Lebenskrisen) immer wieder neu selbst bestimmen – sie sind gefordert, sich auf neue Weise mit sich selbst und ihrer Umwelt auseinanderzusetzen (Oevermann 2013). Diese Erinnerung an Humboldt wendet Oevermann sozialtheoretisch, indem er sich auf den Interaktionismus bezieht. So hat Mead beschrieben, dass neue Handlungsroutinen mit dem Entwurf von Me-Bildern entwickelt werden. Dies sind kreative Vorstellungen von der Krisenbewältigung, die spielerisch erprobt werden und ins Verhältnis zur Gegenwart und zur Vergangenheit gesetzt werden (ebd.).

Ein Beispiel für die Anforderung der kreativen Krisenbearbeitung und Subjektbildung ist die Adoleszenzkrise. Jugendliche sind hier gefordert, eigene Zukunftsentwürfe zu gestalten. Sie tun dies in abgrenzender Bezogenheit auf die ältere Generation, wie *Vera King* beschreibt. In der Frage: Wer bin ich, woher komme ich, wohin gehe ich? (Oevermann 2002a, King 2004, 2024) liegt dabei die Anforderung, dass Jugendliche zu einer Neuordnung der bisherigen Beziehungen kommen müssen und zugleich gefordert sind, gesellschaftliche Verantwortung zu übernehmen, indem sie eine Vorstellung davon entwickeln, wie sie eigene Beziehungen, eigene Nachfolge und wie sie sich selbst in die Gesellschaft einbringen wollen (z. B. durch Freundschaften, sexuelle Reproduktion, Arbeit).

Die erziehungswissenschaftliche Bedeutung strukturtheoretischer Theorien

In der Sozialisationstheorie Oevermanns und auch bei Vera King zeigt sich eine Bildungstheorie, die erziehungswissenschaftlich anschlussfähig ist. Oben wurde bereits auf Humboldt verwiesen, Oevermanns Theorie wird aber auch z. B. in der Theorie transformatorischer Bildungsprozesse (Koller 2012) aufgegriffen, weil sie jeweils zeigt, wie die Entwicklung lebenspraktischer Autonomie in soziale Kontexte eingebunden ist. Damit können folgende Perspektiven in Bezug auf strukturtheoretische Ansätze hervorgehoben werden:

Bildungstheoretische Perspektiven: Grundlage ist hier die Oevermannsche Annahme, dass einerseits Handlungsspielräume, die durch Regeln strukturiert sind, dem Handeln vorausgehen, andererseits Individuen darin je unterschiedliche Erfahrungen machen, an denen sich ihr Bildungsprozess ausrichtet. Die Erfahrungen sind somit gleichzeitig individuell und gesellschaftlich eingebunden. Kokemohr (2007) spricht von »Bildungsvorhalten« als Situationen, in denen sich die Möglichkeit eröffnet, individuelle Bildungsprozesse zu erfahren. Während der Bildungsprozess selbst nicht empirisch ›gesehen‹ werden kann, zeigt sich in Interaktionen häufig, dass ein Vorhalt – i. S. eines Möglichkeitsraumes (Hummrich/Hebenstreit/Hinrichsen 2017) – entsteht, in dem Personen ihre eigenen Haltungen überdenken und wandeln können. Koller (2012) bezieht sich in seiner Theorie transformatorischer Bildungsprozesse auf dieses Konzept und bietet mit der Biographieanalyse eine Perspektive an, die lebensgeschichtlich erfahrenen Transformationen zu rekonstruieren.

Professionstheorie/Arbeitsbündnisse: Strukturtheoretische Ansätze spielen auch in der Professionstheorie eine Rolle. Zunächst hat Oevermann (1996) sich selbst mit dem Problem pädagogischer Professionen anhand des Lehrer:innenberufs auseinandergesetzt. Er geht von einer grundsätzlich eingeschränkten Professionalisierbarkeit aus, da die Schulpflicht einerseits, die diffuse Allzuständigkeit der Lehrerin/des Lehrers andererseits (Lehrer:innen vermitteln nicht nur Wissen, sie erziehen, sorgen, disziplinieren auch) eine vollgültige Entfaltung der Professionalität nicht zulassen (vgl. Wernet 2014). Die Lehrer:innen-Schüler:innen-Beziehung wird dabei als Arbeitsbündnis bezeichnet, das die Entwicklung von Autonomie ermöglicht. Lehrer:innen sind somit Personen, die Krisen bewusst hervorrufen, damit sich das Individuum daran bilden (i. S. v. transformieren) kann (vgl. Oevermann 2002b, Hummrich/Kramer 2017). Dieses Modell des Arbeitsbündnisses ist in der Erziehungswissenschaft weiter ausdifferenziert worden (Helsper 2021a; Helper/Hummrich 2008). Dabei ist das Lehrer:innen-Schüler:innen-Verhältnis eingebettet in konstitutive Antinomien – Widersprüche, die unumgänglich sind (▸ Kap. 4.1): z.B. Nähe – Distanz, Autonomie – Heteronomie, Diffusität – Spezifik. Das bedeutet: Lehrer:innen-Schüler:innen-Beziehungen lassen sich auch als Balanceverhältnisse betrachten, in denen die Widersprüche – oder *Antinomien* – jeweils Bestandteil sind. Die Beziehungen sind aber nicht nur mit dem einzelnen Schüler, sondern auch mit der Schulklasse und den in sie hineingetragenen Milieubezügen eingebettet: Lehrer:innen und Schüler:innen handeln vor dem Hintergrund ihrer jeweiligen sozialen Erfahrungen in gesellschaftlichen und historischen Kontexten.

Fallbeispiele im Licht strukturtheoretischer Betrachtungen

Haben wir oben den Interaktionismus als Theoriemodell zur Betrachtung der familialen Generationsbeziehungen herangezogen, so sollen hier die Strukturmerkmale von Bildungsprozessen und professionell pädagogischen Beziehungen knapp skizziert werden. Dabei wird der Fall Marcus (Helsper et al. 2009) wieder herangezogen.

Bildungstheoretische Perspektive. Gefragt nach der Erzählung seiner Biografie, antwortet Marcus:

> Marcus: Meine Geburt war mehr oder weniger ja eine glückliche Fügung, Meine Eltern dachten schon, dass sie kein Kind mehr bekommen könnten (I: mhm) und dann war's sehr schön, dass ich gekommen bin uuund … Naja, ähm ich hab auch äh dem Arzt, dem Chefarzt des Krankenhauses dort viel zu danken. Hätte er mich nicht in letzer Sekunde noch mit dem Kopf einmal herumgedreht und mich aus dem Mutterleib geholt, dann wär ich vielleicht ähm, geistig nicht ganz so gesund zur Welt gekommen (I: mhm). Ähm, naja, gut, das hab ich von Erzählungen hinterher erfahren.

Marcus berichtet hier von seiner eigenen Bedeutung für die Eltern, er ist ein geplantes, erwartetes und erwünschtes Kind. Dass er das von sich erzählen kann, verweist auf ein familiales Narrativ, das durchaus krisengezeichnet ist (unerfüllter Kinderwunsch), die Bearbeitung und Bewältigung der Krise manifestiert sich in seiner Person. Er kehrt so die Generationsbeziehungen in Bezug auf seine Eltern zunächst um: er empfängt von ihnen zwar die Informationen, aber das Glück der Eltern ist von seiner Geburt abhängig. Der Chefarzt, der die Geburt unterstützt hat, wird dabei zu einem signifikanten Anderen, dem Marcus »viel zu danken« hat, da er den Krisenprozess der Geburt kompetent begleitet hat. Marcus ist also eine Person, die in doppelter Weise besonders ist: er ist etwas Besonderes für seine Eltern und die Umstände seiner Geburt hebt er auch als besonders hervor. Dass er sich hier von Arzt auf Chefarzt korrigiert, zeigt sein Statusbewusstsein an. Marcus verhält sich hier distinktiv: er hebt sich von anderen, die keine Behandlung durch einen ranghohen Arzt bekommen, ab.

Hier kann gefolgert werden: der erste Bildungsprozess ist offenbar geglückt: Marcus ist durch einen unwahrscheinlichen Zeugungsakt zustande und gesund zur Welt gekommen. Die Krisenhaftigkeit der Situation wurde bearbeitet und hat ihn hervorgebracht. In die Bildungserzählung über die Frage »Woher komme ich?« gehen auch Deutungen aus der gegenwärtigen Perspektive ein. Marcus' Selbstentwurf als besondere Person mit hohem Statusbewusstsein wird gestützt durch ein Bewusstsein um die Fragilität der Intellektualität und die Einbettung in soziale Kontexte, die förderlich sind. Das »Wer bin ich?« beantwortet er somit einerseits, indem er sich von anderen abhebt, andererseits, indem er seine Bezogenheit auf andere (Eltern und Chefarzt) zum Ausdruck kommt. Diese Bezogenheit drückt sich auch im Folgenden aus:

> Marcus: Dann hab ich auch, das hat sich dann in der vierten Klasse gezeigt, da kam es dann hier zu den Aufnahmeprüfungen am Martin-Luther-Gymnasium (I: mhm). Haben meine Eltern sich ja dann bemüht dass ich hier am Martin-Luther-Gymnasium unterkomme, da, ja mh, war ich relativ gut vorbereitet. Das, äh, wir haben beispielsweise schon in der dritten und vierten Klasse dann gelernt, wie äh die lateinischen Ausdrücke für äh Satz-äh-arten (I: mhm) und so weiter. Das hat mir sehr viel gebracht da konnte ich wenigstens die Aufgabenstellung teilweise schon begreifen, wo manche einen Nervenzusammenbruch gekriegt haben, wenn sie das Aufgabenblatt bei der Prüfung gesehen haben (I: mhm). Ähm ich war sehr überrascht muss ich sagen, ähm ich=ich hatte nämlich äh den ersten Platz gemacht hinterher bei der Aufnahmeprüfung.

Man könnte diese kurze Erzählung als »Bildungsprozess im Übergang zum Gymnasiasten« schildern. Die Frage »Woher komme ich?« wird wieder mit Bezug auf die Eltern beantwortet. Hinzu tritt eine förderliche Lernatmosphäre an der Grundschule, die Marcus die besten Voraussetzungen ermöglicht, die Aufnahmeprüfung am Elitegymnasium zu bestehen. Auch wenn für ihn die Krise vergleichsweise gering ausfällt: er bekommt keinen Nervenzusammenbruch und hat ein Elternhaus hinter sich, dem Zugänge zu privilegierten Bildungseinrichtungen wichtig sind – so lässt sich eine minimale Krise doch feststellen. Die Aufnahmeprüfungen erhalten doch einen recht hohen Stellenwert, es muss ein Bemühen der Eltern erfolgen, bedarf der Vorbereitung. Dass Marcus auch unter diesen optimalen Bedingungen den ersten Platz »gemacht« hat, deutet die Erfahrung von Wettbewerb, aber auch Selbstkompetenz an, die selbst ihn überrascht. Dass dies auch im Rückblick für ihn sehr wichtig zu sein scheint, zeugt wiederum von Statusbewusstsein und eigenem Exzellenzanspruch.

Deutlich wird hier, dass neben dem formalen – schulischen – Bildungsprozess auch ein Subjektbildungsprozess erzählt wird, der eng mit den
erfahrenen Beziehungen zu den Eltern und den Bildungsgelegenheiten in
Kindheit verbunden ist. Dabei entwirft sich Marcus als seiner Herkunft
und seines Status (des Milieus der Eltern) bewusst, gleichzeitig schafft er
damit auch einen Exzellenzanspruch für sich selbst (im Me-Bild), der sich
mit hohen Leistungserwartungen verbindet. Auch wenn hier kein ein-
deutiger Zukunftsentwurf (i. S. v. »Wohin gehe ich?«) artikuliert wird, so
lässt sich aus diesen kurzen Ausschnitten schon schließen, dass eine Bil-
dungs- und Statuserwartung in der Entwicklung begriffen ist. Dies passt zu
Marcus Lebensalter als Jugendlichem.

Professionstheorie: Arbeitsbündnisse. Diesen Selbstanspruch kann Marcus
im schulischen Arbeitsbündnis weiterentwickeln und bestätigen. Es geht
dabei um eine Szene im Fach Politikwissenschaft, in dem die damals recht
neue Mitverantwortung der Grünen in der Bundesregierung thematisch
wird. Die Schüler:innen haben zum politischen System Vorträge vorbe-
reitet, die relativ kurz, mit knappen Diskussionen, hintereinander folgen.
So leitet auch die Lehrerin die Unterrichtsstunde ein:

L: So meine Herrschaften, wir (2) springen weiter von Vortrag zu Vortrag, aber es
lässt sich im Moment nicht ändern […]. Soooo, äähm, ich möchte aber nochma
auf die Frage, die ich gestellt habe, am Montag, eingehen. Es ging um den Vortrag
über die Grünen. Ich hatte die Frage gestellt, inwieweit ääh ein Politiker, ein
Grünenpolitiker wie äh Joschka Fischer auch glaubwürdig – ob das so ne Vorbildwirkung sein kann, in der Rolle, die er jetzt hat, der Aufgabe, der er sich
gestellt hat, nämlich als Außenminister Deutschlands tätich zu sein, und somit
((die Grünen)) ja erhebliche Regierungsverant-wortung, indem sie den Vize-
kanzlerposten bekommen haben, übernommen haben. Vielleicht nochma kurz
dazu. (5) Schweigen im Walde (4) Marcus, lös ma das Eis
M: mhmh (räuspernd) also
L: ((weil))
M: Ich persönlich bin der Meinung dass, äh Joschka Fischer wahrscheinlich ((2
unverst. Worte)) durchgängig über die Jahre, ei-ja sagen wir mal auf kosten der,
Realpolitik und auf kosten auch seines eigenen Erfolgs ääh ((Führungskraft)) hat

Die Lehrerin verweist hier auf eine vorangegangene Unterrichtsstunde, in
der sie bereits eine Frage annonciert hatte, die aber offensichtlich noch
nicht beantwortet wurde – knapp gesagt, handelt es sich um die Frage, ob
die Schüler:innen Joschka Fischer glaubwürdig finden und ihm Regie-

rungsverantwortung zutrauen. Dies ist keine Wissens-, sondern eine Gesinnungsfrage, mit der das Verhältnis von Diffusität und Spezifik deutlich in Richtung Diffusität ›kippt‹. Das Arbeitsbündnis gründet damit nicht auf einer sachlogischen Perspektive, sondern es gibt eine unklare Aufgabenstellung, zu der ich nicht sogleich Schüler:innen melden – es entsteht eine Pause von fünf Sekunden. In dem nun folgenden Satz »Schweigen im Walde« weist die Lehrerin eine Verantwortung an der Situation des Schweigens zurück und überantwortet die Situation den schweigenden Schüler:innen. Offenbar will zunächst niemand mit ihr ein Arbeitsbündnis eingehen. Der Unterricht selbst gerät hier in eine Krise, mit deren Bearbeitung nun Marcus (»lös mal das eis«) aufgefordert wird. Marcus wird so in ein Arbeitsbündnis versetzt, in dem die Lehrerin sich von einer sachlogischen Unterrichtsorientierung verabschiedet hat und in ihrer Überantwortung der Unterrichtskrise die Krise selbst vorantreibt. Man kann solche Situationen als Momente der Entgrenzung (Wernet 2003) bezeichnen.

Marcus steigt in das Arbeitsbündnis ein. Er umgeht aber ein offenes politisches Bekenntnis und auch die Frage, ob Joschka Fischer ein Vorbild sein kann. Vielmehr konzentriert er sich auf die Frage nach der Glaubwürdigkeit des Politikers und bezieht sich abwägend auf das Bild, das er von Joschka Fischer hat: »ein besonderer Mensch, der nicht unglaubwürdig ist«. Marcus verweigert sich also nicht der Aufgabenstellung, er erfüllt den Doppelauftrag, der Lehrerin aus der Diffundierung zu helfen (und die eisige Atmosphäre zu ›lösen‹) und eine kompetente Antwort zu geben, mit der er aber nicht seine Gesinnung preisgibt, loyal und diplomatisch abgrenzend.

Die Herausarbeitung des Arbeitsbündnisses in einer strukturtheoretischen Perspektive, ermöglicht hier Einblicke in Fallstricke der Professionalisierung im schulpädagogischen Kontext (Helsper/Hummrich 2008). Es wird so deutlich, dass die Bearbeitungsmöglichkeiten und Grenzen von Widersprüchen im pädagogischen Handeln wechselseitig – durch Schüler:innen und Lehrer:innen – geleistet wird.

Zusammenfassend lässt sich an diesen kurzen Einblicken herausarbeiten, dass strukturtheoretische Perspektiven auf so etwas wie die Hervorbringung von Bedeutung und Sinn in historisch-gesellschaftlichen Kontexten zielen. Für Marcus konnte etwa ein Statusbewusstsein beschrieben werden, das einerseits mit der deutschen Gesellschaft und dem deutschen Schulsystem verwoben ist; das ihm andererseits aber in dieser Gesellschaft und dem Schulsystem kreative Handlungsmöglichkeiten gibt. Die Subjektbildung in Krisen und neu zu bildenden Routinen zeigt, dass Bildung nicht nur formal (z. B. durch Schule) geschieht, sondern dass die ganze Person sich permanent mit Anforderungen auseinandersetzen muss, in denen sie sich weiterentwickelt und sich abgrenzend oder auch bezogen mit ihren Kontexten auseinandersetzt.

4.6 Poststrukturalistische Perspektiven

Wir haben uns bisher mit Forschungsperspektiven befasst, die sich mit gesellschaftlich normativen Orientierungen und mit der Entstehung der Handlungsfähigkeit von Individuen – oder auch Subjekten – befassen. Poststrukturalistische Perspektiven nehmen eine neue Perspektive auf das Soziale und folglich auch auf Erziehungsprozesse ein. Das Präfix »Post« wird im Poststrukturalismus sowohl mit Blick auf die Allgegenwärtigkeit strukturaler Theorien bezogen als auch in Bezug auf Kritik an strukturalistischem und aufklärerischem Denken verwendet (Ehrenspeck 2001). Die Kritikpunkte lassen sich mit Blick auf die obigen Theorien wie folgt zusammenfassen (vgl. Hummrich/Kramer 2017: 99):

Studien zur Normalisierung in Macht- und Herrschaftsverhältnissen
Poststrukturalistische Theorien analysieren weniger, wie Autonomie und Mündigkeit als gesellschaftliche Aufgabe in Erziehungs- und Bildungsprozessen verantwortet wird (▶ Kap. 4.1) als vielmehr wie Macht- und Ordnungsstrukturen entstehen, in denen sich Autonomie und Mündigkeit als Normalvorstellung herausbilden, die ihrerseits eine Anpassung der Subjekte an sie erfordern (vgl. Foucault 1984). Dabei interessiert die diskursive Hervorbringung von Macht- und Ordnungsstrukturen – also nicht nur die Aushandlungen über diese Strukturen, sondern die vielen Erscheinungsorte in Gesellschaften, an denen uns Vorstellungen wie Auto-

nomie und Mündigkeit z. B. als normal gegenübertreten. Dies wird unter dem Aspekt der Normalisierung gefasst.

Studien zur Analyse der Hervorbringung von Differenz
Poststrukturalistische Studien grenzen sich von universalistischen Annahmen über soziale Zusammenhänge ab, wie wir sie beispielsweise im Strukturfunktionalismus (▸ Kap. 4.2) gesehen haben. An diese Stelle tritt die Analyse der (diskursiv) hervorgebrachten Differenzierungen. Die heterosexuelle Kernfamilie wird im Poststrukturalismus hinsichtlich ihrer machtvollen Anforderungen an Lebensführung untersucht (Foucault 2003); geschlechtliche, rassifizierte/ethnisch codierte und milieubedingte Differenzen werden in ihrer aktiven Hervorbringung analysiert (vgl. Rommelspacher 1995; Walgenbach et al. 2012). Im Blick steht dabei die aktive Herstellung von Differenz im Sinne eines *doing difference* – also einer sozialen Praxis der Differenzierung. Dabei beziehen sich Prozesse des *doing* (gender, ethnicity, race, class, dis-/ability) jeweils auf einen normativen Rahmen. Ebenso bedeutet die Zurückweisung von Zuschreibungen, die in diesem Rahmen hervorgebracht werden (das *un-doing difference*), eine Auseinandersetzung mit jenem normativen Rahmen (Hirschauer 2017).

Studien zur Adressierung des Subjekts und zur Subjektivierung
Es geht nicht um das Subjekt und seine Bildung oder Identitätsbildung (▸ Kap. 4.3), sondern um die Positionierung des Individuums und seine Hervorbringung als Subjekt sowie seine Unterwerfung (i. e. Subjektivierung) unter machtvolle Ordnungen. Hier lassen sich zwei unterschiedliche Ansätze unterscheiden: (a) Die Positionierung lässt sich im Sinne von Dezentrierung (Lacan 1975) beschreiben. Sie impliziert die Widersprüchlichkeit einheitlicher Identitätsentwürfe: Subjektbildung ist ein dynamischer Prozess, der widerstreitende (Selbst- und Fremd-) Bilder beständig in die Psyche integrieren oder sie abwehren muss (Tudor 1999). (b) Die Subjektivierung meint, dass Individuen Normen unterworfen werden (subjectere = lat. für unterwerfen), sich aber auch unterwerfen müssen, um in gesellschaftlichen Ordnungen als *Subjekt* anerkannt zu werden (Butler 2001).

Die erziehungswissenschaftliche Bedeutung poststrukturalistischer Theorien

In der oben benannten Ausdifferenzierung, die sicherlich nicht vollständig und auch nicht die einzige Strukturierung in Bezug auf poststrukturalistische Ansätze ist, lassen sich erziehungswissenschaftliche Perspektiven zuordnen. Dabei können Perspektiven hier lediglich exemplarisch benannt werden:

Studien zur Normalisierung in Macht- und Herrschaftsverhältnissen
In der Schulforschung lässt sich z. B. die machtvolle Ordnung schulischer und unterrichtlicher Raumanordnungen untersuchen (Rieger-Ladich 2009; Herrmann 2015). Im Blick sind dabei die Anordnungen von Dingen im Klassenzimmer und deren normierenden Implikationen (Breidenstein 2006; Zarborowski/Meier/Breidenstein 2012). Die Normalisierung von Lernenden im sozialen Handlungsraum Schule erfolgt u. a. in Bezug auf die Betrachtungen von Schulentwicklungsprozessen und deren Bedeutungen für Lernkulturen (Reh/Idel/Fritzsche/Rabenstein 2015). Gemeinsam ist diesen Perspektiven, dass sie die normierende Kontrollfunktion der Schule in den Blick nehmen. Ähnliche Perspektivnahmen finden wir auch in der Kindheitsforschung, und in der Sozialpädagogik sind Studien zur Normalisierung institutioneller Rahmungen entstanden (Kessl/Plößer 2010; Kelle/Mierendorf 2013).

Studien zur Analyse der Hervorbringung von Differenz
Studien, die Differenzierungsprozesse in Erziehungsverhältnissen untersuchen, nehmen häufig schulische Kontexte in den Blick (z. B. Budde/Rißler 2022; Wellgraf 2012), aber auch die Hervorbringung von Differenz in der frühen Kindheit wird analysiert (Machold/Wienand 2021; Reitz 2022). Den Studien, die hier beispielhaft aufgerufen werden können, ist gemeinsam, dass sie beobachten und analysieren, wie Heranwachsende als *bestimmte* Heranwachsende hervorgebracht werden – wie sich also der Prozess der Normierung vollzieht und damit z. B. Kinder und Jugendliche nach ethnischen, geschlechtsspezifischen, klassen-/milieubezogenen und/oder ableismusbezogenen Kriterien unterschieden werden. Damit einher geht auch die Analyse von Kindern und Jugendlichen ›als‹ jemand, der:die

so und nicht anders sein kann. In Bezug auf diese Art Studien tritt ein allgemeines Forschungsproblem in den Vordergrund, das uns in den folgenden Kapiteln noch beschäftigen wird. Es lässt sich in der Frage finden, inwiefern Forschung nicht selbst die Differenzierungen reproduziert, die sie beschreibt. Sprich: die Beobachtung von Differenz setzt eine Vorstellung von einem Beobachtungsgegenstand voraus, der durch Differenz gekennzeichnet ist (Plößer 2010; Mecheril 2014).

Studien zur Adressierung des Subjekts und zur Subjektivierung
Studien, die die Positionierung oder Adressierung von Subjekten in den Blick nehmen und sich mit der Hervorbringung des Subjekts durch Subjektivierung befassen, haben einen anerkennungstheoretischen Hintergrund, der sich u. a. mit den machtkritischen Analysen von Butler (2001) auseinandersetzt. Auch hier geht es darum zu ermitteln, wie Individuen überhaupt zu bestimmten Subjekten werden (Rose/Ricken 2018: 160). Die Grundidee ist, dass Menschen in der Moderne nicht nur Subjekte werden können (im Sinne der Gewinnung von Handlungsautonomie und Mündigkeit z. B.), sondern dass dies auch eine normative Erwartung an sie ist. Sie müssen sich dieser normativen Erwartung stellen und ihr unterordnen, wenn sie gesellschaftliche Anerkennung erfahren wollen – dies bezeichnet Butler mit dem Stichwort »Subjektivation«. Subjektivation oder Subjektivierung wird hier dem lateinischen Wortsinne nach (sub = unter; jacere = werfen) verstanden. Erziehungswissenschaftlich interessant ist hier also, wie Individuen adressiert werden und in welche Position sie damit gebracht werden – und gleichzeitig, wie sie sich selbst zu ihrer Adressierung *als jemand* verhalten. Dieser Prozess lässt sich auch als Ringen um die eigene Position beschreiben, wie Terstegen (2023) in einer Studie zum schulischen Race Regime mit Blick auf Race als Differenzkategorie untersucht hat. Das Ringen spielt sich hier zwischen den Subjektpositionen (der Schüler:innen, der Lehrer:innen, der Schulleiter:innen usw.) und den schulischen Positionierungsangeboten ab. Dabei kann unter anderem sichtbar gemacht werden, wie Race als hegemoniale Ordnung wirksam wird und wie so der Schulalltag auf allen Ebenen von Machtstrukturen durchdrungen ist. Dies soll uns auch im folgenden Fallbeispiel beschäftigen.

Fallbeispiel

Um einige Aspekte der poststrukturalistischen Theorieangebote deutlich zu machen, soll hier auf ein Fallbeispiel der Hervorbringung von Deprivilegierung im schulischen Raceregime (Terstegen 2023: 167 ff.) eingegangen werden.

> »Die Schüler:innen kommen nach und nach in den Raum, in dem der Mathematikunterricht von Ms. Yazmeen Jenkins [von der Beobachterin als Schwarz gelesen] stattfindet. Die Lehrerin läuft zunächst durch den Raum, bleibt dann aber vorne am Pult stehen und wartet darauf, dass die Schüler:innen Platz nehmen. Als David [von der Beobachterin als weiß gelesen] den Raum betritt, ruft er der Lehrerin aus einigen Metern im Gehen zu: »Hey Ms. Jenkins, what's crackalackin?«, und schaut sie an. Während er sich durch den Raum bewegt, hält er den Blickkontakt für einen kurzen Moment und grinst. Die Lehrerin wiederum antwortet auf Davids Frage nicht verbal, sondern erwidert dessen Grinsen mit einem strengen Blick. Mit zusammengezogenen Augenbrauen beobachtet sie den Schüler auf dem Weg zu seinem Platz. Ihr Blick lässt erst von dem Schüler ab, als er Platz genommen hat« (ebd.: 167).

Der Schüler adressiert die Lehrerin hier in einer sehr informellen Art und Weise (»Hey« und »what's crackalackin«). Diese informelle Begrüßung verkennt die Hierarchie zwischen Lehrerin und Schüler und positioniert gleichzeitig die Lehrerin in einem jugendkulturellen Kontext. Dabei ist die Frage »What's crackalacking« deutlich in den Kontext des ›Schwarzen‹ Rap gesetzt (Snoop Dog nutzt sie z. B. in einem Song) und nimmt Bezug auf die Droge Crack, die im Gangsterrap eine hohe Bedeutung hat. Terstegen interpretiert diese Anrufung nun als eine Wiederholung rassistischen Sprechens und der rassistischen Positionierung gegenüber der Lehrerin. Die Lehrerin wird nicht offen diskriminiert, sondern es wird auf eine kollektive Erfahrung rassistischer Diskriminierung angespielt, die der Schüler jedoch nicht teilt (ebd.: 169). So wird sein Handeln zu einer rassistischen Differenzierung. Diese wird jedoch von der Lehrerin als Normverletzung markiert und sanktioniert: Sie steigt nicht auf das informelle Sprechen und den Versuch der rassistischen Positionierung ein. Der disziplinierende Blick straft die informelle Frage und ruht auf dem Schüler, bis er seinen Platz eingenommen hat. Der Schüler wird damit auch metaphorisch gesprochen auf seinen Platz verwiesen; im Nicht-Antworten deutet sich eine Nicht-Anerkennung der Adressierung an. Die Lehrerin widersetzt sich damit auch der Reproduktion ›weißer‹ Privilegien, die der Schüler ihr gegenüber behauptet. David wird an seine Schülerposition erinnert, der er sich subjektivieren muss, um sich der strafenden Kontrolle durch die Lehrerin entziehen zu können.

An diesem Beispiel wird deutlich, wie einerseits gesellschaftlich generationale Ordnungen aufrechterhalten werden, wie sie andererseits aber auf Grundlage der Differenzierung – hier nach *race* – auch umkämpft werden. Das Ringen um die Positionierung spielt sich dabei zwischen einer als ›Schwarz‹ gelesenen Lehrerin und einem als ›weiß‹ gelesenen Schüler ab. Die Asymmetrie der Lehrer-Schüler-Beziehung wird hier machtvoll durchgesetzt, während die Hierarchie des Race-Regimes zurückgewiesen wird. David kann letztlich nur bestehen, wenn er sich als Schüler subjektiviert und hier seinen Platz einnimmt.

Zusammenfassend zeigt sich: Der Beitrag poststrukturalistischer Ansätze zu erziehungswissenschaftlichen Forschungsperspektiven lässt sich doppelt verstehen: einerseits werden Einheitsvorstellungen »natürlich« scheinender Bedingungen des Aufwachsens (also Universalismen) irritiert. Es kann so gefragt werden, warum vormalige Theorien z. B. die Familie als quasi-natürliche Lebensform ›setzen‹ und selbst dazu beitragen, dass andere Elternbeziehungen als die heterosexuelle Gattenbeziehung zur Norm erhoben werden. Damit lässt sich wieder reflektieren, dass auch wissenschaftliche Perspektiven in gesellschaftliche Machtkonstellationen eingebettet sind. Zum anderen wird eine machtanalytische Perspektive auf das Erziehungshandeln selbst gerichtet. Die Fragen z. B. wer, wie positioniert wird und an welche Subjektpositionen normative Erwartungen gebunden sind, ermöglicht es, die Hervorbringungsstrukturen von Differenzen zu analysieren.

4.7 Zusammenfassung: Theorieangebote und ihre Perspektivierung

Aus zahlreichen möglichen unterschiedlichen Theorieperspektiven, die für die Analyse von Erziehungsprozessen wichtig werden können, haben wir hier sechs größere ausgewählt (kritisch theoretische, strukturfunktionale, systemtheoretische, symbolisch interaktionistische, strukturale und poststrukturalistische). Es konnte gezeigt werden, dass sie Prozesse der Erziehung, Bildung und Sozialisation auf je unterschiedliche Weisen beforschen. Gleichzeitig bieten sie jeweils unterschiedliche Perspektiven an, um Prozesse des Aufwachsens und der Bildung verstehend nachzuvollziehen – wie in den Fallbeispielen deutlich wurde. Die Unterschiede der Gewichtungen betreffen dabei folgende Aspekte:

• Die Bedeutung gesellschaftlicher Verhältnisse und gesellschaftstheoretischer Perspektiven, die den Zusammenhang von Erziehung, Bildung und Sozialisation mit den gesellschaftlichen Bedingungen in Verbindung bringen;
• die Annahmen über die Generationsverhältnisse in Erziehungskontexten (z.B. Familie und Schule);
• die Einbindung von Erziehungs- und Bildungsprozessen in Macht- und Herrschaftszusammenhänge;
• die Bildung von Individuen in Prozessen des Autonomiegewinns, der Emanzipation und auch der Subjektivierung und Positionierung.

Dabei beinhalten die Ansätze jeweils unterschiedliche Schwerpunktsetzungen: sie gehen zum Beispiel stärker von der Notwendigkeit aus, dass Erziehung dazu beitragen soll, Gesellschaften weiterhin funktionsfähig zu halten (Strukturfunktionalismus) oder, dass Individuen im Erwachsenenalter auch fähig sein sollen, sich gegebenenfalls auch gegen die Mechanismen der gesellschaftlichen Ordnung auszusprechen (kritische Erziehungswissenschaft). Das jeweilige Erkenntnispotenzial ist hier noch einmal verknappt zusammengefasst:

Tab. 4.1: Vergleich der Theorieperspektiven

	Gesellschaft/Gesellschaftstheorien	Kontexte (z. B. Familie und Schule)	Individuum
Kritische Erziehungswissenschaft	Kritik als Reflexion gesellschaftlicher Machtverhältnisse; Analyse	» … dass Auschwitz nie wieder sei« (Adorno), Reflexion von Abhängigkeitsverhältnissen	Entwicklung von Kritikfähigkeit, Autonomie und Mündigkeit
Strukturfunktionalismus	Vermittlung und Übernahme gesellschaftlicher Werte	Lernen von Rollenhandeln durch Vorbilder, konservative Modelle sozialer Ordnung	Aneignung von Rollen durch Vorbilder in Familie und Schule, Übernahme gesellschaftlicher Werte
Systemtheorie	Erziehung als Teilsystem der Gesellschaft; Bedeutung der Systeme bei der Reproduktion gesellschaftlicher Differenzierung	Kommunikation als ungewisser Prozess, Technologiedefizit, das interaktiv bearbeitet wird	Individuen in doppelter Kontingenz und Auseinandersetzung mit den Erwartungserwartungen Anderer
Symbolischer Interaktionismus	Zusammenwirken von Identität und gesellschaftlichen Zusammenhängen; Bedeutsamkeit der sozialen Umgebung	Signifikante und generalisierte Andere vermitteln Rollenerwartungen, Rolemaking und Roletaking als charakteristische Prozesse	Übernahme von spezifischen und verallgemeinerten Erwartungen im ›Play‹ und ›Game‹, Herausbildung des »Me« und »Self« (Ich-Identität)
Strukturtheorie	Spannungen, Widersprüche und Antinomien im Handeln	Strukturelle Asymmetrie in Generationsbeziehungen; Familie als naturwüchsige, Schule als durch Professionalisierung ge-	Autonomiegewinn, Individuation, Subjektbildung in Auseinandersetzung mit Beziehungen und Ge-

Tab. 4.1: Vergleich der Theorieperspektiven – Fortsetzung

	Gesellschaft/Gesellschaftstheorien	Kontexte (z. B. Familie und Schule)	Individuum
		kennzeichnete Zusammenhänge	sellschaftsverhältnissen
Poststrukturalismus	Macht- und Privilegienstrukturen in Widerstreit miteinander	Erziehungskontexte als Teil umfassender Disziplinierungs- und Kontrollfunktionen der Gesellschaft	Zwischen Positionierung und Subjektivierung im Kontext von Macht- und Herrschaftsverhältnissen

Vielleicht stellt sich hier abschließend die Frage, was nun der »beste« Ansatz sei, um Prozesse der Erziehung, Bildung und Sozialisation zu erforschen. Die Antwort ist einfach und gleichzeitig nicht einfach: es gibt nicht *die* eine taugliche Theorie, auf die erziehungswissenschaftliche Studien zurückgreifen. Vielmehr existieren plurale Theorieangebote, deren Entstehung und Wandel als Aufschichtungsprozess (Krüger 2019) beschrieben werden können. So zeigt sich in heutigen Deutungen aus der kritischen Erziehungswissenschaft heraus einerseits das sozialphilosophische Denken der Frankfurter Schule und ihrer Forderung nach Autonomie und Mündigkeit. Gleichzeitig schreiben sich aber in die Interpretation jener Erziehungs- und Bildungsprozesse auch Elemente des Strukturalismus ein, mit denen die in der Erziehungswirklichkeit vorgefundenen (empirischen) Widersprüche theoretisch nachvollzogen werden können und Widersprüche reflexiv zugänglich gemacht werden können.

Als eine Maßgabe erziehungswissenschaftlicher Theoriebildung kann dann gelten, dass eine jeweilige Fragestellung sich mit einer angemessenen Theorieperspektive verknüpfen muss, um einen wissenschaftlichen Gegenstand hinreichend beschreiben zu können. In einigen Studien vermischen sich deshalb Ansätze und Theorieperspektiven, da die Komplexität des Gegenstandes eine Multiperspektivität notwendig machen.

5 Methodologien und Methoden erziehungswissenschaftlicher Forschung

In den letzten Kapiteln standen unterschiedliche Methoden im Vordergrund. Dabei wurden empirische und theoretische Zugänge zu Forschungsgegenständen unterschieden, obwohl dies eigentlich ein falscher Gegensatz ist. Denn erziehungswissenschaftliche Forschung ist ein Beispiel dafür, dass theoretische Forschung nicht ohne eine Vorstellung von Praxis/ sozialer Wirklichkeit auskommt, in der sich Prozesse des Erziehens, des Bildens und des Sozialisierens vollziehen. Umgekehrt kommt auch empirische Forschung nicht ohne Theorie aus. Vorannahmen schreiben sich in Forschungszugänge ein, sie müssen dargelegt werden, Erkenntnisse werden nach einer empirischen Untersuchung gebündelt und *theoretisiert*, d. h. zu einer Theorie verdichtet. Die oben genannten Theoretisierungsangebote (► Kap. 4) bedeuten insofern auch eine Vorstrukturierung von Erkenntnis durch Theorie(n), die ihrerseits auf die Praxis und die Empirie bezogen sind oder daraus gewonnen wurden. Gleichzeitig hat die Geschichte der Erziehungswissenschaft gezeigt, dass einer vor allem hermeneutisch-geisteswissenschaftlichen Perspektive auf die Prozesse des Aufwachsens periodisch Kritik entgegengeschlagen ist, weil sie die Erziehungswirklichkeit nicht zum Ausgang der Theoriebildung nehme. Angefangen mit Durkheim und Meumann werden zwei unterschiedliche empirische Perspektiven auf Erziehung gefordert, die jedoch historisch in ihrer Bedeutung für die Erziehungswissenschaft mehr oder weniger im Sande verlaufen sind. Erst in den 1960er Jahren treten mit Roth und Brezinka (► Kap. 3) Stimmen für eine empirische Wendung deutlicher auf den Plan. Kern ihrer Forderung ist, dass die Wissensproduktion die Erfahrungen von Menschen und die Ausdrucksgestalten sozialer Wirklichkeit zum Ausgangspunkt nimmt.

Inzwischen haben sich sehr unterschiedliche Denktraditionen und Herangehensweisen an erziehungswissenschaftliche Erkenntnis etabliert. Die Arten, wie geforscht wird – oder besser die Wege –, werden Methoden (griech. *methodos* = der Weg) genannt, die Lehre über die Methoden wird durch die Methodologie beschrieben. Im folgenden Kapitel soll es darum gehen, sich mit unterschiedlichen Methodologien des Forschens auseinanderzusetzen und sich mit den Wegen der Erkenntnisgenerierung zu befassen und ein eigenes Vorhaben umzusetzen. Ein Vorhaben, eine Studie oder ein Projekt wird im Folgenden jede forschende Auseinandersetzung genannt, die sich systematisch mit einem Gegenstand auseinandersetzt. Forschen ist dabei als Prozess zu verstehen. Im dritten Kapitel (▶ Kap. 3.3) war vom hermeneutischen Zirkel die Rede. In diesem wird neben der Prozesshaftigkeit deutlich, dass Forschung nicht immer linear (i. S. v. Planung, Durchführung, Ergebnissicherung) ist. Vielmehr erfolgen unabhängig von den Erkenntnismethoden immer wieder Rückbezüge auf vorhergehende Gedanken, Korrekturschleifen und Anpassungen der Methoden an den Gegenstand. Die Abbildung 5.1 (auf der folgenden Seite) macht Stationen des Forschungsprozesses und die Zirkularität des Forschungsprozesses deutlich (▶ Abb. 5.1).

Zur allgemeinen Beschreibung des Modells: Das Modell unterschiedet nun zunächst bewusst nicht zwischen »theoretischer« und »empirischer« Forschung, wie dies zuweilen an uns als Betreuende von Abschlussarbeiten herangetragen wird, wenn Studierende über die Ausrichtung ihrer Arbeit sprechen (»Ich möchte eine theoretische Arbeit schreiben« oder »Ich möchte eine empirische Arbeit schreiben«). Es nimmt auf, dass Theorie und Empirie an unterschiedlichen Stellen des Forschungsprozesses relevant werden und jeweils aufeinander bezogen sind. Idealtypisch kann hier *ausgehend vom Zusammenhang von Thema, Fragestellung und Gegenstand* auch das Vorgehen in einer Arbeit bestimmt werden. Die darauf basierenden weiß unterlegten Felder (man könnte sie auch als »Stationen« des Forschungsprozesses bezeichnen) verweisen auf die Notwendigkeit einer theoretischen Operation: Wie können *Thema, Fragestellung und Gegenstand* begrifflich bestimmt werden? Welche *Methode(n)* sind sinnhaft anschlussfähig an die begriffliche Bestimmung des Gegenstandes? Welche Forschungsergebnisse/welchen *Stand der Forschung* gibt es bereits? Wie lassen

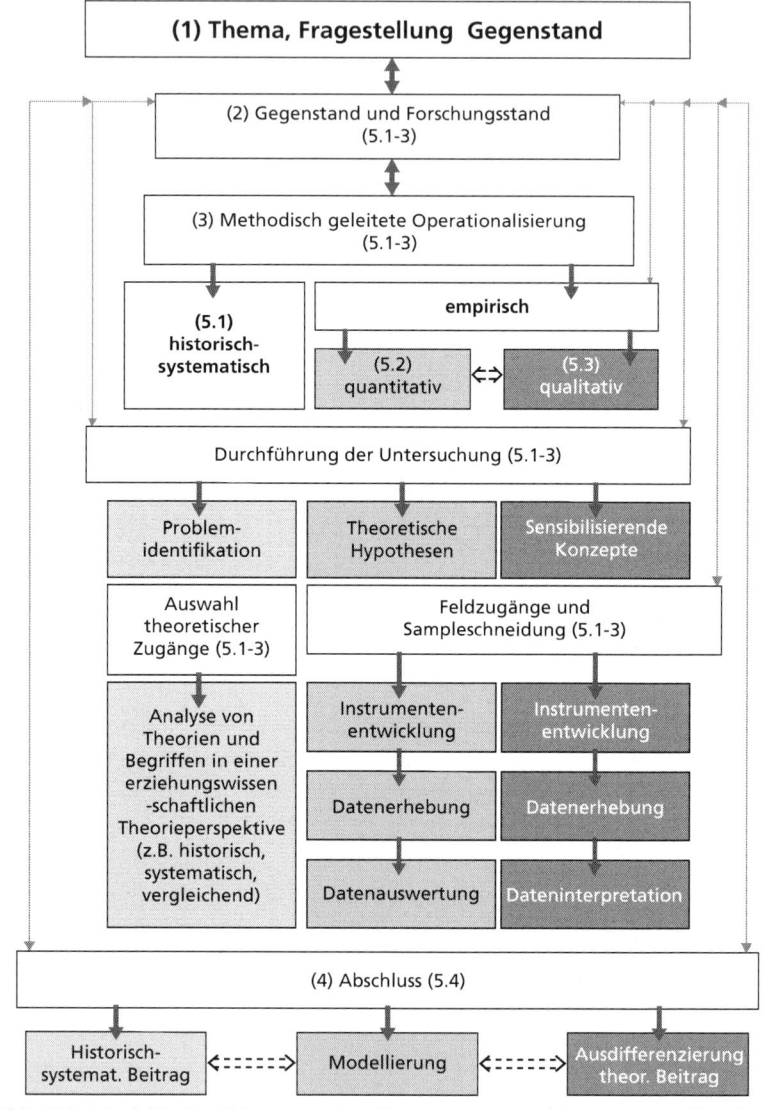

Abb. 5.1: Modellhafte Skizze von Forschungszugängen (eigene Darstellung)

sich die Erkenntnisinteressen *operationalisieren?* Welche Schlussfolgerungen können ab Ende (*Abschluss*) gezogen werden?

Dies sind nicht nur theoretische Operationen, sondern Stationen in dem Sinne, dass sie im Forschungsprozess die Möglichkeit bieten, das Vorgehen systematisch auf seine Stimmigkeit zu prüfen und theorie*bildend* zu arbeiten. Theoriebildend bedeutet in diesem Zusammenhang, die eigene Forschung unter einer (manchmal auch unter mehreren) Theorieperspektiven zu reflektieren (▶ Kap. 4). So gesehen kommt keine Wissensgenerierung ohne Theorie aus. Wie wir in den Folgekapiteln sehen werden (▶ Kap. 5.1, ▶ Kap. 5.2 und ▶ Kap. 5.3) ist Theoriebildung bei den unterschiedlichen Methoden auf je spezifische Weise Teil des Forschungsprozesses. Hier sei nur angedeutet: in historisch-systematischen Perspektiven werden Theorien durch die Auseinandersetzung mit der Begriffsgenese gewonnen, in der quantitativen Forschung werden Theorien mit quantifizierbaren Methoden (Statistik, Messung, Beobachtung) methodisch fundiert geprüft; in qualitativen Zugängen wird eingangs mit sog. sensibilisierenden Konzepten gearbeitet, die Theorien entliehen werden und den Horizont der Forschung (heuristisch) aufschließen. Schließlich werden in qualitativen Verfahren Theorien generiert, das bedeutet, auf der Grundlage von Datenauswertungen werden neue theoretische Erkenntnisse in Theorien eingefügt oder transformieren diese grundsätzlich.

Zur Beschreibung der einzelnen Abschnitte im Forschungsprozess:

1. Die Ausarbeitung von »*Thema und Fragestellung*« beinhaltet die Konstitution des Zugangs zu einer wissenschaftlichen Arbeit (▶ Kap. 2). Der Kern guter wissenschaftlicher Praxis umfasst jeweils eine Darlegung des Themas und Gegenstands (»Was wird beforscht?«) und seiner sozialtheoretischen begrifflichen Bestimmung, der Methoden (»Wie wird ein Gegenstand angemessen beforscht?«) und der (Ziel-) Perspektive (»Woraufhin wird geforscht?«) (vgl. Ricken 2020: 841). Es macht einen großen Unterschied, ob der Gegenstand etwa (a) die vergessene Geschichte der Frauen in der Disziplinbildung ist oder (b) die statistische Benachteiligung nach Geschlecht im gegenwärtigen Bildungssystem oder (c) die biographischen Erfahrungen von Frauen in naturwissenschaftlich-technischen Berufen. Hier liegen jeweils drei unterschiedli-

che methodische Vorgehensweisen nahe: (a) historisch-systematisch, (b) empirisch quantitativ, (c) empirisch qualitativ.

2. Die Verbindung von Gegenstand und Forschungsstand findet sich dann meist in einem folgenden Kapitel, indem am Gegenstand ausgerichtet der Forschungsstand ausgearbeitet wird. Der »*Stand der Forschung*« ist durch eine Doppelaufgabe gekennzeichnet. Einerseits ist eine hinreichend breite begriffliche Auseinandersetzung mit dem Gegenstand erforderlich, um diesen möglichst genau zu erfassen. Diese Auseinandersetzung ist dadurch gekennzeichnet, dass sie *nicht* methodisch enggeführt ist. Andererseits kann über Zwischenresümees und die Markierung von Forschungsdesiderate eine Hinführung zum analytischen Fokus einer Studie erfolgen. Somit muss der Stand der Forschung mit Blick auf die Gegenstandskonstitution auch in der Überleitung zum nächsten Schritt einbezogen werden:

3. Die »*Operationalisierung*«, die in diesem Kapitel im Vordergrund steht, unterscheidet typologisch[20] drei methodische Vorgehensweisen in ihren Grundprinzipien (historisch-systematisch, quantitativ-empirisch, qualitativ-empirisch). Sie werden anhand exemplarisch ausgewählter Zugangsweisen beschreiben. Damit steht keine Anleitung methodischen Arbeitens in der Erziehungswissenschaft im Vordergrund, sondern die Prinzipien erziehungswissenschaftlicher Wissensgenerierung. Das Kapitel erläutert also Prinzipien, Gegenstandskonstitutionen und ausgewählte Operationalisierungsstrategien historisch-systematischer Methoden (▶ Kap. 5.1), quantitativ-empirischer Verfahren (▶ Kap. 5.2) oder qualitativ-empirischer Verfahren (▶ Kap. 5.3).

4. Der Abschluss von Studien besteht in einer differenzierenden theoretischen Reflexion. Auch hier können typologisch drei Modi unterschieden werden: das Resümee eines historisch-systematischen Beitrags, die Modellierung und Hypothesendiskussion quantitativ-empirischer Stu-

---

20 »Typologisch« heißt, dass es zwischen den Vorgehensweisen Unterschiede gibt, die den Methoden ihren Namen geben. Jedoch überschneiden die Methoden einander auch, z. B. in ihren Ansprüchen theoretisch relevante Beiträge zu leisten. Diese Überschneidungen werden im vorliegenden Band zurückgestellt, da es hier zunächst um ein Grundverständnis der Varianten methodisch kontrollierten Forschens geht.

dien und die Ausdifferenzierung eines theoretischen Beitrags durch qualitativ-empirische Untersuchungen.

Diese Einleitung abschließend sind für das konkrete Vorgehen und vertiefende Analysen Einführungen in die Methoden und Methodologien der Sozialwissenschaft und der Erziehungswissenschaft zu empfehlen. Diese sind vielfältig und umfangreich.

Zu den in der Erziehungswissenschaft rezipierten Standardwerken gehören u. a.:

- Einführung in die Theorien und Methoden der Erziehungswissenschaft (Krüger 2009);
- Rekonstruktive Forschungsmethoden (Bohnsack 2003);
- Qualitative Methoden in der Erziehungswissenschaft (Fuhs 2007, Ackermann u. a. 2012);
- Quantitative Methoden in der Erziehungswissenschaft (Böhm-Kaster/ Schuchart/Weishaupt 2009);
- Bild und Text: Methoden visueller Sozialforschung in der Erziehungswissenschaft (Friebertshäuser/von Felden/Schäffer 2007).

Die Liste ist unvollständig und könnte weiter ausgedehnt werden. Sie spiegelt somit eine Auswahl mittlerweile vielfach aufgelegter und regelmäßig aktualisierter Einführungen. Diese sind gleichzeitig zu ergänzen um die fast unübersichtliche Flut an Einführungen in historisch-systematische, qualitativ-empirische und quantitativ-empirische Forschungszugänge, die auch gute Überblicke über einzelne Methoden und weiterführende Lektürehinweise zu sozialwissenschaftlichen Methoden insgesamt geben (theoretisch: Rost 2013; qualitativ: Kelle/Reith/Metje 2017; Flick/Kardorff/ Steinke 2006; Kalthoff/Hirschauer/Lindemann 2008, Lamnek 2010; quantitativ: Reinders/Ditton/Gräsel/Giesowitz 2015; Kromrey 2009). In den historisch-systematischen und theoretischen Ausführungen (▶ Kap. 3 und ▶ Kap. 4) wurde deutlich, dass in der Entwicklung der Disziplin Auseinandersetzungen um Methoden immer gegenständlich waren. Dabei zeigt sich auch, dass in unterschiedlichen Zeiträumen spezifische Vorgehensweisen wieder Konjunkturen erleben und andere demgegenüber zurückgedrängt werden.

5.1 Historisch-systematische Forschung

Betrachtet man die bereits erwähnte realistische Wendung der Pädagogik (Roth 1963/2003) als ein wichtiges Initial der Empirisierung der Erziehungswissenschaft nach dem Zweiten Weltkrieg (▶ Kap. 3.4), so deutet sich damit auch an, dass historisch-systematische Wissensproduktion im Nachgang (und insbesondere in den Jahren nach der ersten PISA-Studie) in den Hintergrund gedrängt wurden[21] – z. B. indem sie, *ex negativo*, als ›nicht-empirische Forschung‹ beschrieben wurden (Bellmann, 2020: 788). Dies verweist eher auf einen disziplinären Kampf um Anerkennung historisch-systematischer Forschung, die insbesondere unter dem Primat naturwissenschaftlicher Forschung, bei der Experimente und große Fallzahlen Evidenzen erzeugen, zu einer Abwertung führt.

Oben (▶ Kap. 5) wurde darauf hingewiesen, dass das Thema, der Gegenstand und die Fragestellung – also das »Was« eines Forschungsvorhabens – immer auch auf das »Wie« – die Operationalisierung – hindeuten und dies mit der Möglichkeit, Erkenntnisse zu gewinnen, zusammenhängt. Das kann für theoretisch fundierte Methoden wie folgt ausdifferenziert werden.

Gegenstandskonstitutionen und Fragestellungen

In der historisch-systematischen Forschung kann die Gegenstandskonstitution unterschiedliche Ausrichtungen haben. Gemeinsam ist die Zielrichtung: einen Beitrag zu einer jeweils zeitgemäßen Beschreibung von Erziehung, Sozialisation und Bildung zu leisten. Damit haben historische und bildungsphilosophische Gegenstandskonstitutionen beim theoreti-

---

21 Ein wichtiges Indiz für die Trends der Erziehungswissenschaft ist der Datenreport (Abs/Kuper/Martini 2020). Hieran lässt sich exemplarisch zeigen, dass z. B. in Bildungsforschung, die meistens empirisch ausgerichtet ist, fünf Mal so viele Promotionen entstehen wie bspw. in Bildungstheorie, also ausgewiesen theoretischer Forschung. Dies liefert dann auch einen Hinweis darauf, in welchen Feldern (nämlich in empirisch beforschbaren) Drittmittel gewährt wurden und in welchen dies weniger der Fall war (Martini 2020).

schen Arbeiten einen besonderen Stellenwert. Ohne Anspruch auf Vollständigkeit können hier drei Gegenstandsbereiche aufgerufen werden, die für historisch-systematische Analysen kennzeichnend sind und aus denen sich entsprechende Fragestellungen ableiten lassen:

- Begriffliche Analyse und Diskussion zentraler Konzepte von Erziehung und Bildung. Zum einen sind theoretische Forschungsbeiträge darauf orientiert, wissenschaftliche Erkenntnisse einer *metatheoretischen Reflexion von Begriffen* zu unterziehen (Bellmann 2020: 789). Das Präfix »meta« (griech. = über) verweist auf den Anspruch einer übergeordneten Theoriebildung. Ein Beispiel ist die Analyse der Reichweite unterschiedlicher Bildungsbegriffe (Schäfer 2008), in der danach gefragt wird, wie sich der Humboldtsche Bildungsbegriff im Laufe der Zeit verändert hat und wie er überhaupt in empirische Untersuchungen Anschlussfähigkeit behaupten kann.
- In der historisch-systematischen Analyse von Erziehungsverhältnissen und Bildungsprozessen werden auch Gegenstandskonstitutionen fassbar, die sich mit *machtvollen Ordnungsbildungsprozessen* der Theorie selbst und im Spannungsfeld von Öffentlichkeit und Wissenschaft befassen. Ein Beispiel hierfür ist die Diskussion von Redefreiheit und Sagbarkeitsgrenzen im Feld der Hochschulbildung (Thompson 2020), in der die Bedeutung politischer Debatten für wissenschaftliche Theoriebildung diskutiert wird.
- Eine weitere Gegenstandskonstitution besteht in der *Auseinandersetzung mit der Theorie selbst.* Im Kern geht es dabei um Gegenstände, die der Wissenschaftstheorie der Erziehungswissenschaft – also der Theorie über die Theorie von Bildung und Erziehung – zuzuordnen ist. Exemplarisch lässt sich hier die Untersuchung der Frage nach der Spezifik der Erziehungswissenschaft als Disziplin aufrufen (vgl. Vogel 1989, 2016). Der Autor verweist hier auf die Vielfalt der Entstehungsbedingungen erziehungswissenschaftlicher Erkenntnis, d. h. die Breite des Gegenstandsfeldes, das Technologiedefizit, die Verschiedenheit der Orte der Wissenserzeugung und der unterschiedlichen Bedeutung/Funktionen, die Wissen einerseits in Wissenschaft, andererseits in Praxiszusammenhängen hat (Vogel 2016: 464f.).

Ausgewählte methodologische Prinzipien

Die Frage, wozu oder woraufhin Erkenntnisse gewonnen werden sollen, steht im Zentrum der Auseinandersetzung der Theorie der Erkenntnisgewinnung (Methodologie). Hier ist neben der Gegenstandskonstitution (s. o) auch die Fragestellung von besonderer Bedeutung. Beispielhaft lassen sich folgende Fragetypen unterscheiden:

a) Fragen, die auf eine *historische Analyse* orientieren: Ist ein Problem schon einmal dagewesen? Wie ist es dazumal bearbeitet worden? Welche neuen Fragen sind unter Bedingungen der Gegenwart aufgeworfen?

b) Fragen, die den Gegenstand *interdisziplinär verknüpfen:* Welche Antworten werden in den Bezugswissenschaften der Erziehungswissenschaft (Philosophie, Soziologie, Psychologie) zu einem Phänomen gefunden?

c) Fragen, die auf *international vergleichende Perspektiven* gerichtet sind: Gibt es in anderen Ländern Ähnlichkeiten bzw. Unterschiede in der Beantwortung spezifischer Fragen und Problemstellungen? [22]

Historisch-systematische Perspektiven in der Erziehungswissenschaft fokussieren also auf die unterschiedlichen Wissensformen, die zu einem Gegenstand zusammengetragen worden sind (vgl. Tenorth 1985; Vogel 1989). Um zu Erkenntnissen zu kommen, werden unterschiedliche methodologische Prinzipien angewandt. Exemplarisch werden vier von ihnen vorgestellt: Verstehen als methodologisches Prinzip am Beispiel der Hermeneutik, Ideologiekritik in der Tradition der kritischen Theorie, Metareflexion über Theorien in systemtheoretischer Tradition sowie diskursanalytische Perspektiven im Horizont des Poststrukturalismus.

---

22 Z. T. könnten diese Fragestellungen auch empirisch bearbeitet werden. Die Beispiele weisen aber darauf hin, dass es auch die Möglichkeit gibt, sie historisch-systematisch zu beantworten

Verstehen als methodologisches Prinzip am Beispiel der Hermeneutik

Eine historisch bekannte Methode ist im dritten Kapitel schon benannt worden: die *geisteswissenschaftliche Hermeneutik* (▶ Kap. 3.3). Das Grundverständnis dieses Vorgehens ist es, Prozesse der Erziehung und Bildung zu verstehen (Dilthey 1910/1973). Diese Perspektive hat Dilthey als originär geisteswissenschaftliche Perspektive den naturwissenschaftlichen Ansätzen des Erklärens entgegengehalten. Das Bonmot von Dilthey: »Die Natur erklären wir, das Seelenleben verstehen wir« (Dilthey 1894/1982, zit. n. Koller 2006: 202) verweist auf den wissenschaftlichen Anspruch methodischen Arbeitens. Darunter sind zwei methodologische Prämissen Diltheys zu verstehen: erstens, dass Erkenntnissubjekt und Erkenntnisobjekt sich in den Geisteswissenschaften nicht voneinander unterscheiden. Wissenschaftler:innen sind Teil der Welt, die sie methodisch geleitet zu verstehen suchen. Zweitens: Verstehen ist ein alltäglicher Vorgang der Deutung von Handeln als Ausdrucksgestalt menschlicher Praxis, ihrer Einordnung in den historisch-kulturellen Zusammenhang und ihrer Überführung in Handlungsorientierungen (ebd.: 205 ff.). Die methodologische Grundannahme ist hier, dass Natur dem Menschen äußerlich ist und er sie deshalb zum Objekt des Erkennens und Erklärens macht, während der Mensch selbst Teil der geschichtlichen Wirklichkeit ist, in der sich sein Erkennen auf Verstehen der subjektiven Handlungszusammenhänge bezieht (Grunert/Ludwig 2020).

Die Schritte der »hermeneutischen Methode« lassen sich aus Klafkis[23] historischer Methodologie (Klafki 1971/2001: 143 ff.) ableiten. Sie sollen hier wie folgt zusammengefasst werden:

---

23 Wolfgang Klafki wurde im vierten Kapitel (▶ Kap. 4.1) als kritischer Erziehungswissenschaftler eingeführt. Dies war eine Perspektive, die er in seinem Spätwerk besonders deutlich eingenommen hat. Er hat aber auch Texte verfasst, in denen er sich als Schüler Erich Wenigers (▶ Kap. 3.3) in die Tradition der geisteswissenschaftlichen Hermeneutik stellt. Dabei spielt jedoch die Aufarbeitung der Verstrickung der geisteswissenschaftlichen Pädagogen in den Nationalsozialismus immer wieder eine Rolle, wenngleich sie systematisch bei Klafki erst Ende der 1980er/Anfang der 1990er reflektiert wird (vgl. Grunert/Ludwig 2020).

- Eine grundständige Auseinandersetzung mit der *Standortgebundenheit* von Interpretationen und mit den Vorannahmen, die in die Analyse von Texten und Ausdrucksgestalten einfließen. »Gegenstand der Geisteswissenschaft sind Objektivationen« (Grunert/Ludwig 2020: 123) bedeutet, dass sich hermeneutische Interpretationen sowohl auf wissenschaftliche als auch alltägliche Äußerungen (Texte, Gesprochenes, Artefakte) beziehen können.
- Die Objektivationen sind jeweils *geschichtlich eingebettet* (ebd.: 123 ff.). Es geht in der Hermeneutik darum, den eigenen Kontext wie auch den Einbettungszusammenhang von Objektivationen zu reflektieren. Dabei lässt sich fragen: welche Bedeutsamkeit hatte eine Objektivation (z. B. ein Text) in der damaligen Zeit, in welchen Wirkungszusammenhang ist er eingebettet, was macht eine Objektivation besonders usf.?
- Klafki führt mit Blick auf Dilthey ferner aus, dass es in der Analyse von Texten um das *Erkennen zugrundeliegender Strukturen* geht. Nicht nur das Einmalige und Besondere soll herausgehoben werden, sondern auch die verallgemeinerten Bezugnahmen und Regelmäßigkeiten. Diese sind wiederum Indizien für die Existenz von Strukturen (ebd.: 128). Dabei geht es darum, semantische Besonderheiten herauszuheben, den Text in seinem zeitgenössischen Kontext einzuordnen und »sowohl textimmanente als auch textübergreifende Zusammenhänge« (Klafki 1971/2001: 144) einzubeziehen. Schließlich soll die innere Logik des Textes (Gliederung, Argumentationsstruktur) in den Kontext einbezogen werden.
- Insgesamt geht es also darum, die Textinterpretation im Sinne einer *hermeneutischen Spirale* zu betreiben und somit die Objektivation immer detaillierter in einen verstehenden Zusammenhang zu bringen. Dabei stammt der Begriff der »Spirale« von Klafki, Dilthey benutzte den Begriff des »hermeneutischen Zirkels« (▶ Kap. 3.3). Weil dieser Begriff aber missverständlich wirkt (zirkuläres Denken wäre ja tatsächlich tautologisch, würde also immer nur auf sich selbst verweisen) (Grunert/Ludwig 2020: 131), kann hier Klafkis begrifflicher Innovation gefolgt werden.
- Klafki (1971/2001) stellt als ein letztes Prinzip die *ideologiekritische Reflexion* auf. Hiermit spielt er darauf an, dass die Zielperspektive (Woraufhin) geisteswissenschaftlicher Hermeneutik als Einlösung des Anspruchs als »*moral science*« (Tenorth 2010: 225) verstanden werden kann, d. h. als ein Hinausgehen über die reinen Forschungsinteressen und der

Schaffung einer historisch-anthropologisch-politischen Gesamtlehre vom Menschen (ebd.).

Nun gibt es unterschiedliche kritische Auseinandersetzungen mit dieser Theorietradition. Der erste Kritikpunkt betrifft das unausgeschöpfte Potenzial der Hermeneutik, denn sie ist vorrangig auf große (programmatische) Theorietexte angewandt worden (vgl. Koller 2006: 218) und nicht – wie zumindest in den Prinzipien angelegt – auf die Lebenswirklichkeit und -praxis. Damit kann man den Vorwurf erheben, dass vor allem solche Texte ausgelegt wurden, die der subjektiven Programmatik der Theoretiker entsprachen und sie selbst hinter ihrem Anspruch der Ideologiekritik zurückblieben.

Der zweite Kritikpunkt steht damit in Verbindung. Die geisteswissenschaftliche Hermeneutik versucht, das subjektiv Gemeinte in Objektivationen zu verstehen (ebd.: 219). Hier liegt eine systematische Grenze der Erkenntnis, da auch die geisteswissenschaftliche Hermeneutik lediglich mit Ausdrucksgestalten, nicht mit dem Seelenleben selbst zu tun hatten (eine solche Kritik kommt auch aus der sozialwissenschaftlichen Hermeneutik [▶ Kap. 5.3]).

Versachlichung der Ideologiekritik in der Tradition der kritischen Theorie

Weil Erziehungstheorie Kritik als Reflexion gesellschaftlicher Machtverhältnisse versteht, ist es relevant, Ergebnisse systematisch darstellen zu können. Die erziehungswissenschaftliche Bedeutung der kritischen Erziehungswissenschaft ist im vierten Kapitel (▶ Kap. 4.1) behandelt worden. Im Blick standen vier Thesen, in denen (1) das Verhältnis von Theorie und Praxis, (2) die geschichtliche Einbettung und insofern Standortgebundenheit des Handelns, (3) der Anspruch kritisch historischer Aufklärung im Sinne der Erziehung zur Mündigkeit und (4) die Bedeutung kritischer Analyse als Reflexionsinstanz skizziert wurden. Methodisch kontrolliert vorzugehen, heißt im Sinne der Kritischen Erziehungswissenschaft, sich an der Methode der Kritischen Theorie zu orientieren und in diesem Zusammenhang drei – ansonsten häufig getrennt voneinander behandelte –

Perspektiven auf den Forschungsgegenstand einzunehmen. Klaus Mollenhauer (1928–1998) hat dies in einem Studienbrief der Fernuniversität Hagen 1978/79 eindrücklich vor Augen geführt, der 2021 von Gurnert und Ludwig neu aufgelegt herausgegeben wurde (vgl. Mollenhauer 2021: 121 ff.). Mollenhauer beschreibt das methodische Vorgehen der kritischen Theorie anhand der Untersuchung von Habermas, Friedeburg, Oehler und Wertz (1961) zu »Student und Politik«. Für dieses Band wurden vor allem die methodischen Schritte des Vorgehens abstrahiert.

• Die *geschichtliche Deutung* nimmt in den Arbeiten kritischer Theorie einen zentralen Stellenwert ein. Dabei ist der Anspruch, den Sachverhalt objektiviert zu verstehen, d. h. aus den sozialen Bedingungen und objektiven Verhältnissen heraus. Nicht der subjektive Nachvollzug – wie in der geisteswissenschaftlichen Hermeneutik – steht hier im Vordergrund, sondern die beobachtende und beschreibende Haltung. Diese Beobachtung des Objektiven ließe sich auch als Vergewisserung über die Frage des Gegenstandes (»Was wird analysiert?«) auffassen. Daneben gilt aber auch die Anforderung, den Gegenstand in seiner Bedeutung zu verstehen. Also müssen nicht nur die objektiven Gegebenheiten zu einem bestimmten Zeitpunkt ermittelt werden, sondern auch das historische Gewordensein so thematisiert werden, dass der Sinnzusammenhang des Forschungsgegenstandes nachvollziehbar wird.
• Eine weitere Anforderung an kritisch theoretische Analyse ist die *philosophische Reflexion der leitenden Kategorien*. Es wird gefragt, welchen Stellenwert Begriffe im wissenschaftlichen Fachdiskurs haben, was die Kritik an den Begriffen ist und warum sie (möglicherweise auch gegen die Kritik) verwendet werden. So kann der Erkenntnisgegenstand in seiner Reichweite und der individuellen und kollektiven Bedeutsamkeit fachlich eingeordnet werden. Es geht also hier nicht darum, die eigene subjektive Bedeutsamkeit und Disposition herauszustellen, und auch nicht darum, eine subjektiv angenommene gesellschaftliche Relevanz zugrunde zu legen (z. B. etwas aus Betroffenheit zu tun, d. h. weil es die eigene Perspektive und das eigene Handeln betrifft). Die analytische Perspektive der Kritischen Theorie sucht vielmehr nach einer versachlichten Reflexion, die sie dadurch erreicht, dass sie die fachliche Be-

deutsamkeit eines Gegenstandes beschreibt und im Anspruch von Mündigkeit und Ideologiekritik reflektiert (▶ Kap. 4.1).

• Auch wenn wir hier im Kapitel zu theoretischen Methoden sind, soll nicht unterschlagen werden, dass sich an diese analytischen Perspektiven auch empirische anschließen lassen (Mollenhauer 2021: 125). So können vor dem Hintergrund der ersten beiden Schritte z. B. Hypothesen gebildet werden, die Erwartungen dazu formulieren, wie ein Gegenstand im Erfahrungshorizont von Personen repräsentiert ist. Habermas, Friedeburg, Oehler und Weltz haben dies 1961 z. B. in Bezug auf das Projekt »Student und Politik« gemacht. Sie haben vor dem Hintergrund der ersten theoretischen Analysen einen Fragebogen entwickelt, der nach dem politischen Bewusstsein, dem Umgang mit gesellschaftlichen Krisen und der (damaligen) Krise der Demokratie fragt. Auch der Entwurf eines solchen Fragebogens bedarf theoretischer Überlegungen, z. B dazu, wie »politisches Bewusstsein« in einen Fragebogen übersetzt werden kann, damit eine theoretisch gehaltvolle Aussage möglich ist; das ist eine Aussage, die nicht bloß eine Meinungsumfrage ist, sondern anhand derer sich der politische Habitus (ebd.: 126) rekonstruieren lässt.

Metareflexion über Theorien in systemtheoretischer Tradition

In der Systemtheorie haben wir Erziehung als Teilsystem der Gesellschaft kennengelernt (▶ Kap. 4.3), die sich mit der Kommunikation unter Bedingungen der Ungewissheit befasst und das System der Erziehung mit Blick auf das Technologiedefizit untersucht. Dabei ist die Systemtheorie selbst kein Teil des Erziehungssystems, sondern des Wissenschaftssystems. Hier ist ihr Gegenstand das »›Wie‹ der Hervorbringung einer bestimmten sozialen Ordnung und [...] damit die Frage, wie sich die Kommunikation eines Systems über ihren Leitwert reproduziert« (Meseth 2016: 478). Dieser Leitwert offenbart sich in der Kommunikation über Wissenschaft und die Produktion dessen, was als ›wahres Wissen‹ Geltung beanspruchen kann. Leitwert der Wissenschaftskommunikation ist insofern der binäre (lat. = zweigeteilte) Code wahr/unwahr. Wie die Kritische Erziehungswissenschaft kann sich dabei die Systemtheorie also nicht nur mit den Gegenständen der Praxis (z. B. Theorien des Aufwachsens, der Bildung, der Individuation usw.) befassen, sondern auch mit sich selbst. Sie kann dabei einerseits fragen, was die Funktionserwartung der Wissenschaft ist. Das wäre die selbstreferenzielle Bezugnahme auf sich als Disziplin. Hier würde Systemtheorie dann untersuchen, welche Funktion bestimmte Wahrheitsbegriffe haben und wie diese in bestimmten Theorieperspektiven erfüllt werden. Andererseits kann sie fragen, was die Leistungserwartung ist, die die Gesellschaft an sie heranträgt. Dies wäre der Aspekt der Fremdreferenz, also der Auseinandersetzung mit den Erwartungen, die an Wissensproduktion gestellt werden (ebd.).

Systemtheorie ist, wie die Kritische Theorie und die Hermeneutik auch, in die Entwicklung qualitativ empirischer Methoden eingegangen. Als theoretische Methode bietet sie eine Metareflexion über Wissenschaft an, die wissenschaftliche Kommunikation zum Gegenstand hat. Wissenschaftliche Kommunikation sind dabei nicht nur Gespräche zwischen Wissenschaftler:innen, sondern auch z.B. Publikationen in Zeitschriften und Büchern sowie Tagungen. Dabei können Theorien und Methoden als unterschiedliche Programmformen (ebd.: 481) der wissenschaftlichen Kommunikation begriffen werden, denn eine Theorie beschreibt einen Gegenstand, eine Methode erschließt ihn. Das Feld der methodischen Vorgehensweise der Systemtheorie ist breit gefächert. Mögliche »Bausteine« einer Methodologie liefert u.a. Stichweh (2010: 24 ff.). Im Folgenden wird diese Methodologie beispielhaft und holzschnittartig, da sie gut auf die Analyse wissenschaftlicher Theorien angewendet werden kann, beschrieben. Insofern wird das Wissenschaftssystem zum Selbstbeobachter, in folgender Hinsicht:

- Die Beobachtung von wissenschaftlicher Kommunikation erfolgt im Anschluss an eine *Methodologie des interdisziplinären Lernens,* d.h. die verwendeten Begriffe werden möglichst breit und ohne Beachtung interdisziplinärer Verengung erschlossen. Dabei geht es weniger darum, Analogien zu bilden (z.B. Unterrichtstheorien betrachten das Klassenzimmer wie ein Aquarium) als vielmehr darum die Systematik hinter den verwendeten Begriffen zu erkennen (ebd.).
- Systemtheorie ruht auf einer *Methodologie des Vergleichs,* die nicht (wie z.B. die Hermeneutik, s.o.) zwischen Erklären und Verstehen unterscheidet. Unterscheidungen zwischen Systemen werden vielmehr ana-

lytisch getroffen, um die Systeme in ihrer Funktionalität zu beschreiben. Wenn zum Beispiel funktional differenziert wird zwischen der Funktion des Erziehungssystems (i.e. Schule) und der Funktion des Wissenschaftssystem (i.e. Universität), so geschieht dies in vergleichender Abgrenzung der Systeme voneinander, um der Bedeutung der Systeme für die Gesellschaft herauszustellen und sie auch in ihrer Eigenlogik beschreiben zu können.

- Die *Selbstbeobachtung und Selbstbeschreibung der Systeme* ist ein Prinzip, mit dem sich die Anforderung der historischen Einbettung verwendeter Begriffe verknüpft (ebd.: 25). Das bedeutet auch, Texte aus der jeweiligen Differenzierungslogik ihrer Zeit einzuordnen und ihre diskursive Einbettung zu berücksichtigen. Hier lässt sich fragen: was waren z.B. Gegenbegriffe, welche Funktion haben Begriffe in einem jeweiligen historischen Kontext für eine Gesellschaft gehabt.
- Das Prinzip einer *Methodologie der Komplexität* besagt, dass einerseits in der Analyse von Theorien jeweils die spezifische Selektivität dieser Theorien einbezogen werden sollen – also die Strategien, mit denen Komplexität jeweils reduziert wird, aber sich auch dominante Theoriesysteme durchsetzen (zum Beispiel die dominant patriarchale Geschichtsschreibung, die auch in diesem Band schon verhandelt worden ist, ▶ Kap. 3.2). Andererseits ist zu beobachten, wie dann innerhalb einer Theorie die spezifischen Elemente zueinander relationiert werden, um ihre Abgrenzung nach außen zu manifestieren (ebd.: 26).
- Darauf aufbauend geht es auch in der Systemtheorie um die Einholung von Reflexivität. Stichweh (ebd.) bezeichnet dies als *Verzeitlichung des Elementbegriffs und Temporalisierung der Komplexität*. Es geht dabei grob gesagt darum, Prozesse und Entwicklungen innerhalb eines Systems zu verfolgen und die Relationierung der Elemente (z.B. der typischen Begriffe innerhalb von Systemen) zu berücksichtigen.

Diskursanalyse im Horizont des Poststrukturalismus

Die Diskursanalyse[24] gibt es sowohl in qualitativen Ansätzen der empirischen Forschung als auch in historisch-systematischen. Letztlich würde eine poststrukturalistische Diskursanalyse auch nicht zwischen empirischem Material und historischen Bezügen unterscheiden – oder anders: für Diskursanalysen sind alle Objektivationen, Ausdrucksgestalten von Diskursen, also auch wissenschaftliche Texte (vgl. Foucault 1970/1997). Dabei stehen Macht- und Herrschaftsverhältnisse im Fokus diskursanalytischer Forschung (zu diesem Aspekt ▸ Kap. 4.6 zu Poststrukturalistischen Perspektiven). Gegenstand und Material der Diskursanalyse können verschieden sein. Es kann sich um einen Datenkorpus handeln, der z.B. in einem pädagogischen Handlungsfeld gewonnen wurde (▸ Kap. 4.6) oder – und dieser Aspekt soll hier im Vordergrund stehen – Dokumente aus dem wissenschaftlichen Feld.

Eine solche Diskursanalyse lässt sich als metatheoretische Perspektive beschreiben, mit der beispielsweise das wissenschaftliche Wissen über Erziehung untersucht wird. Hierbei stehen dann gegenstandstheoretisch die Zusammenhänge von Macht und Wissen im Zentrum und es werden allgemeine Regeln und Strukturen analysiert. Foucault selbst hat keine Systematisierung der Diskursanalyse vorgenommen, wohl aber Siegfried Jäger (2012). Er stellt dabei folgende Prinzipien in den Vordergrund:

- Im Zentrum steht die Analyse jeweils *gültigen Wissens* und die Auseinandersetzung mit dem, was in einer Gesellschaft legitim gesagt werden kann, und dem, was unsagbar ist. Dabei gilt es u.a. die Relevanz des Themas zu begründen und deutlich zu machen, auf welches Material sich bezogen wird (z.B. Printmedien, Transkripte, wissenschaftliche Texte);
- Die Erfassung des *diskursiven Kontextes* erfolgt sodann über die historische Einbettung und die Herausstellung der Besonderheit des jeweiligen

---

24 Der Begriff des Diskurses wird alltagstheoretisch und wissenschaftlich vielfältig verwendet. Hier steht der poststrukturalistische Diskursbegriff im Zentrum, der wissenschaftliches Wissen als Mit-Produzent für gesellschaftliche Ordnung versteht (vgl. Foucault 1970/1997).

Diskurses. Dass die Diskurse eine besondere Relevanz haben müssen, ergibt sich z. B. über ihre mediale Hervorhebung oder die Häufigkeit, in der wissenschaftlich etwas thematisiert wird (ebd.: 77).

• Die wissenschaftlichen Texte, die der Analyse zugrunde gelegt werden, werden als *Datenkorpus* behandelt. Auch hier wird die Schnittstelle zur qualitativen Forschung deutlich, zumal nun das Vorgehen auch einer qualitativen Logik folgt: die Daten (z. B. wissenschaftliche Aufsätze zu einem bestimmten Thema) werden strukturiert (Strukturanalyse) und somit in unterschiedliche Diskursstränge eingeteilt; dann werden sie analysiert, um Diskurspositionen zu bestimmen, und schließlich werden sie interpretiert, d. h. systematisch dargestellt und verglichen.

Resümee zu den methodologischen Prinzipien historisch-systematischen Vorgehens

Norbert Ricken (2020) setzt sich in der Zeitschrift für Pädagogik mit den »Methoden theoretischer Forschung« auseinander und nutzt den Begriff theoretischer Forschung als provokante Entgegensetzung zur empirischen Forschung. Er tut dies nicht, um die Dichotomie von theoretischer und empirischer Forschung zu vertiefen, sondern um den Eigenwert und die Eigenlogik von Forschungszugängen herauszuarbeiten, die historisch-systematisch vorgehen. Dabei hebt er hervor, was sich hier wie ein roter Faden durch die hier aufgerufenen methodologischen Prinzipien zieht: »Gegenstand von Theorieforschung sind Theorien« (ebd.: 843). Es geht insofern in der Forschung, die wir hier »historisch-systematisch« genannt haben, jeweils darum, Theorien und Begriffe in Bezug auf ihre jeweilige Perspektivität, ihre erkenntnistheoretischen Grundlagen und ihren Geltungsbereich zu untersuchen. Dabei stehen die Analysen jeweils im Anspruch, Neues zutage zu bringen. Hier grenzt sich Ricken von dem Vorwurf ab, der nicht-empirische Verfahren zuweilen trifft: selbstreferenziell zu sein, d. h. jeweils nur auf sich selbst zu verweisen. Vielmehr zeichnet sich auch in den o. g. methodischen Prinzipien das Ziel ab, neue systematische Erkenntnisse zu liefern. Ähnlichkeiten finden sich in den Methoden in folgenden Aspekten:

- Alle vorgestellten Methoden setzen die historische Einbettung zentral. Sie fragen, wie ein Gegenstand zu dem geworden ist, als was er im Lichte der Theorie erscheint.
- Alle analysieren vor dem Hintergrund des Gegenstandes zentrale Begriffe und/oder Argumentationsgänge.
- Die Verfahren leisten Beiträge zu neuen Erkenntnissen, indem sie begriffsgeschichtlich oder argumentationslogisch die der Wissensproduktion zugrunde liegenden Strukturen herausarbeiten.
- Sie zielen darauf, vor dem Hintergrund der Freilegung der inneren Systematizität, der Strukturen und Argumentationslogiken Neues herauszuarbeiten, indem sie kritisch reflektieren (Hermeneutik), gesellschaftstheoretisch Einordnen (kritische Theorie) oder in ihrer systematischen Funktionalität für die Gesellschaft betrachten (Systemtheorie).

Unterschiede lassen sich folgendermaßen skizzieren:

- Der Zugang zu Pädagogik mittels Verfahren, die in der hermeneutischen Tradition stehen, vergewissert sich über das historische Gewordensein von Praxis und setzt deren Verstehen als Ausgangspunkt einer kritischen Reflexion. Damit bleibt erziehungswissenschaftliche Theorie eine Art »more philosophorum« (Roth 1963/2003: 483), d.h. eine Reflexionsinstanz im Hintergrund, mit der jeweils deutlich wird, dass sich wissenschaftliches Wissen nicht unmittelbar auf die Praxis übertragen lasse, sondern dass es darum gehe, die Prozesse zu verstehen.
- Im Fokus erziehungswissenschaftlicher Analysen, die in der Tradition der Kritischen Theorie stehen, sind Perspektiven auf Mündigkeit und die Strukturlogiken des Verhältnisses von Individuen und Gesellschaft. Dabei werden methodologisch Erkenntnisinteresse, Ideologiekritik und Mündigkeit in einen reflexiven Zusammenhang gebracht. Im Zentrum stehen schließlich nicht (nur) professionstheoretische Aussagen, sondern insbesondere die ermöglichenden und verhindernden Strukturen von Professionalisierung.
- Die Systemtheorie ist vielfältig, wurde hier allerdings als wissenschaftstheoretische (Meta-) Reflexion eingeführt. In ihr geht es um die Analyse des Zusammenhangs von Systemen wie dem Wissenschaftssystem und

der Gesellschaft sowie – mit Blick auf die Erziehungswissenschaft – die gesellschaftlichen Systeme der Erziehung und Bildung.

• Diskursanalytische Verfahren betrachten die Wissenschaft als eine machtproduktive Praxis und dienen insofern auch als Reflexionsinstanz der Erziehungswissenschaft und ihrer disziplinären Standortbestimmung. Dabei geht es zentral um die diskursive Herstellung von Macht und Wissen über Prozesse der Bildung und Erziehung.

5.2 Quantitative Forschung

Quantitative (lat. *quantum* = Menge, Anzahl) Methoden operieren mit statistisch wahrscheinlichen Aussagen über soziale Zusammenhänge (Brezinka 1988: 210). Diese methodische Perspektive geht von einem erfahrungsbasierten Wissenschaftsverständnis aus. Das bedeutet nicht etwa, dass Alltagserfahrungen thematisch sind, die individuell selektiv sind, sondern, dass Phänomene der realen Welt möglichst ›objektiv‹ beschrieben und beobachtet werden und dass dadurch »(möglichst allgemeingültige) Regeln [gefunden werden], durch die die Ereignisse in der realen Welt erklärt und Klassen von Ereignissen vorhergesagt werden können« (Kromrey 2009: 14). Dieses Wissenschaftsverständnis hat sich in den Sozialwissenschaften am Vorbild der Naturwissenschaften entwickelt.

Helmut Kromrey bezeichnet empirische Wissenschaften als Erfahrungswissenschaften (ebd.: 15). Dabei grenzt er empirische Wissenschaften, unter die er z. B. Soziologie, Medizin und Chemie zählt, von formal logisch operierenden Wissenschaften (z. B. Mathematik) oder philosophischen und an Glaubensprinzipien (z. B. Theologie) orientierten Wissenschaften ab. Heute ist diese starke Einteilung nach Wissenschaftsdisziplinen nicht mehr möglich: viele Disziplinen sind in Teildisziplinen ausdifferenziert (▶ Kap. 1, ▶ Abb. 1.1), in denen unterschiedliche Methoden zur Anwendung kommen. Gerade die Erziehungswissenschaft in ihrer vielfältigen und interdisziplinären Ausrichtung ist ein Paradebeispiel dafür. Dennoch kann dieser Einteilung in empirisch und nicht-empirisch zugute gehalten werden, dass sich von hier aus einige Grundpositionen bestimmen lassen.

• Die Annahme der Existenz einer »tatsächlichen Welt« (ebd.: 15 f.) impliziert, dass Gegenstände, Ereignisse oder Beziehungen zwischen Gegenständen oder Ereignissen objektiv gegeben sind – also unabhängig von der Wahrnehmung der Beobachtenden. Dabei wird im Rahmen der Methodologie darüber diskutiert, ob die »reale Welt« außerhalb des Forschungssubjekts beobachtet werden kann und mithilfe von Technik oder Messinstrumenten schließlich Aussagen *über* die Realität machen ließen, die *in* der Realität geprüft werden könnten. Einen solchen Ansatz haben wir etwa bei Meumann knapp vorgestellt (▶ Kap. 3.3) und es wäre auch der Anspruch, den etwa Brezinka (▶ Kap. 3.4) vertreten hat. Konstruktivistische Ansätze »bestreiten die Möglichkeit, mit Wahrnehmungssinnen die Realität so zu erfassen, wie sie wirklich ist« (ebd.). Da alle Erkenntnis sich »im Kopf der wahrnehmenden Person« (ebd.) formt, kann sie nie »objektiv« sein. Somit wäre Erkenntnis immer konstruiert.

• In quantitativen Verfahren geht es generell darum, *Ordnungen, Strukturen und Gesetzmäßigkeiten* zu finden (ebd.: 17). Dabei unterscheiden sich weniger die Methoden des Vorgehens als der Gegenstand der Forschung – z. B. aufgrund des Erkenntnisinteresses und der wissenschaftlichen Disziplin. In den Erfahrungswissenschaften wird darüber gestritten, inwiefern Regeln und Strukturprinzipien verallgemeinerbar seien. In quantitativen Verfahren geht es darum, allgemeine Gesetzmäßigkeiten und Abfolgen zu erkennen. Darum lässt sich diese Position auch als nomologisch (griech. *Nomos* = Gesetz) bezeichnen. Demgegenüber beziehen qualitative Verfahren die raum-zeitliche Gebundenheit stärker in die Interpretation von Daten ein. Sie werden damit als *ideographisch* (d. h. an Eigenschaften gebunden) bezeichnet.

• Die Position *wissenschaftliches Wissen an der Realität zu gewinnen*, bedeutet über die unterschiedlichen Perspektiven hinweg, dass der Beobachtung der Realität besondere Aufmerksamkeit geschenkt wird (ebd.: 20 ff.). In nomologisch orientierten Verfahren werden dabei Hypothesen über die reale Welt aufgestellt, die sich an den Beobachtungen ›bewähren‹ müssen. Die Hypothesen werden verifiziert oder falsifiziert,

d. h. es wird geprüft, ob sie sich bewahrheiten oder als falsch erweisen. Beobachtungen werden methodisch kontrolliert, so dass es nicht zu systematischen Verzerrungen kommt. Diese methodische Kontrolle ruht in quantitativen Verfahren auf den Prinzipien Wertneutralität, Standardisierung, intersubjektive Nachprüfbarkeit auf. Mit Wertneutralität ist gemeint, dass subjektive Werte und Vorlieben der Forschenden keine Rolle spielen sollen; mit Standardisierung, dass die Bedingungen der Datenerhebungen sich nicht von einem zum anderen Fall unterscheiden; mit intersubjektiver Nachprüfbarkeit, dass durch vollständige Dokumentation auch andere Personen die Ergebnisse nachvollziehen oder überprüfen können. Hier liegt – wie wir unten (▶ Kap. 5.3) noch sehen werden – ein bedeutsamer Unterschied zu qualitativen Verfahren, die sich u. a. auf die durch den Soziologen Max Weber (1964–1920) postulierte Unmöglichkeit einer vollständigen Wertneutralität in den Sozialwissenschaften berufen.

• Die Bedeutung von *Standardisierung* ist in quantitativen Verfahren in den gesamten Prozess der Forschung eingelagert. Insofern ist es eigentlich unangemessen, standardisierte Forschungsperspektiven nur als quantitative Forschung zu bezeichnen, da das Quantifizieren – also die Feststellung statistischer Wahrscheinlichkeiten – nur ein Schritt im gesamten Forschungsprozess ist (ebd.: 24 ff.). Häufig werden standardisierte Zugänge zur realen Welt deshalb auch abkürzend als »empirische Forschung« bezeichnet – so auch von Kromrey selbst. Davon unterschieden wird die »interpretative« – nicht die qualitative – Sozialforschung. Das spricht jedoch den qualitativen Verfahren ab, empirisch beobachtbare Wirklichkeit zum Gegenstand der Erkenntnisgenerierung zu machen. Daher bleibt dieser Band bei der Unterscheidung von quantitativ und qualitativ, um so zu markieren, dass es unterschiedliche Erkenntniswege gibt, die jeweils einen Zugang zum Nachvollzug der realen Welt liefern.

Gegenstand und Fragestellungen

In der quantitativen Forschung geht es um nomologisch orientierte Erkenntnis – i. S. einer Wissensgenerierung über Gesetzmäßigkeiten, Ordnungen und Strukturen (s. o.). Also sind die Gegenstandskonstruktionen auch auf solche Erkenntnis orientiert. Wieder mit Kromrey (2009) lassen sich drei Typen von Gegenstandsbestimmungen und Forschungsfragen unterscheiden: Sie sollen hier kurz vorgestellt und dann anhand erziehungswissenschaftlich möglicher Fragestellungen illustriert werden:

- *Exploration* heißt im Kontext quantitativer Forschung nicht die vertiefte Felderkundung von Unbekanntem, wie das in der qualitativen Forschung der Fall ist, sondern die Testung der Erhebungsinstrumente i. S. von Pretests (ebd.: 65). Die Gegenstandsbestimmung explorativer Verfahren besteht somit in der Abstimmung von Verfahren auf das Forschungsfeld.
- *Diagnose/Evaluation* zielen darauf, einen Sachverhalt auf der Grundlage standardisierter Verfahren exakt zu beschreiben. Dabei werden Erhebungen einmalig oder im Längsschnitt durchgeführt (ebd.: 66). Teilweise werden solche Studien um *explanatorische* Perspektiven (vgl. Böhm-Kasper/Weishaupt 2008) ergänzt. Gegenständlich wird hier die Erklärung eines Sachverhalts und die Ableitung von Prognosen daraus.
- *Laboruntersuchungen und Experimente* sind durch die Forschenden künstlich geschaffene Situationen, in denen die Wirkungsweisen von bestimmten sozialen Interventionen getestet werden (Kromrey 2009: 67 f.). Wir haben diese einerseits im Kapitel, in dem auch über Meumann geschrieben wurde (▶ Kap. 3.3), angesprochen und auch ihre ethisch problematische Seite am Beispiel des Milgram-Experiments und der Zwillingsstudie (▶ Kap. 2.4) beleuchtet. Experimentelle Forschungsperspektiven ermöglichen dabei eine Gegenstandsbestimmung, die an Kausalerklärungen (lat. *causa* = Ursache) orientiert ist, da hier eine optimale Bedingungskontrolle vorliegt (Böhm-Kasper/Weishaupt 2009: 92).

In der Erziehungswissenschaft sind gegenwärtig die Experimente und Laboruntersuchungen weniger prominent, da diese Verfahren eine hohe Fehleranfälligkeit aufweisen, was kontraproduktiv für den Anspruch an wissenschaftliche Gütekriterien bei der Auswertung quantitativer Verfahren ist. Die wissenschaftlichen Gütekriterien quantitativer Verfahren sind Objektivität, Reliabilität und Validität. D. h. es besteht der Anspruch, *ob-*

jektive Aussagen machen zu können (vor dem Hintergrund standardisierter Verfahren), die zudem belastbar und somit *reliabel* sind (also immer wiederholt werden können) und als *valide* (i. S. der Geltungsansprüche für die Praxis) zu fassen sind. Dies kann jedoch in erziehungswissenschaftlichen Experimenten und Laborsituation nicht garantiert werden. Weitere Einsprüche ergeben sich aus forschungsethischen Überlegungen (▶ Kap. 2.4), die die Belastung (vulnerabler) Personengruppen durch die Vereinnahmung in ein Experiment in Rechnung stellen. Damit begründet sich, dass der knappe Platz dieses Einführungsbandes im Folgenden genutzt wird, um die beiden aktuelleren Methoden der Umsetzung von quantitativen Studien zu verdeutlichen.

Operationalisierung: Datengenerierung und Datenauswertung

Das Feld, das mittels quantitativer Methoden in der Erziehungswissenschaft bearbeitet wird, ist sehr breit. Zu den bekanntesten Studien, die mit der Erziehungswissenschaft verknüpft sind, zählen die PISA-Studien (Programm for International Student Assesment), die von der OECD (Organisation für wirtschaftliche Zusammenarbeit und Entwicklung) initiiert wurde. Aber auch weitere Studien, z. B. die Kinder- und Jugendsurveys aus dem Bereich der Sozialen Arbeit (z. B. Rauschenbach/Bien 2012), die World-Vision-Studie, die 2.500 Kinder weltweit zu den Bedingungen ihres Aufwachsens befragt (Andresen/Neumann 2018), oder Studien zum Stand der Digitalisierung bei Jugendlichen (Rohde 2022) geben Aufschluss über Lebens- bzw. Ungleichheitsbedingungen, die über Schule und schulisches Lernen hinausweisen. In ihrem Zugang zu den Informationen, die am Ende u. a. in Form von Statistiken sichtbar werden, gehen sie jeweils methodisch kontrolliert vor. Gemeinsam ist ihnen dabei aber die Schrittfolge von Hypothesenentwicklung und darauf folgender Operationalisierung. Die Operationalisierung erfolgt in quantitativen Studien durch vorgängige Hypothesenbildung auf der Grundlage theoretischer Annahmen. Diese werden aus Theorien oder früheren empirischen Studien (qualitativ oder quantitativ) gewonnen. Sodann gilt es, die Hypothesen in Erhebungsinstrumente zu ›übersetzen‹ und geeignete Auswertungsverfahren anzuwenden. Wie prüft man etwa über eine Vielzahl an Staaten hinweg die Leistungsfähigkeit? Wie fragt man Kinder und Jugendliche nach ihren Lebensbedingungen? Welche Informationen lassen einen Aufschluss über den Stand der digitalen Bildung von Jugendlichen oder Erwachsenen erwarten? Die Instrumentenentwicklung soll im Folgenden knapp anhand der oben genannten explorativen und evaluativen Verfahren herausgearbeitet werden. Im Anschluss werden ausgewählte Auswertungsverfahren vorgestellt.

Instrumente zur Datengenerierung in quantitativen Verfahren

a)   Explorative Verfahren

Vor dem Hintergrund, dass in explorativen Verfahren die Erprobung von Instrumenten gegenständlich ist, ist diesem Verfahren eigen, dass hier Hypothesen zunächst vor dem Hintergrund des Forschungsstandes entwickelt werden, dann eine Phase der Entwicklung von Instrumenten erfolgt, die dann erprobt werden. Diese Phase nennt man auch Operationalisierung. Dabei werden die Annahmen, die Forschende über ein Feld haben, in geeignete Erhebungsinstrumente ›übersetzt‹. Es gilt also, die richtigen Instrumente zu finden. Richtig sind Instrumente dann, wenn sie am Ende Ergebnisse liefern, die aussagekräftig sind, an denen also z.B. Hypothesen verifiziert (lat. *verificare* = als wahr erkennen) oder falsifiziert (lat. *falsificare* = als falsch erkennen) werden können oder aber mit denen Instrumente schrittweise auf das Feld angepasst werden können. Großen quantitativen Studien geht darum häufig eine explorative Studie (oder auch: ein Pretest) voraus.

Ein Beispiel für eine Studie, der je eine explorative Studie vorausgeht, ist die PISA-Studie[25]. Die Studie, die seit dem Jahr 2000 etwa alle drei Jahre in den OECD-Ländern durchgeführt wird, setzt an ihren Beginn eine mehr-

---

25 Es lässt sich darüber streiten, ob die PISA-Studie eine erziehungswissenschaftliche Studie ist. Sie operiert stark mit pädagogisch-psychologischen Modellen. Gleichzeitig wird sie in der Erziehungswissenschaft breit rezipiert, weil sie ein Kerngeschäft der Erziehungswissenschaft (das schulische Lernen) betrifft. Darum wird sie auch hier als erziehungswissenschaftliche Referenz aufgeführt.

schritte Exploration. So stellt das Institut für Pädagogik der Naturwissenschaften (IPN) in Kiel vor, dass Wissenschaftler:innen (1) zunächst Hypothesen über die Leistungsfähigkeit von 15- bis 16-jährigen Schüler:innen entwickeln, aus denen dann Aufgaben abgeleitet werden. Diese Aufgaben werden dann in der Praxis getestet. Dabei werden aber nicht alle Schulen einbezogen, die später an der PISA-Studie teilnehmen, sondern nur ein sehr kleiner Teil. Der Anspruch hierbei ist jedoch, dass diese Schulen nach Kriterien der Repräsentativität ausgewählt werden, also z. B. danach, ob der erwartbare Querschnitt an Schüler:innen (nach Geschlecht, sozialer Herkunft und z. B. ethnischer Zugehörigkeitskonstruktion) repräsentiert ist. Auch wird eruiert, ob die entwickelten Aufgaben für Jugendliche aller teilnehmenden Staaten beantwortbar sind (IPN, o. J.). In einem zweiten Schritt (2) werden die Aufgaben dann ggf. angepasst und darüber dann die Standards bestimmt, die Leistungsfähigkeit ausmachen[26]. Der Standard, was Jugendliche leisten können müssen, wird also nicht als naturgegeben angenommen oder mit Konzepten der Reife verknüpft, sondern wird selbst empirisch validiert (lat. *Validare* = auf Gültigkeit prüfen).

b)   Evaluative Verfahren

Ist der Gegenstand auf die exakte Beschreibung und das Ziel auf präzise Informationen gerichtet, so werden diagnostische oder evaluative Methoden gewählt. Auch dieses Verfahren setzt die Überprüfung von Hypothesen zentral, der häufig eine Phase der Exploration vorausgeht (Böhm-Kasper/ Weishaupt 2008). In den Hypothesen werden Begriffe gewählt, die als Indikatoren einer zweifelsfreien Messung und Beobachtung fungieren. Vier Verfahren sind in der quantitativen erziehungswissenschaftlichen

---

26 Es ist in diesem Band nicht der Ort, diese Ermittlung von Standards zu legitimieren oder zu kritisieren, da es hier zunächst um die Frage der Operationalisierung geht. Kritisiert worden ist die PISA-Studie weitläufig (vgl. z. B. Kramer 2011). In Bezug auf Leistungsfähigkeit und Standards liegen Analysen von Meyerhöfer (2006) vor, der die Ungenauigkeit der Instrumente und die normativen Implikationen der Standards kritisiert, da die Standards selbst ein Querschnitt der Leistungsfähigkeiten seien.

Forschung zentral: Befragung, Tests, quantitative Inhaltsanalysen und Beobachtung (ebd.). Sie sollen hier knapp vorgestellt werden:

Bei der *Befragung* werden die Daten mittels verbaler Kommunikation gewonnen (Irle 1983), wobei den Befragten eine Reihe gezielter Fragen vorgelegt werden, zu denen sie eine Antwort geben sollen (Jaide 1995). Es lassen sich mündliche und schriftliche Fragen unterscheiden, wobei in quantitativen Befragungen zumeist standardisierte Fragebögen zum Einsatz kommen. In ihnen werden die Indikatoren aus den Hypothesen in mögliche Antworten ›übersetzt‹, so dass eine Falsifikation (oder Verifikation) der Hypothesen durch die Antworten möglich wird. Ein Beispiel für solche Untersuchungen sind die Evaluationsbögen am Ende von Seminarveranstaltungen. Hier werden Fragen als Aussagen vorformuliert und an ihrem Ende gibt es eine Antwortmöglichkeit in fünf Varianten (von 1 sehr wenig bis 5 sehr stark). Eine zentrale Frage ist bei solchen Erhebungen durch Befragungen häufig, ob sich Kausalverkettungen herstellen lassen oder Korrelationen entstehen. Die Kausalverkettung wird nur in Längsschnittuntersuchungen und in experimentellen Studien wirklich erkennbar, da hier die Kontrolle der Abweichungen von Antworten gegeben ist (Böhm-Kasper/Weishaupt 2008: 103). Von Korrelation wird gesprochen, wenn ein Zusammenhang besteht, aber nicht von Ursache auf Wirkung geschlossen werden kann. So wird zum Beispiel häufig ein Kausalzusammenhang zwischen dem Spielen von Egoshootern und der Gewaltbereitschaft angenommen. Die Folgerung: Wer Egoshooter spielt, ist gewaltbereit, ist jedoch ein Fehlschluss, da hier von der Wirkung auf die Ursache geschlossen wird. Zwar besteht der Zusammenhang (die Korrelation), dass gewaltbereite Jugendliche oft Egoshooter gespielt haben. Aber eine Längsschnittstudie über 10 Jahre konnte zeigen, dass bei weitem nicht alle Jugendlichen, die Egoshooter spielen, gewaltbereit sind (Coyne/Stockdale 2021).

Testverfahren werden häufig in der Schulforschung angewandt, zum Beispiel Entwicklungstests (Schulreifetests), Begabungstests oder Leistungstests (Böhm/Kasper/Weishaupt 2008). Die ersten beiden Tests dienen dabei nicht nur der Diagnose von Kompetenzen, sondern auch der Prognose der Entwicklung zukünftigen Verhaltens. Leistungstests dienen der Überprüfung von didaktischen Methoden, der Fähigkeitsentwicklung und auch dem internationalen Vergleich von Gruppen lernender Menschen (ebd.: 103 f.). Bei standardisierten Tests werden norm- und kriterienorientierte Verfahren unterschieden. Normorientierte Verfahren haben zum Ziel, Unterschiede zwischen Personen zu analysieren und zu fragen, welche Ergebnisse unterschiedliche Personen oder Gruppen von Personen gemessen an einer zuvor standardisierten Norm erreichen. Diese Norm wird zuvor durch eine Norm- oder Eichstichprobe festgelegt (s. o. am Beispiel der PISA-Studie). Kriterienorientierte Tests stellen hingegen individuell erreichte Testwerte einem anvisierten Leistungsziel gegenüber (ebd.). Das Leistungsziel (z. B. eine bestimmte Aufgabe lösen zu können) ist das Kriterium, an dem dann die angebotene Aufgabenbearbeitung im Test bewertet (evaluiert) wird.

Der Begriff der *quantitativen Inhaltsanalyse* (ebd.: 108 f.) suggeriert zunächst, dass es sich um Auswertung handelt. Tatsächlich geht es jedoch darum, einen quantifizierbaren Datensatz anhand von Texten zu gewinnen. Bei den Texten kann es sich um (historische) Dokumente oder z. B. Interviews handeln. Hieran werden Daten anhand vorab festgelegter Kriterien gewonnen (z. B. Stil, Grammatik, Begriffe, die benutzt werden). Im Zentrum steht die hypothesengeleitete Überprüfung ausgewählter Einzelaspekte oder eng umrissener Fragestellungen am Text. Texten wird somit mit einem standardisierten Kategoriensystem begegnet oder es werden Kategorien am Text ermittelt, die an der Häufigkeit vorkommender Begriffe gebildet werden. Diese Analyse kann z. B. computergestützt vorgenommen werden und dabei nicht nur die Häufigkeit einzelner Begriffe, sondern auch ihre Verbindung zu spezifischen Inhalten untersucht werden. Objektiv ist diese Methode, weil sie sich auf die wahrnehmbare (empirische) Häufigkeit stützt. Weitere Gütekriterien quantitativer Verfahren wie Reliabilität (also die Zuverlässigkeit der Ergebnisse) und Validität (die Gültigkeit der Aussagen) stellen sich indes problematischer dar (ebd.: 109), weil hier – insbesondere, wenn viele Personen in die Auswertung einbezogen werden – kaum garantiert werden kann, dass sie zu gleichen (standardisierten) Ergebnissen kommen. Eine Möglichkeit, dieser Fehlerquelle zu begegnen, sind Kontrolluntersuchungen im Vorfeld von Studien, in denen die Übereinstimmungen unterschiedlicher auswertender Personen getestet und aufeinander abgestimmt werden.

Die (quantitative) *wissenschaftliche Beobachtung* grenzt sich von der Alltagsbeobachtung ab, da es auch hier standardisierte Verfahren gibt, mittels derer Hypothesen überprüft werden und damit der Beobachtungsfokus auf die Hypothese verengt wird (ebd.: 110 f.). Ähnlich wie bei der Befragung ist dieses Verfahren gefordert, die Replizierbarkeit der Beobachtung sicherzustellen, also zu gewährleisten, dass auch andere Personen die gleiche Beobachtung machen könnten. Die Replizierbarkeit wird durch »die klare Definition der zu beobachtenden Tatbestände und deren intersubjektiv vergleichbare Interpretation« sichergestellt (ebd.). Anstelle eines Fragebogens tritt hierbei das Beobachtungsschema oder das Beobachtungsinstrument. Dieses enthält Beobachtungsitems, also die Verhaltensweisen, die zu beobachten sind, und Kategorien der Beobachtung, die Aufschluss über die Häufigkeit oder Intensität des Verhaltens geben (ebd.: 111).

Datenauswertung

a) Statistische Verfahren

Statistische Verfahren werden häufig mit Unterstützung von Computerprogrammen durchgeführt. Sehr bekannt sind hier die Programme *R* (ein open source Statistikprogramm) und *SPSS* (Statistic Package für Social Sciences). Beide Programme ermöglichen das Einlesen von Daten und die Erstellung von Variablen, zu denen die Daten vermittelt werden. Variablen oder auch Merkmale bzw. Items operieren in den statistischen Untersuchungen u. a. nach der Unterscheidung ähnlich/unähnlich oder gleich/ungleich (Tachtsoglou/König 2017). Variablen, wie das Geburtsjahr oder die Kohorte, der Befragte angehören, das Geschlecht, die soziale Herkunft, der »Migrationshintergrund« etc., gelten als offensichtliche Variablen. Daneben gibt es auch diskrete Variablen, also solche Variablen, die diskontinuierlich sind, wie z. B. Anzahl der Geschwister, Jahrgangsstufe, Anzahl besuchter Seminare je Semester (ebd.). Weiterhin werden manifeste und latente Variablen unterschieden – also Variablen, die als eindeutig gewertet werden (Körpergröße, Geschwisteranzahl), und Variablen, die nur indirekt erfasst werden können (Stressbelastung am Arbeitsplatz) (ebd.). Nun geht es in statistischen Verfahren darum, die Variablen zu kategorisieren (also entsprechend ihrer Bedeutung für die Studie zu ordnen) und zu kombinieren.

In der Einführung »Statistik für Erziehungswissenschaftlerinnen und Erziehungswissenschaftler« (Tachtsoglou/König 2017) werden Statistiken danach unterschieden, ob sie auf einzelne Merkmale (univariate Statistik) oder auf zwei oder mehr Merkmale Bezug nehmen (bi- oder multivariate Statistik). Mithilfe univariater Statistiken können Häufigkeitsverteilungen, also z. B. wie Schulabschlüsse nach Geschlecht *oder* sozialer Herkunft *oder* Migrationshintergrund, ermittelt und entsprechend einer Skalierung dargestellt werden. In erziehungswissenschaftlichen Fragebogenuntersuchungen wird häufig mit der Likert-Skala gearbeitet, die einer Aussage (z. B. »Im Studium fühle ich mich oft überfordert«) in eine Skalierung von 0 (trifft überhaupt nicht zu) bis 5 (trifft voll und ganz zu) übersetzt und damit statistische Merkmale in einer gewissen Varianz einfängt. Solche Skalen können z. B. auch bei quantitativen Beobachtungen eingesetzt werden.

Bi- und multivariate Verfahren kombinieren Aussagen unterschiedlicher Ebenen und Daten miteinander. Daten aus Befragungen von Schüler:innen (Individualfaktoren) können hier z. B. mit standardisierten Beobachtungen des Unterrichts und Erhebungen zu Merkmalen einer Schule (beides Aggregatsfaktoren) kombiniert werden (vgl. Böhm-Kasper/Weishaupt 2008: 114). So kann herausgefunden werden, wie Lehr-Lernmethoden im Unterricht wirken oder auch welche Bedeutung die Qualität einer Schule (Ausstattung, Abschlussniveaus, sozialgeographische Lage) für den Unterricht und die Leistungen hat. Auch kann untersucht werden, ob die Aggregatmerkmale für alle Schüler:innen gleich wirken oder inwiefern sich diese Wirkung je nach Individualmerkmalen unterscheiden (ebd.). Böhm-Kasper und Weishaupt (ebd.) unterscheiden in Bezug auf die Kombination der Variablen drei Arten von Effekten, die mit multivarianten Analysen erzielt werden können: (a) Effekte individuumsbezogener Variablen (z. B. Alter, Geschlecht, Vorwissen) in Bezug auf die Merkmale von Unterricht und Schule; (b) Effekte der Aggregatsmerkmale (z. B. Unterrichtsstil, Schul- und Klassenklima, Schulprofil) in Bezug auf die Individuen (z. B. Lernmotivation, Lernleistung); (c) Effekte des Zusammenwirkens von Individual- und Aggregatsmerkmalen (i. e. »cross-level«-Effekte oder Interaktionseffekte).

b)   Lineare Strukturgleichungsmodelle

Ein Ideal von quantitativen Verfahren ist es, die in den Hypothesen enthaltenden Kausalannahmen verifizieren oder falsifizieren zu können. Dies ist hier bereits an zwei Stellen problematisiert worden: erstens sind Kausalitätsverkettungen gesichert nur im Labor möglich, zweitens werden häufig Korrelationen als Kausalverkettung gewertet (bsp. Gewaltbereitschaft von Gamer:innen, s. o.). Böhm-Kasper und Weishaupt (ebd.) stellen ein lineares Strukturgleichungsmodell vor, mit dessen Hilfe die in Hypothesen enthaltenen Kausalitäten auch in multivariaten Untersuchungen analysiert werden können. Es handelt sich hierbei um eine mathematisch elaborierte Pfadanalyse, mit der Ursachen, Wirkungen und Prognosen erstellt werden können. Was heißt das?

Eine Pfadanalyse zielt auf die Herstellung eines Zusammenhangs. Z. B. sollen in multivariaten Analysen Zusammenhänge zwischen einer abhängigen und einer oder mehreren unabhängigen Variablen erkannt werden. Dazu werden Regressionsanalysen gemacht, in denen Korrelationen (also die Kopplung von Variablen) in eine lineare Strukturgleichung gebracht werden. Diese Operation nennt man Regression. In einer Untersuchung zur Wirkungsweise des Familieneinkommens auf die Leistungsfähigkeit von Kindern (vgl. z. B. Tophoven 2011) wäre eine unabhängige Variable z. B. das Einkommen der Familie, die abhängige und vorherzusagende Variable die Leistungsfähigkeit des Kindes. Die unabhängigen Variablen können auch als Prädiktor (lat. *praedicere* = vorhersagen) bezeichnet werden. Je stärker der Zusammenhang zwischen unabhängiger und abhängiger Variable ist, desto genauere Vorhersagen sind möglich. Diese werden über den Umweg der Korrelationsanalyse möglich. So spiegelt ein statistischer Zusammenhang aus Daten zu Familieneinkommen und Leistungsfähigkeit eine Korrelation von hohem Einkommen und Leistungsstärke vs. einer Korrelation von niedrigem Einkommen und Leistungsschwäche (ebd.). In einen Kausalzusammenhang kann diese Korrelation durch eine Regressionsanalyse gebracht werden. Hier wird die durchschnittliche Beziehung zwischen abhängiger und unabhängiger Variable (der Korrelationskoeffizient) in ein lineares Modell umgerechnet, das es ermöglicht, Vorhersagen und Kausalzusammenhänge herauszustellen. Hierzu existieren integrierte Programme in SPSS, wie etwa der LIS-

REL-Ansatz, der es möglich macht, multiple abhängige (und unabhängige) Variablen in Verbindung zueinander zu setzen (vgl. Böhm-Kasper/Weishaupt 2008: 117).

Resümee zu quantitativen Forschungsmethoden

Auch wenn es in den Gegenstandsbezügen der quantitativen Forschungsmethoden große Unterschiede gibt, so lassen sich doch Gemeinsamkeiten feststellen. So geht es in quantitativen Forschungen um die Ermittlung nomologischen (gesetzesförmigen) Wissens, d. h. die Hypothesenbildung am Anfang von Studien hat zum Ziel, Wissen bereitzustellen, das Kausalzusammenhänge aufdeckt und Prognosen ermöglicht, zumindest aber auch auf Korrelationen verweist, aus denen dann – z. B. mittels linearer Strukturgleichungen – wahrscheinliche Kausalitäten errechnet werden können. Bedeutsam in der quantitativ empirischen Forschung ist der Zusammenhang von Objektivität, Reliabilität und Validität. So haben Datenerhebungen den Anspruch, möglichst objektiv zu sein und exakte belastbare (reliable) Aussagen zu machen. Dies ist die Voraussetzung für ein valides Ergebnis, also ein Ergebnis, das genau das gemessen hat, was gemessen werden sollte. Von großer Relevanz dabei ist, dass das Ergebnis repräsentativ ist. Dies stellen die unterschiedlichen Verfahren jeweils mit eigenen methodischen Operationen sicher. Gemeinsam ist ihnen, dass die richtigen Variablen gefunden werden müssen, um einen Untersuchungsgegenstand angemessen zu bearbeiten.

5.3 Qualitative Forschung

Mit den historisch-systematischen Herangehensweisen hat *qualitative Forschung* (lat. *qualitas* = Qualität) gemeinsam, dass es ihr auch um Theoriebildung geht. Mit dem Fokus auf die empirische Analyse von Erfahrungen teilt sie mit quantitativen Methoden ein Verständnis darüber, dass Wissen auf der Grundlage der Lebenswirklichkeit gewonnen werden kann. Gleichwohl grenzt sich qualitative Forschung auch von beiden Perspektiven ab. Von der theoretischen Forschung vor allem hinsichtlich der Zentralstellung der Gegenwartsbedeutung und des Anspruchs, sich von einer idealisierenden Tradition abzusetzen, wie sie in den Anfängen geisteswissenschaftlicher Pädagogik steckte. Von der quantitativen Forschung grenzt sich qualitative zunächst dadurch ab, dass sie sich von der Orientierung an Zweckrationalität distanziert. Diese Zweckrationalität haben wir oben mit Blick auf die Ermittlung von Kausalitäten und die Prognostizierbarkeit herausgestellt. Damit wäre empirische Wissenschaft orientiert an Zwecken zur Zielerreichung und könnte – so war die Hoffnung vieler Empiriker – auch für das Soziale eine Technologie entwickeln, die wirksame Handlungsweisen aufzeigt. Solche Vorstellungen sind in vielen Teilen der quantitativen Lehr-Lernforschung noch aktuell.

Einen Einwand dagegen ruft historisch schon Max Weber (1864–1920) auf den Plan, als er sich mit den Grenzen der Objektivität sozialwissenschaftlicher Erkenntnis und damit auch der Vorhersage gelingenden Handelns auseinandersetzt. Denn Weber stellt der Zweckrationalität wissenschaftlicher Orientierung die Wertrationalität des Handelns gegenüber, die von jeweils konkurrierenden Wertvorstellungen bestimmt ist (Weber 1904/1988). Wissenschaftliches Wissen könne »niemanden (…) lehren, was er *soll,* sondern nur, was er *kann* und – unter Umständen, was er *will*« (ebd.: 151). Insofern unterscheiden sich Prinzipien der Erkenntnisgewinnung in qualitativen Verfahren fundamental von jenen der quantitativen Vorgehensweisen – und zwar wie folgt:

- Die Annahme darüber, dass *Wissen an der »wirklichen Welt«* (▶ Kap. 5.2) gewonnen werden kann, haben qualitative und quantitative Verfahren gemeinsam. Dabei ist jedoch die Perspektive auf die »wirkliche Welt« sehr unterschiedlich. Während quantitative Verfahren Kausalzusammenhänge und Korrelationen zentral setzen, sind qualitative Verfahren auf *die Hervorbringung von Bedeutung* orientiert. Häufig wird dies in die Semantik einer Unterscheidung von Erklären (quantitative) und Verstehen (qualitativ) gegossen, aber verkannt, dass in der jeweils anderen Methode auch verstehende und erklärende Anteile enthalten sind. Qualitative Methoden nutzen zur Explikation von Bedeutung inter-

pretative Methoden der Sozialforschung, mit denen sie die Hervorbringung von Sinn und Positionierungen von Handelnden im Unter-
suchungsfeld herausarbeiten können. Dazu gehört auch die Reflexion
der eigenen Positioniertheit der Forschenden.

• Während in quantitativen Verfahren die Ordnungen, Strukturen und
Gesetzmäßigkeiten analytisch-nomologisch erfasst werden sollen (i. S.
der Erklärung von Kausalverkettungen und Korrelationen), werden die
Wissensordnungen, die mit qualitativen Verfahren herausgearbeitet
werden, *ideographisch* genannt (gr. *Ideos* = eigen; *graphein* = schreiben).
Das ideographische Wissen scheint anschlussfähiger an die theoretischen Methoden (▶ Kap. 5.1), da auch bei ihnen die Explikation von
Bedeutung im Vordergrund steht und in ihrem Eigensinn herausgearbeitet wird (vgl. Koller 2012: 181). Qualitative Methoden kommen
gleichzeitig mit viel geringeren Fallzahlen als quantitative Zugänge aus,
da es nicht um einen repräsentativen Querschnitt geht, sondern um die
Erkennung von Mustern und Ordnungsstrukturen des Handelns.

• Ebenso wie in den quantitativen Verfahren soll in qualitativen *Verfahren*
wissenschaftliches Wissen an der Realität gewonnen werden. Dabei werden
jedoch möglichst wenige Hypothesen vorausgeschickt, es gilt das Primat
der Offenheit von Erkenntnisprozessen und Feldzugängen (vgl. Bohnsack 2003: 20). Die qualitativen Verfahren messen Hypothesen – also der
vorgängigen Auseinandersetzung mit Theorie – vielmehr einen heuristischen Stellenwert bei und nutzen die Hypothesen als sensibilisierende
Konzepte, mit denen sie sich über das Vorwissen und die Vorannahmen
zum Forschungsgegenstand in Beziehung setzen. Sie dienen der Vergewisserung über die Positioniertheit der Forschung im Verhältnis zum
Untersuchungsgegenstand. Die Bildung intersubjektiv nachvollziehba-
rer Hypothesen steht dann erst am Ende des Forschungsprozesses.
Darum werden qualitative Verfahren auch theoriebildende Verfahren
genannt.

• Dem Primat der Offenheit steht eine methodische Kontrolliertheit gegenüber, die weniger auf Standardisierung der Verfahren setzt (wie in
quantitativen Methodologien) als vielmehr *das kontrollierte Fremdver-*
stehen in den Mittelpunkt der Erkenntnis setzt. Dies bedeutet, der
Struktur des Feldes jeweils gerecht werden zu wollen, indem das Besondere der Sinn- und Relevanzstruktur eines Feldes herausgearbeitet

wird. Dazu ist es notwendig, mit dem Datenmaterial kommunikativ in Kontakt zu treten und es intersubjektiv nachvollziehend auf seine Regelhaftigkeit und Sinnstrukturiertheit zu untersuchen (Schütz 1971; Lamnek 2010).

Gegenstandsbestimmung und Fragestellungen

Kennzeichnend für qualitative Methodologien ist die Orientierung am Prozesscharakter von Forschung und Gegenstand (Lamnek 2021). Da soziale Prozesse als dynamisch gefasst werden, wird davon ausgegangen, dass sich auch Forschung an diese Wandelbarkeit anpasst. Gegenständlich werden in der qualitativen Forschung Ausdrucksgestalten der sozialen Wirklichkeit, also z. B. Verhaltensweisen, Aussagen, Dokumente und Protokolle von Prozessen, Organisationen und Institutionen der Bildung und Erziehung, die zu erkennen geben, wie sich soziale Ordnungen und Handlungsmuster in individuelle Ausdrucksgestalten eingeschrieben haben und inwiefern diese Ausdrucksgestalten auch einen jeweiligen Beitrag zur Konstitution und Reproduktion der sozialen Ordnungen leisten.

Die Gegenstandskonstitution in qualitativen Untersuchungen folgt einer Verstehens- und Nachvollzugsperspektive. Dies führt häufig zu dem Missverständnis, die Forschung sei rein subjektiv, weil sie nicht die Objektivität repräsentativer quantitativer Verfahren erreichen könne. Eine statistische Repräsentativität kann durch qualitative Forschung auch nicht erreicht werden, dazu sind die Fallzahlen zu klein (s. o.). Jedoch ist die Gegenstandskonstitution nicht auf den Querschnitt durch eine Gruppe gerichtet, die alle Personen einer bestimmten Gruppe (z. B. alle 15-jährigen Schüler:innen) repräsentieren kann. Vielmehr geht es um die sinnverstehende Auseinandersetzung mit (Einzel-)Fällen. Dabei wird davon ausgegangen, dass sich in die Fälle gesellschaftliche Ordnungsstrukturen einschreiben: ein Fall repräsentiert insofern eine spezifische Auswahl an der begrenzten Vielzahl an gesellschaftlichen Handlungsmöglichkeiten (Friebertshäuser/Langer/Prengel 2013).

Die Gegenstandsbestimmungen und Fragestellungen qualitativer Verfahren lassen sich vor diesem Hintergrund in drei Gruppen aufteilen (vgl. Lamnek 2010: 28):

- *Deutungsmuster, Erfahrungsräume, Lebenswelten, Diskurse* fokussieren auf Gegenstände, in denen das Regelwissen und die Relationierung von Einzelnen oder Gruppen zu gesellschaftlich geteilten Sinnbezügen herausgearbeitet werden sollen. Dabei kann das Spezifikum erziehungswissenschaftlicher qualitativer Forschung am Gegenstand und am zu untersuchenden Feld festgemacht werden, dessen Strukturlogik im Forschungsprozess rekonstruiert wird (Ackermann u.a. 2012: 12). Die rekonstruktive Erschließung eines Gegenstandes meint, dass der Sinngehalt Schritt für Schritt erschlossen wird – z.B. anhand von Texten, Interview- und Interaktionstranskripten, Video als Ausdrucksgestalten der Lebenspraxis sowie Artefakten und Dokumenten und ihrer sequenziellen Interpretation.
- Die Beschreibung *sozialen Handelns und sozialer Milieus* wird in biografischen und prozessförmig bestimmten Verfahren zum Gegenstand. Dabei werden die Tiefenstrukturen der Kommunikation und die prozesshaften Verläufe des So-und-nicht-anders-Gewordenseins thematisch (Lamnek 2012: 27f.). Forschungen, die sich gegenstandstheoretisch auf biographische oder generationale Verläufe beziehen, sind hierfür prädestiniert und gleichzeitig idealtypische Ausdrucksgestalten erziehungswissenschaftlicher Fragestellungen, da Prozesse des Werdens sich jeweils als (Subjekt-)Bildungsprozesse oder kollektive (Sinn-)Bildungsprozesse verstehen lassen (dazu: Oevermann 2013; Koller 2012).
- Gegenstandsbestimmungen, die *Perspektiven von Akteuren selbst zum Sprechen bringen*, drehen sich in der Regel um den Nachvollzug subjektiver, intentionaler Sinngehalte. Mit Lamnek (2010: 27) lassen sich hier Forschungsperspektiven beschreiben, die versuchen, dem Subjekt gerecht zu werden bzw. es zur Sprache zu bringen. Insofern fokussieren Fragestellungen, die dieser Gegenstandsbestimmung zugeordnet werden können, die Dokumentation und Archivierung von subjektiven Äußerungen. Die Anwendung solcher Verfahren dient häufig auch der Illustration von Forschungshypothesen (in quantitativen Verfahren).

Ähnlich wie in den quantitativen Verfahren das Experiment und die Laboruntersuchung einerseits aus Platzgründen, andererseits aus Aktualitätsgründen nicht aufgenommen wurde, wird auch hier eine Auswahl getroffen. Im Schwerpunkt werden bei der Operationalisierung die rekonstruktiven Verfahren dargestellt, nicht die Verfahren, die ihren Gegenstand an den subjektiven, intentionalen Sinngehalten orientieren. Der Grund hierfür ist das Argument, dass der Rückschluss auf Intentionen – also das subjektiv Gemeinte – häufig eine verkürzende Zuschreibung von Sinn beinhaltet, da entweder Fälle lediglich genutzt werden, um fertige Hypothesen zu illustrieren (und somit kein Erkenntnismehrwert von ihnen ausgeht) oder sich die Haltung von forschenden Personen in der Zuschreibung des Gemeinten äußert, weil das, was eine Person gemeint haben mag, letztlich nicht auf Sinn- und Bedeutungsmuster, sondern auf subjektiven Zuschreibungen (der Forschenden) beruht.

Operationalisierung: Datengenerierung und Dateninterpretation

Die Erziehungswissenschaft hat in den letzten 40 Jahren eine große Diversität an Feldzugängen mittels qualitativer Verfahren erschlossen. Auch wenn international vergleichende Perspektiven in der qualitativen Forschung existieren (z. B. Kindheit: Alexander 2000; Einschulung: Rademacher 2009; Jugendforschung: Pfaff/Weller 2024; Hervorbringung ethnischer Differenz: Hummrich/Terstegen/Schwendowius 2022), so wird im Gang durch die Studien deutlich, dass ein globaler Aufwand, wie er bei den OECD-Studien oder anderen Programmen (z. B. der UNESCO Bildungsmonitor), nicht geleistet wird oder werden kann. Dies liegt daran, dass qualitative Forschung für gewöhnlich mit geringeren Fallzahlen arbeitet und sich international vergleichende Studien auch dem historisch-gesellschaftlichen Kontext widmen, der in den großen Vergleichsstudien eine untergeordnete Rolle spielt. Vergleichende Untersuchungen, die qualitativ vorgehen, unterziehen soziales Handeln vor dem Hintergrund jeweiliger Handlungs- und Strukturbedingungen einer komparativen Analyse.

Damit gewinnen qualitative Perspektiven eine möglichst umfassende Beschreibungsfähigkeit des Gegenstandes und seiner Situiertheit in gesellschaftlichen Ordnungen und Normen. Dieser Zugang ist durch eine fortwährende Reflexion des Forschungsprozesses selbst gekennzeichnet (vgl. Krüger 2009). Die Möglichkeit, diese Bedeutungsexplikationen herauszuarbeiten und Reflexionsprozesse anzustoßen, bedeutet in der Konsequenz, die Notwendigkeit Forschungen auch methodisch kontrolliert durchzuführen. Dies betrifft – ähnlich wie in der quantitativen Forschung – den Prozess der Datenerhebung und Dateninterpretation.

Datenerhebung

Als grundsätzliches Kriterium der Auswahl von Erhebungsmethoden gilt die Gegenstandsadäquanz. Damit verbunden ist die Überlegung, ob die Forschungsfragen mit dem erhobenen Datenmaterial beantwortbar ist. Die Frage, welche generationale Ordnung sich im Unterricht ausformt, kann zum Beispiel mit Interviews nur unzureichend beantwortet werden, da hier vor allem die Perspektiven von Interviewten deutlich werden. Die Frage, welche Vorstellungen Lehrer:innen von professionellem Handeln haben und wie dies mit ihren biographischen Erfahrungen verknüpft ist, kann umgekehrt nicht allein durch Unterrichtsbeobachtung erhoben werden, hier braucht es Interviews. Er gibt eine Fülle an Datenerhebungsverfahren, von denen eine kleine Auswahl im Folgenden vorgestellt werden soll. Die Daten werden nach ihrer Erhebung jeweils aufbereitet: Interviews und Gruppendiskussionen, die im Folgenden vorgestellt werden, werden nach spezifischen Regeln (s. z. B. Küsters 2009) transkribiert, Feldnotizen und Dokumente aus teilnehmenden Beobachtungen werden in einer Beschreibung festgehalten, aus Videographien und Netnographien werden aussagekräftige Bilder herausgesucht und zu dem Text vermittelt, der ihnen als Tonspur oder Begleittext unterliegt.

a)   Interviewverfahren

An erster Stelle der Datenerhebung stehen häufig Interviewverfahren. Sie eignen sich hervorragend, um subjektive Erfahrungen im prozessualen Verlauf zu untersuchen. Das bedeutet, dass mit dem Interview jeweils die Perspektive der interviewten Person eingeholt wird, die von für sie selbst relevanten Erfahrungen erzählt. Ob sich erzählte Lebensgeschichte z. B. in der Realität objektiv so zugetragen hat wie im Interview dargestellt, ist nicht überprüfbar und ist auch nicht von Interesse, da es zunächst darum geht, die Perspektive der interviewten Personen(gruppen) einzuholen.

Qualitative Interviews zeichnen sich – im Gegensatz zur standardisierten Massenbefragung – durch Offenheit aus (Honer 2003), das bedeutet, die Fragen werden so gestellt, dass die Interviewten erzählend darauf antworten können. Der Grad der Offenheit variiert allerdings. Als Hauptformen lassen sich unterscheiden:

- Das *Leitfadeninterview* ist relativ deutlich durch die interviewende Person strukturiert. Es geht darum, bestimmte Themenfelder anzusprechen und dabei die Interviewten dazu anzuregen, ihre Erfahrungen zu den Themenfeldern zu erzählen (Marotzki 2003). Zu den Leitfadeninterviews können z. B. auch themenzentrierte/problemzentrierte Interviews gerechnet werden, die den thematischen Fokus eng setzen und dazu Leitfragen entwickeln. Ein Beispiel für den Einsatz von Leitfadeninterviews sind u. a. Interviews mit Kindern (Vogl 2021), da die teilstandardisierte Frageform dazu verhilft, eine Strukturierung im Interview zu finden.
- Das *Expert:inneninterview* ist auch eine stärker vorstrukturierte Interviewform, die vor allem spezialisiertes Sonderwissen erfragt. Grundannahme ist, dass Expert:innen einen Wissensvorsprung haben, ihnen aber die spezifischen Bedingungen und Dimensionen ihrer Expertise nicht bewusst ist. Dieses implizite Wissen muss dann rekonstruiert werden. Expert:inneninterviews werden auch leitfadengestützt durchgeführt. In erziehungswissenschaftlichen Fragestellungen kommen sie u. a. in der Professionsforschung zum Einsatz, aber auch in Forschungen zu Organisationsformen der Sozialen Arbeit, Perspektiven von Entscheidungsträger:innen zur Organisation sozialer/pädagogischer Prozesse usw. (vgl. Liebold/Trinczek 2009).
- Das (autobiographisch) *narrative Interview* ist die offenste Interviewmethode, d. h. die Methode, die den Interviewten am meisten Strukturierungsmöglichkeiten lässt. Das Interview ist untergliedert in einen Erzählstimulus, der eine möglichst weite Fragestellung beinhaltet (z. B. dazu auffordert, die eigene Biographie zu erzählen), einen immanenten Nachfrageteil zu Themen, die die interviewte Person selbst aufgebracht hat und einen exmanenten Nachfrageteil, mit dem Themenfelder abgearbeitet werden, die für die Untersuchung wichtig sind, aber in der Erzählung noch nicht vorkamen (Küsters 2009; Riemann 2003, Schütze

1983). Das narrative Interview bietet sich bei Forschungsgegenständen an, in denen die Genese des Subjekts selbst im Vordergrund steht. Damit können z. B. Bildungsprozesse in ihrer subjektiven Bedingtheit erhoben werden (Koller 2012). Ein Beispiel für ein Interviewtranskript findet sich in Auszügen im vierten Kapitel (▶ Kap. 4.5).

b)   Gruppendiskussionsverfahren

Das Gruppendiskussionsverfahren wurde von Ralf Bohnsack in Deutschland aufgegriffen, nachdem es im angloamerikanischen Raum schon in den 1940er Jahren entwickelt wurde. Ziel ist es, Daten zu kollektiv geteilten Orientierungen zu sammeln und so gemeinsame Perspektiven von Personengruppen herauszuarbeiten (Bohnsack 1997). Das Verfahren ist, wie die anderen Methoden auch, regelgeleitet. So werden die tragfähigsten Ergebnisse erzielt, wenn Realgruppen befragt werden, d. h. Gruppen, die z. B. als Freundesgruppe, als Familie, als Interessenverband usw. schon vorher existiert haben. Ebenso wie beim narrativen Interview wird ein Erzählstimulus an den Anfang einer Gruppendiskussion gesetzt, der das Ziel hat, eine möglichst offene und selbstläufige Diskussion unter den Teilnehmenden anzuregen. In der Erziehungswissenschaft wird das Gruppendiskussionsverfahren z. B. in der Medienforschung (Schäffer 2001), in der Schulforschung (Hummrich u. a. 2024) und in der Jugendforschung (Pfaff 2006, Hoffmann 2014) eingesetzt.

c)   Teilnehmende Beobachtung

Schon in der Chicago School und unter Einfluss der erwähnten Wissenschaftler George Herbert Mead und John Dewey entwickelte sich das Verfahren der teilnehmenden Beobachtung in den 1940er Jahren systematisch als sozialwissenschaftliches Verfahren. Dabei orientierten sie sich an ethnologischen Verfahren, die die Beobachtung und Protokollierung zum Gegenstand eines verstehenden Zugangs zum Forschungsfeld machen. Die damit verbundene Bezeichnung *Ethnographie* impliziert, dass soziale Praxis oder Praktiken durch das Wechselspiel aus Teilnahme und Beobachtung angemessen verstanden werden kann (Breidenstein u. a.

2013/2015). Soziale Praktiken zu protokollieren ist also das Hauptanliegen der teilnehmenden Beobachtung: dabei wird Praxis beobachtet, es werden Gespräche geführt und Beobachtungen und Gespräche werden als Feldnotizen, Ton- und Bildmitschnitte oder Textartefakte (z. B. Aufgabenblätter im Unterricht, Flyer, Ratgeber) protokolliert. Aus diesen Dokumenten werden dann Protokolle angefertigt, in denen die sozialen Praktiken dargestellt und beschrieben werden (ebd.). Ein Beispiel für ein Protokoll aus einer teilnehmenden Beobachtung findet sich im vierten Kapitel (▶ Kap. 4.6)

d)   Videographie und Netnography

Dass sich mit den modernen Techniken auch die Verfahren der Datenerhebung ausdifferenziert haben, hat Burkhard Schäffer eindrücklich gezeigt (Schäffer 2022). Er schreibt der technischen Entwicklung, z. B. den Möglichkeiten immer kleinerer Aufnahmegeräte, einen entscheidenden Beitrag zur Etablierung qualitativer Methoden zu. Mit der digitalen Entwicklung entstehen dabei einerseits neue Erhebungsmöglichkeiten, z. B. die Videographie, mittels derer die Aufnahme sozialer Praxis nicht nur als Tonspur, sondern auch als Bildmaterial vorliegt; andererseits entstehen im Internet – insbesondere den Sozialen Medien – neue Formen sozialer Praxis, die selbst zum Gegenstand der Datenerhebung werden (z. B. Selbstpräsentationen Jugendlicher auf Plattformen sozialer Medien) und i. S. einer *Netnography* (in Anlehnung an den Ethnographiebegriff) zum Gegenstand des verstehenden Nachvollzugs werden.

Gemeinsam ist der Videographie und der Netnography die Herausforderung, die Kombination von Text und Bild zu angemessenem Datenmaterial zu verarbeiten, die Vielfalt der Eindrücke also so aufzubereiten, dass sie für die interpretativen Verfahren tauglich sind. So führen Dinkelaker und Herrle (2009) unterschiedliche Varianten des Zugriffs auf Videodaten auf, die von schlichten Verbaltranskripten reichen, die durch Gesten- und Mimiktranskripte und Beobachtungsprotokollen angereichert werden, bis hin zur Auswahl bestimmter Bildfolgen und (Bewegungs-) Skizzen als Protokolle räumlichen Handelns. Aus der Erwachsenenbildung (ebd.) und der dokumentarischen Unterrichtsforschung (Asbrand/Martens

2018) gibt es Beispiele der Umsetzung solcher Datensammlungen (und ihrer Interpretation).

Ähnlich wird strategisch bei der Datengenerierung auf Social-Media Plattformen wie Instagram oder TikTok umgegangen (Flasche/Carnap 2021). Es werden also auch Bild- und Tonspuren dokumentiert und zur Interpretation aufbereitet. Deren Sinngehalt kann im Anschluss mit unterschiedlichen Auswertungsmethoden rekonstruktiv erschlossen werden.

Wenn wir vorher auf textliche Aufbereitungen von Daten hingewiesen haben, so zeigt sich hier am Beispiel eines Instagram Posts (Schreiber/ Kramer 2016) die Unterschiedlichkeit in der Datenlage (Abb. 5.2 auf der folgenden Seite).

An diesem Beispiel deutet sich die zunehmende Komplexität an Datengewinnung und -aufbereitung an. Vielfach werden die unterschiedlichen Erhebungsverfahren kombiniert. Sie können sowohl im Sinne einer explorativen Studie eingesetzt werden, in der das Feld pilotierend erkundet wird, als auch in ausgereiften groß angelegten Studien, die Praktiken, Erfahrungen und Haltungen miteinander vergleichen und zueinander relationieren.

Dateninterpretation

Die Datenauswertung in qualitativ-empirischen Verfahren kann als Interpretation oder Deutungsarbeit verstanden werden (Lamnek 2010). Das bedeutet aber nicht, dass man Daten und Theorie schlicht abgleicht oder Daten mit eigenen Erfahrungen oder Haltungen vergleicht. Deuten heißt auch nicht wahrsagen oder erfinden. Vielmehr geht es auch hier um die Etablierung methodischer Kontrolle, gemäß der die Sinnbezüge von Handlungen erschlossen werden können (Reichertz 2007: 1999). Dies bedeutet, dass Verfahren gewählt werden, die das Zustandekommen von Sinn methodisch kontrolliert nachvollziehen: also Verfahrensschritte etablieren, die zugrunde liegende Sinnkonstruktionen erschließen. Hierbei kann man kodierende und sequenzanalytische Verfahren unterscheiden.

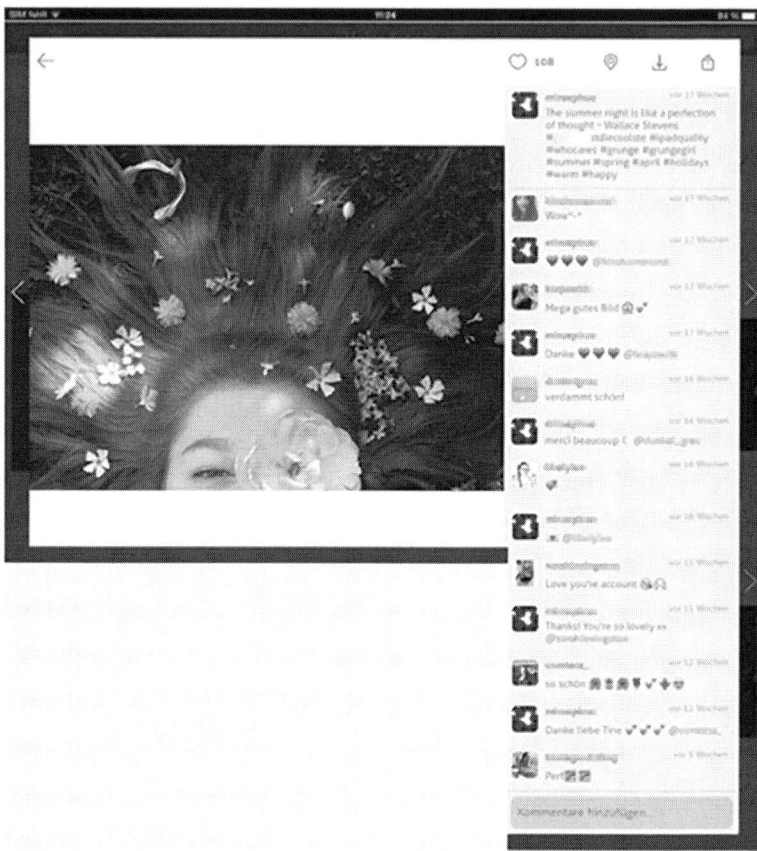

Abb. 5.2: Instagrampost »Lara« (Schreiber/Kramer 2016)

a) Kodierende Verfahren

Die qualitative Inhaltsanalyse wird hier vor allem deshalb benannt, weil sie es vermag, Texte inhaltlich aufzuschließen (Mayring 2000), indem sie aus ihnen zentrale Schlüsselbegriffe (Codes) abstrahiert und übergreifende Kategorien bildet. Das Verfahren wird häufig vor allem mit Blick auf den manifesten Sinngehalt angewandt und behauptet eine Nähe zu quantitativen Verfahren (ebd.). Mit Blick auf das hieraus entwickelte Auswertungsprogramm MAX-QDA (Kuckartz 2016) kann das Verfahren der qualitativen Inhaltsanalyse sich insbesondere zur Erschließung von Themen und Inhalten in Forschungsdokumenten als nützlich erweisen – etwa um geeignete Textstellen zur weiteren (rekonstruktiven) Interpretation herauszuarbeiten. Seine Grenzen hat es jedoch in der Sinnerschließung, da ein vorrangiges Ziel ist, große Text-/Datenmengen schnell zu reduzieren und qualitative Forschung vor allen anschlussfähig für quantitative Verfahren zu machen (Mayring 2000). Damit wird die Eigenlogik von qualitativen Verfahren nicht in ihrem Potenzial ausgeschöpft.

Ein sehr etabliertes und anerkanntes Verfahren, in dem u.a. mit Codierung gearbeitet wird, ist die *Grounded Theory*. Hier gehen Datengenerierung, -aufbereitung und -interpretation miteinander einher (Glaser/ Strauss 1979). Im Mittelpunkt steht die Idee der komparativen Analyse, also der sukzessiven Hinzuziehung von Fällen, die gemessen am Gegenstand und der Spezifik vorgängiger Fälle Kontraste im Feld der möglichen Fälle abbilden. Dadurch wird eine theoretische Sättigung erreicht. Datenquellen sind schriftliche Formate oder auch Interviewtranskriptionen. Die Daten werden je Fall *offen kodiert*, das heißt aus dem Material heraus werden Schlüsselbegriffe abstrahiert, die für den Fall typisch sind. Anhand dieser Schlüsselbegriffe können zwischen Fällen permanent Vergleiche stattfinden, um so fallübergreifende Kategorien zu bilden. Im zweiten Schritt wird *selektiv kodiert*, d.h. die Kodierung erfolgt anhand der entwickelten Kategorien und die Daten (z.B. Interviewtranskriptionen) werden erneut durchforstet nach den möglichen gehaltvollen Mehrinformationen zu einer Kategorie. Das Codieren erfolgt also in einem zirkulären Prozess. Vielfach erfolgt eine interpretative Auseinandersetzung über den Geltungsbereich von Kodes innerhalb einer sequenzanalytischen Interpretation. Ethnographische Untersuchungen orientierten sich zentral an der Gounded Theory (Hünersdorf/Müller/Maeder 2008). Erziehungswissenschaftliche Beispiele hierfür sind die Arbeiten zum Schülerjob (Zarborowski/Meier/Breidenstein 2013; Breidenstein 2008), sowie kindheitstheoretische Untersuchungen (vgl. Bollig/Kelle 2008). Aber auch einige biographieanalytische Untersuchungen stützen sich auf die Grounded Theory (Dausien 2004; Schwendowius 2015; Hinrichsen 2020). Sie beziehen hier auch sequenzanalytische Schritte (s.u.) ein.

b)   Sequenzanalytische Verfahren

Für die Analyse biographischer Prozessstrukturen hat sich neben der Grounded Theory auch die *sozialwissenschaftliche Prozessanalyse* (Schütze 2016) etabliert, mit der unterschiedliche Prozessdimensionen des Lebenslaufs abstrahierbar werden. Schütze (1983) nennt vier Prozessdimensionen: die Verlaufskurve, in der Biographietäger:innen die Einflussnahmemöglichkeiten auf ihre Lebenspraxis immer wieder als nur gering erleben; das institutionelle Ablaufschema, in dem sich vor allem an den normativen Rahmungen institutioneller Verläufe (z. B. Einschulung, Umschulung, Schulabschluss, Ausbildung, Heirat usw.) orientiert wird; das aktive Handlungsschema, das einen hohen Anspruch an eigener Gestaltungsfähigkeit in die biographische Erzählung einlagert; und den biographischen Wandlungsprozess, in dem z. B. eine Verlaufskure überwunden und durch ein aktives Handlungsschema ersetzt wird. Mittels der Fallanalysen, die diesem Paradigma zugeordnet werden konnten, sind einige Beiträge zu den Paradoxien sozialer Arbeit (Schütze 2016) entstanden und auch Beiträge zu Prozessen der Subjektgenese (vgl. Krüger/Marotzki 2006).

Auch die *Objektive Hermeneutik* ist den sequenzanalytischen Verfahren zuzuordnen. Hauptsächlich anhand von Texten als Protokollen von Ausdrucksgestalten der sozialen Wirklichkeit wird deren Bedeutungslogik erschlossen (Wernet 2021). Grundannahme ist, dass die soziale Welt sinnstrukturiert ist und jedes Handeln sich jenseits des subjektiv gemeinten Sinns auf die regelhafte Sinnstruktur bezieht. Diese Sinnstrukturen sind den Handelnden selbst meist verborgen (z. B. wie ›man‹ grüßt, welche sozialen Differenzierungspraktiken üblich sind usw.). Darum werden sie latente Sinnstrukturen genannt. Handelnde wählen in konkreten Situationen ihre Optionen entlang der ihnen zur Verfügung stehenden Regeln[27]. Über die sequenzanalytische Rekonstruktion der Abfolge (indem

---

27 Ein bekanntes Beispiel dafür ist das Grüßen. Wenn sich zwei Freunde treffen, gibt es je nach Bekanntschaftsgrad, Lebensalter und z. B. vorgängiger Erfahrungen in der Freundschaft Regeln des Grüßens. Die Beziehungen sind dabei als reziprok (i.S. von gegenseitig) gedacht. Wenn nun ein Freund den anderen grüßt, entscheidet der zweite spontan über den Anschluss. Er kann den Gruß erwidern oder verweigern. Er kann die Art des Grüßens wiederholen oder formeller bzw. informeller agieren.

Schritt für Schritt auf den Sinngehalt der Handlung geschlossen wird) kann auf die latente Sinnstruktur einer individuierten Fallstruktur (einer Interaktion, einer sozialen Praxis, eines Interviews) geschlossen werden (Oevermann 1983; Wernet 2000; 2006/2023). Die Objektive Hermeneutik findet eine breite Verwendung in der Erziehungswissenschaft, da sich mit ihr analysieren lässt, wie sich in sie Spuren der gesellschaftlich normativen Ordnungen einschreiben (Helsper 2022).

Die *Dokumentarische Methode* untersucht die gesellschaftlichen und milieuspezifischen Orientierungsrahmen in Gruppen (Milieus) und die milieuspezifischen Orientierungen von Einzelpersonen (Bohnsack 2003; Nohl 2009). Der zentrale theoretische Bezug kommt aus der Sozialtheorie Karl Mannheims, der zwischen kommunikativem und konjunktivem Wissen unterschieden hat. Das ist einerseits Wissen, das explizierbar ist, andererseits atheoretisches, implizites Erfahrungswissen (Mannheim 1980). Auch diese Orientierungen (Muster oder Strukturen) sind den Handelnden meist nicht bewusst, sondern werden sequenzanalytisch erschlossen. In der Dokumentarischen Methode erfolgt die Analyse ebenfalls entlang des So-und-nicht-anders-Gewordenseins des Textes, wobei Schritt für Schritt der immanente Sinngehalt – inhaltlich – erschlossen wird und danach der dokumentarische Sinngehalt, also die sich in einem Text (Gruppendiskussion, Interview) dokumentierenden Orientierungen, herausgearbeitet wird. Die Dokumentarische Methode hat in der Erziehungswissenschaft in den letzten 20 Jahren eine breite Rezeption erfahren und sowohl kollektive Orientierungen in Gleichaltrigengruppen als auch im Unterricht als auch die Relationierung einzelner in ihren biographischen Prozessen untersucht (Bohnsack 2003; Nohl 2009).

Exkurs: Bild- und videoanalytische Verfahren

Die Gemeinsamkeit der Verfahren, die unter a) und b) genannt wurden, besteht darin, dass sie Texte als Ausdrucksgestalten sozialer Wirklichkeiten zentral setzen. Zur Bedeutsamkeit textlicher Ausdrucksgestalten treten aber durch den »Iconic Turn« – also der zunehmenden Bedeutung von Bildern im Sozialen – und auch mit dem digitalen Wandel Bilder und Videos als Interpretationsdaten hinzu. Hierauf haben Methoden wie die

Objektive Hermeneutik (z. B. Kraimer 2012) und die Dokumentarische Methode (Bohnsack 2013) jeweils eigene Antworten gefunden. Dabei ist ein zentrales Problem die Sequenzialität. So ist das »Machen« von Bildern und Videos selbst eine soziale Praxis. Das Produkt (Bild oder Video) ist dann ein Artefakt und kann als Protokoll sozialer Wirklichkeit behandelt werden. Das bedeutet, die Bild- und Videointerpretation hat den Anspruch, diese Artefakte in ihrer Eigenlogik zu verstehen. Gleichzeitig wird im Vergleich zu Textinterpretationstechniken deutlich, dass die Logik der Sequenzanalyse kaum trägt. Die Strukturlogik von Bildern und Bildersequenzen (in Videos, als eine Reihe von Einzelbildern) kann dabei rekonstruiert werden, indem zum Beispiel auf analytische Verfahren aus der Kunst zurückgegriffen wird, die die Bildaufteilung und die Relationierung belebter und nicht belebter Objekte zum Gegenstand der Analyse machen. Bei Videos entsteht ein Komplexitätszuwachs durch die parallele Tonspur, die transkribiert und sequenzanalytisch interpretiert werden kann (Dinkelaker/Herrle 2004; Asbrand/Martens 2018).

Resümee zu qualitativen Forschungsmethoden

Die qualitative Forschung arbeitet mit Einzelfällen. Sie gewinnt keine Repräsentativität an der querschnittlichen Bearbeitung von Daten, sondern generalisierungsfähige theoretische Hypothesen anhand der Kontrastivität des Feldes: Fälle, die generiert werden, werden abschließend nach Ähnlichkeiten und Unterschieden geordnet. So werden schließlich Typologien gebildet, die mit der theoretischen Heuristik abgeglichen werden können. Dieser Prozess der Theoretisierung ist ein weiterer zentraler Schritt nach der Dateninterpretation. Damit ist gewährleistet, dass die Forschung nicht bei dem Eindruck von Einzelfällen stehen bleibt, sondern das Abstraktionsniveau gesteigert wird. Die Einzelfälle repräsentieren dabei nicht nur das Subjekt, die jeweilige Interaktion oder das spezifische Artefakt, sondern in ihnen spiegelt sich immer auch die Regelbezogenheit, die individuiert hergestellt wird. Dieses Verhältnis lässt sich in der Dialektik von Besonderem und Allgemeinem fassen: so ist kein Individuum und keine Einzelhandlung außerhalb des Sozialen vorstellbar; erkenntnistheoretisch sind – insbesondere in qualitativer Forschung –

allgemeingültige Aussagen angewiesen auf die verstehende Erschließung gesonderter, individuierter Erscheinungen (vgl. Adorno 2010: 203).

5.4   Nach der Analyse: Theoretisierung und Modellierung

An dieser Stelle soll nun diskutiert werden, wie nach einer erziehungswissenschaftlichen Analyse Ergebnisse gesichert und neue Theoriebezüge hergestellt werden können. Die Literatur hierzu ist übersichtlich. Es gibt zwar eine unüberschaubare Menge an methodologischen Ausführungen über Erkenntnistheorie, Forschungs- und Analysemethoden. Diese bleibt aber häufig bei der Darstellung der Methoden stehen. Ebenso unzählig sind die Ratgeber, die Empfehlungen zum Verfassen von wissenschaftlichen Arbeiten im Rahmen des Studiums geben (Bachelor, Master usw.).

Die eigene empirische Beobachtung im Feld der Empfehlungen und im Gang durch unzählige Abschlussarbeiten zeigt, dass viele dieser Empfehlungen (z. B. scribbr.de; die-hausarbeit.de o. ä.) den Hinweis enthalten, keine neuen Bezüge herzustellen, sondern nur knapp Ergebnisse zu präsentieren. Aus unterschiedlichen Gründen, z. B. aufgrund des Wunsches nach einem Ausblick, der alltäglichen Erwartung, dass aufgezeigte Probleme immer einer Problemlösung bedürfen, oder auch der Nähe der Erziehungswissenschaft zum pädagogischen Handeln, »kippen« so oft Abschlussarbeiten im Abschluss in Handlungsentwürfe, die einer wissenschaftlichen Grundlage entbehren. Die Handlungsempfehlungen zum Verfassen wissenschaftlicher Arbeiten (z. B. aus dem Internet) spiegeln die Differenz von Ratgeberliteratur und wissenschaftlicher Literatur (► Kap. 2.1) auf zwei Ebenen wider: (1) Ratgeber suggerieren häufig *eine* Lösung – etwa: »Bilden Sie Hypothesen«. Oder: »Führen Sie keine weiterreichende Literatur an«. Das sind normative Orientierungen, die dem wissenschaftlichen Arbeiten nicht gerade helfen. Was, wenn Hypothesen geprüft und keine neuen gefunden wurden? Was, wenn auf der Grundlage zur Empirie und in Reflexion des Gegenstands neue Erkenntnisse gewonnen wurden, die sich durch bisherige Theorieangebote nicht abdecken lassen? (2) Wissenschaftliche Arbeiten sind keine Ratgeber. Eine Verwechslung würde einen Kategorienfehler bedeuten.

Insgesamt ist der Abschluss einer Arbeit nicht einfach: wie können Erkenntnisse sortiert und zueinander relationiert werden? Wie macht man mit Bezug auf die Theorie abschließend die Erkenntnisse deutlich? Wie geht man mit überraschenden Ergebnissen um? All dies sind Entscheidungen, die weniger auf apodiktische Handlungsempfehlungen verweisen als auf die *Notwendigkeit einer kriterialen Urteilslogik*. Die zentrale Frage lautet also: Wie kann eine Studie, eine Arbeit, eine Untersuchung gegenstandsadäquat zu Ende gebracht werden? Dies lässt sich mit Blick auf die unterschiedlichen Forschungslogiken (theoretisch, quantitativ/hypothesenüberprüfend, qualitativ/hypothesengenerierend) ausbuchstabieren. Dabei wird schließlich reflektiert, wie Ergebnissicherung inhaltlich erfolgen kann und wie die Erkenntnisreichweite selbst reflektiert wird. Dies wird schließlich mit Blick auf Vereinbarkeiten und Unvereinbarkeiten von Forschungslogiken knapp reflektiert.

Historisch-systematische Arbeiten abschließen

Auch wenn am Ende von historisch-systematischen Aufsätzen und Arbeiten die Überschrift »Fazit«, »Schluss«, »Conclusio« oder »Fazit und Ausblick« zu finden ist, lassen sich wissenschaftliche Arbeiten nicht vom Ende her denken. Es ist nicht möglich, vorher zu sagen: Was will ich schreiben? Welche Botschaft soll vermittelt werden? Dies wäre Ratgeberliteratur oder politische Literatur. Die zentrale Frage am Anfang lautet: Worüber will ich schreiben? Und am Ende: Was habe ich herausgefunden und wie lässt sich das weiterdenken? Welche neuen Probleme sind aufgeworfen? Hans-Christoph Koller (2012) macht dies an einem Zitat von Michel Foucault deutlich. Foucault schreibt hier:

> »Ich denke niemals völlig das gleiche, weil meine Bücher für mich Erfahrungen sind, Erfahrungen im vollsten Sinne, den man diesem Ausdruck beilegen kann. Eine Erfahrung ist etwas, aus dem man verändert hervorgeht. Wenn ich ein Buch schreiben sollte, um das mitzuteilen, was ich schon gedacht habe, ehe ich es zu

schreiben begann, hätte ich niemals die Courage, es in Angriff zu nehmen. Ich schreibe nur, weil ich noch nicht genau weiß, was ich von dem halten soll, was mich so sehr beschäftigt. So daß mein Buch ebenso mich verändert wie das, was ich denke. [...] Ich bin Experimentator in dem Sinne, daß ich schreibe, um mich selbst zu verändern und nicht mehr dasselbe zu denken wie zuvor« (Foucault 1996, S. 24, zit. n. Koller 2012, S. 19).

Koller führt dieses Zitat auf, um eine Abhandlung zu seiner Theorie transformatorischer Bildungsprozesse einzuleiten. Es zeigt hier, dass Foucault den Schreibprozess als Bildungsprozess begreift. Es zeigt aber auch, dass die Vorwegnahme von Ergebnissen in wissenschaftlichen Arbeiten die Entdeckung von Neuem begrenzen würde. Und Neues zu entdecken – innovativ zu sein, in Forschungsidee und -umsetzung – ist eine Grundlage eines modernen Wissenschaftsverständnisses.

Das Ziel historisch-systematischer Arbeiten ist die reflektierte, resümierende Auseinandersetzung mit den gewonnenen Erkenntnissen und also auch eine neue Theoriebildung, die mehr ist als bloße Exegese (i.e. Auslegung) von z.B. historischen Quellen (vgl. Tenorth 2018: 91), aber auch keinen Nachteil gegenüber den empirischen Formen von Theoriebildung bedeutet. Norbert Ricken (2020) entfaltet ihre Eigenlogik in der folgenden Systematik.

1. Theoretische Arbeiten, wie sie in historisch-systematischen Analysen gegenständlich sind, erörtern häufig wissenschaftliche Problemstellungen, die einen Gegenstand stimmig erschließen, systematisieren, plausibilisieren und innovative Aussagen folgern (Ricken 2020: 843). Die Theorieangebote, die im vierten Kapitel (▶ Kap. 4) dargelegt wurden, sind Beispiele dafür: ein erziehungswissenschaftliches Problem/ein Gegenstand wird theoretisch-philosophisch, sozialwissenschaftlich und geschichtlich in den Blick genommen und begrifflich analysiert. Hierbei geht es um Sagbarkeits- und Machbarkeitsregeln, die z.B. in Semantiken des Pädagogischen eingelassen sind. Diese abschließend zu reflektieren ist Gegenstand von Theoriearbeit.
2. Zu der Analyse wissenschaftlicher Erkenntnis gehört schließlich auch deren kritische Bewertung. Ricken (2020: 846 ff.) fasst dies unter dem Begriff der Argumentationsanalysen. Im Zentrum stehen Geltungsbehauptungen und Argumentationsformen, die sich mit bestimmten

theoretischen Annahmen und Schlussfolgerungen verbinden lassen. Argumentationsanalysen führen insofern in das Verstehen der Logiken von bestimmten Wissensformen. Wir finden dies am Ende von wissenschaftlichen Arbeiten, die z. B. Begründungen für Themen sozialer Ungleichheit oder die Einschreibung von Ideologien in pädagogisches Handeln aufrufen.

3. In einer Reflexion wird schließlich auch eine Einordnung der Erkenntnisse vorgenommen, also die Erkenntnis selbst noch einmal zum Gegenstand der kritischen Reflexion gemacht. Ricken (2020: 847) ruft dies unter dem Stichwort der »Analysen zur Systematizität« auf. Es geht um die systematische Theoriebildung und »systematische Abgrenzung von wissenschaftlichem Wissen von Lebensweltlichem Wissen« (ebd.).

Der Dreischritt von »Begriffsreflexion – Reflexion der Argumentation – Systematisierung« bringt dabei das Innovationspotenzial der eigenen Studie/des Aufsatzes oder Beitrags zum Ausdruck und legitimiert dabei noch einmal die erziehungswissenschaftliche Positionierung. Was war erziehungswissenschaftlich besonders interessant an der Fragestellung? Was war das Innovative? Wie lässt es sich weiterdenken? Was wurde aber auch nicht herausgefunden? Die kritische Bewertung kann dabei auch in einen Ausblick überleiten, der neue Theorieangebote offeriert und Überlegungen anstellt, wie sich Befunde verändern können, wenn man die Ergebnisse in anderen theoretischen Bezügen weiterdenkt.

Hypothesenüberprüfende (quantitative) Arbeiten abschließen

Es scheint recht einfach: in statistischen und evidenzbasierten Studien liegen Hypothesen vor, die quantitativ überprüft werden. Danach werden deduktive Schlussfolgerungen gezogen (▶ Kap. 5.1), die verifiziert oder falsifiziert werden können. Das lässt sich abschließend bündeln und auf die Fragestellung beziehen. Dieser Prozess kann in eine Modellierung führen, also ein Modell, das Kausalzusammenhänge als Ereignisverkettungen darstellt. In jedem Fall werden jedoch die wichtigsten Ergebnisse dokumentiert. Eine wichtige Rolle spielt hierbei eine einordnende Diskussion. Diese kann in zwei Schritten erfolgen:

1. Die systematische Auseinandersetzung mit Erkenntnissen. Dabei werden zunächst die Ergebnisse oder Befunde (Raithel 2012, Böhm-Kasper et al. 2009) zusammengetragen und zu den Hypothesen relationiert. Es wird verglichen: welche Ergebnisse waren erwartbar und verifizieren somit die Hypothesen, welche waren erwartungswidrig und falsifizieren die Hypothesen? Jürgen Raithel hebt in diesem Zusammenhang heraus, dass gerade auch nicht erwartbare Ergebnisse und statistisch nicht signifikante Ergebnisse (z. B. »Ausreißer« in einer Statistik) interessante Diskussionsgegenstände sein können (ebd.: 195).

2. Gerade vor dem Hintergrund der Erwartungswidrigkeiten, aber auch zur Einordnung der Erkenntnisse in die Systematik des Fachs Erziehungswissenschaft schließt sich somit eine Diskussion der Ergebnisse an (ebd.). Hier geht es nicht nur darum, die eigenen Befunde auf vergleichbare Studien zu beziehen, sondern auch neue Perspektiven anzuregen oder weitere Theorien zur Erklärung von Erwartungswidrigkeiten heranzuziehen.

Hypothesengenerierende (qualitative) Arbeiten abschließen

Während die Erwartungswidrigkeit in hypothesenüberprüfenden Verfahren überrascht (und im Nachgang durch erweiterte Perspektiven erklärt werden muss), ist es in hypothesengenerierenden Arbeiten eher überraschend, wenn eine Überraschung ausbleibt. Mats Trondmann (2008) spricht hier gar von einer wechselseitigen Überraschung von Theorie und Empirie. Weil zu Beginn von qualitativen, hypothesengenerierenden Arbeiten Theorien allenfalls einen heuristischen (vorläufigen) Status haben, ist das Finden von Neuem für diese Untersuchungsperspektive konstitutiv. Folgende Schritte können als charakteristisch für den Theoriebildungsprozess in qualitativen Studien markiert werden:

1. Die Reflexion der eigenen Position im Forschungsprozess und damit auch der Möglichkeiten und Grenzen der Erkenntnis. So eröffnet etwa die eigene Position (als Studentin, als Kind der Arbeiterklasse, als Mann, der migrantisch gelesen wird, usw.) den Feldzugang (vgl. Bourdieu 1998). Andererseits sind bestimmte Zugänge verschlossen, z. b. bestimmte Grade der Authentizität im Nachvollzug einer Praxis, da diese Praxis immer schon eine ist, die durch die Forschenden beeinflusst ist.

2. Die Reflexion der Reichweite der Theorien durch die überraschende Empirie. »Die Empirie sollte als Prüfinstanz fungieren, um den Erklärungswert oder Geltungsbereich einer Theorie zu hinterfragen, um damit die Theorie weiterentwickeln zu können« (Huf/Friebertshäuser 2012: 12). Gerade hier wären im Sinne der Abduktion (▶ Kap. 5.1) neue Hypothesen zu generieren, die die Theorien selbst innovieren oder gar neue Theorien zu schaffen imstande sind.

3. Die Reflexion der Ergebnisse mit Theorie(n). »Die Theorie produziert ein Denkraster, durch das wir unser Forschungsfeld betrachten und dadurch spezifische empirische Befunde hervortreten lassen« (Huf/ Friebertshäuser 2012: 12). Es wird so möglich, die Befunde als »etwas« zu sehen – als Ausdrucksgestalt bestimmter Beziehungen (z. B. Generationsbeziehungen, Machtbeziehungen, rassistisch, sexistisch, klassistisch oder ableistisch konnotierte Beziehungen) und Verhältnisse (Stellung im Verhältnis zur Professionstheorie, im sozialen oder historischen Kontext).

Insbesondere Punkt 1 und 2 sind keine einander ausschließenden Perspektiven, sondern als dialektischer Prozess zu begreifen, in dem das Neue stets als vorgängig schon dagewesen begriffen und in seiner Emergenz (Hervorbringungslogik) erschlossen wird.

Vereinbarkeiten und Unvereinbarkeiten von Forschungslogiken

Der Anspruch moderner Wissenschaft, stets einen innovativen Beitrag zu einem Gegenstand zu leisten, legitimiert die Auffassung davon, dass Wissenschaft gesellschaftlich relevant sei. Es geht darum, Evidenzen aufzuzeigen und das Handeln umfassend begründen und/oder verstehen zu können. Zentral ist es darum, Gewissheiten (z. B. bildungsphilosophisch oder machtanalytisch) zu hinterfragen. Hier ergeben sich unterschiedliche Aufgaben für die verschiedenen methodischen Richtungen. Während – knapp gesagt – theoretische Methodologien darauf gerichtet sind, wissenschaftliche Erkenntnisse begrifflich zu abstrahieren, geht es quantitativen Studien darum, Wissen deduktiv abzuleiten und Erziehungsverhältnisse in ihrem Ausprägungsgrad zu erklären (welche Kompetenzen haben Kinder/ Jugendliche, welche Haltungen haben sie gegenüber Erwachsenen usw.); qualitative Studien tragen zum verstehenden Nachvollzug der sozialen Wirklichkeit bei. In allen Fällen geht es darum, wissenschaftliches von ideologischem Handeln abzugrenzen.

Zwischen den methodischen Zugängen gibt es Vereinbarkeiten und Unvereinbarkeiten, die hier resümierend aufgerufen werden sollen. Geht es z. B. darum, Begriffe für empirische Forschungen zu bestimmen und im Nachgang Erkenntnisse theoretisch zu abstrahieren, sind theoretische Methoden des (Rück-)Schließens unabdingbar (Casale 2020). Auch mit Blick auf die Reichweite der genutzten Begriffe – dies zeigt z. B. Alfred Schäfer (2009) anhand des Bildungsbegriffs – ist eine Aufgabe theoretischer Auseinandersetzungen. So führt Schäfer aus, dass Bildung eine kontingente Möglichkeitskategorie sei und insofern kaum begrifflich bestimmbar, schon gar nicht aber als Begriff genutzt werden könne, der empirisch (quantitativ und qualitativ) verwendbar ist. Dies markiere eine systematische Grenze der Erkenntnisfähigkeit. Rita Casale (2020) beschreibt vor diesem Hintergrund Theoriearbeit als »*construens* und *destruens* [i. e. als aufbauend und zerstörend] zugleich« (ebd., S. 820): Begriffe werden theoretisch expliziert, aber auch hinterfragt. Es zeigt sich darin zweierlei: erstens, dass theoretische Forschungsmethoden eine Eigenlogik beanspruchen können; zweitens, dass quantitative und qualitative Erkenntnissicherung nicht ohne theoretische Forschungsperspektiven auskommt, um die Begründungspflichtigkeit der Wissenschaft (und damit ihre Abgrenzung von Ideologie) einzuholen.

Man kann hier schließen, dass die Begründungsverpflichtung über Erkenntnissicherung eine, wenn nicht *die* grundlegende Bewährungsanforderung der Wissenschaftlichkeit von Studien und weiteren Beiträgen ist. In dem benannten Wechselprozess von wissenschaftlichen Vorgehensweisen und Disziplinen aufgefordert, miteinander zu kooperieren und aus ihren unterschiedlichen Perspektiven Reflexionsanlässe für die Alltagspraxis zu finden. Vereinbar sind Methoden und Methodologien also insofern sie sich wechselseitig ergänzen. Sie sind aber auch unvereinbar, da sich ihre method(olog)isch zugrunde gelegte Erkenntnisreichweite jeweils deutlich voneinander unterscheidet. Die drei hier vorgestellten Typen (theoretisch-entwickelnd, hypothesenüberprüfend/quantitativ, hypothesengenerierend/qualitativ) bieten je unterschiedliche Reflexionsanlässe und Ergebnisse, z. B. bezogen auf eine Forschungsfrage. Dies soll hier einmal beispielhaft entfaltet werden:

Ein Beispiel hierfür kann die Auseinandersetzung mit der Frage liefern, was wir z. B. über die Folgen von Corona für Kinder und Jugendliche wissen können. Diese Frage kann theoretisch und empirisch (quantitativ sowie qualitativ) bearbeitet werden. Im Lichte einer theoretischen Auseinandersetzung wird dabei deutlich, dass Theoriebildung über die (pädagogische) Relevanz eines gesellschaftlichen Ereignisses selbst zunächst von einer empirischen Setzung – in diesem Falle »die Pandemie« – ausgehen muss. Dies ist ein Verweis darauf, dass erziehungswissenschaftliche Theoriebildungsprozesse im Grunde immer empirisch gerahmt sind: von der Annahme pädagogischer Situationen einerseits, deren Einlassung in gesellschaftliche Kontexte andererseits.

In einer theoretischen Auseinandersetzung mit den Folgen von Corona geht es dann aber darum, vor dem Hintergrund dieser empirischen Gesetztheit eine theoretische Perspektive zu setzen. Barbara Platzer (2021) macht dies zum Beispiel, indem sie danach fragt, welche Bedeutung individuelle Verantwortung in der Krise hat. Damit ist ein moderner Verantwortungsdiskurs aufgerufen, der im Kontext der Aufklärung steht und – angesichts des Diskurses und der Reichweite der Pandemie – auch die Grenzen der Aufklärung durch globale Verstrickungen und Machtinteressen selbst vor Augen führen. Ohne hierauf ausführlich eingehen zu können, wird dann deutlich, dass es in theoretischen Auseinandersetzungen darum geht, Erkenntnisse zu sichern, die die Gegenwartsbedeutung von Begriffen z. B. angesichts gesellschaftlicher und feldtypischer Entwicklungen prüfen und abschließend bündeln.

Anders gehen quantitative hypothesenüberprüfende Studien vor. Sie führen eine Statistik darüber, welche Folgen Corona für bestimmte, erziehungswissenschaftlich relevante Akteursgruppen hat. Ein Beispiel hierfür sind die Studien zu Belastungen und Wohlbefinden/Well-Being während der Pandemie, wie sie in den KiCo und JuCo Studien thematisch wurden (vgl. Andresen 2020, a, b). Aufsätze dazu enden mit einer Konklusion und Diskussion, in der die Evidenz der Ergebnisse pointiert wird und damit verallgemeinernde Tendenzen zu den Folgen der Pandemie geschlussfolgert werden. Herausgearbeitet wird, dass Kinder, Jugendliche und auch junge Erwachsene durch die Pandemie besonders belastet waren und viele von ihnen auch gegenwärtig Zukunftsängste haben (Lips 2021).

In qualitativen hypothesengenerierenden Studien hingegen werden Erlebnisse und Erfahrungen von Akteursgruppen thematisch und so können z. B. ihre Orientierungen herausgearbeitet werden. Ein Beispiel hierfür liefert die VERSA-Studie »Veränderungen des Aufwachsens durch Distanzlernen« (Kanz et al. 2023, Hummrich/Kanz 2024). Hierbei ist die Theoriebildung mit Blick auf den jugendlichen Möglichkeitsraum und die Erfahrung seiner Veränderung durch die Schulschließung thematisch. Theorie wird in diesem Zusammenhang eingangs aufgerufen als heuristischer Bezugshorizont sowie am Ende thematisch, wenn die Äußerungen der Jugendlichen mit vorhergehenden verallgemeinerten Annahmen zu subjektiven Verarbeitungsmodi und kollektiven Erfahrungen gemacht werden.

Es wird deutlich, dass die Forschungslogiken nicht ineinander aufgehen, aber einen je spezifischen Beitrag zu Erkenntnissen liefern können. Ebenso wie Forschungslogiken also den Gegenstand konstituieren, sind mit ihnen auch spezifische Erkenntnisreichweiten verbunden (▶ Tab. 5.1). Gleichzeitig entsteht in der Bezugnahme unterschiedlicher Forschungslogiken auf die gleiche Frage eine breitere – multiperspektivische Antwortmöglichkeit.

Tab. 5.1: Forschungsfrage, Gegenstandsbestimmungen, Ergebnisreichweite am Beispiel von Fragestellungen zu den Folgen der Corona-Pandemie

Was wissen wir über die Folgen der Corona-Pandemie für Kontexte der Bildung und Erziehung?			
Methodische Ausrichtung	**Historisch-systematisch**	**Quantitativ**	**Qualitativ**
Gegenstands-bestimmung	Einbettung in den Aufklärungsdiskurs (historisch und ideengeschichtlich)	Verarbeitungen und psychosoziale Folgen des Lockdowns	Erfahrungen, Erlebnisse und Orientierungen im Vorher-Nachher-Erleben
Erkenntnis-sicherung	Veränderungen des Diskurses durch die Pandemie und ihre Folgen	Belastungen und Zukunftsängste von Kindern und Jugendlichen	Subjektive Verarbeitungsmodi und kollektive Erfahrungen im Lockdown

Nun wird nicht jede wissenschaftliche Arbeit alle Perspektiven bedienen können. Deshalb werden Ergebnisse auch in einem Forschungsstand eingebettet, der die genannte Multiperspektivität aufnimmt und der dann abschließend die Ergebnisse in diesen Forschungsstand einordnet. Diese Anforderung gilt idealerweise für alle wissenschaftlichen Arbeiten und ist Bestandteil des Resümees, das wiederum die Grundlage für einen Ausblick bietet, der Anschlussfragen und -perspektiven formuliert.

IV Abschluss

6   Forschung wozu? Eine Revision

In diesem Kapitel wird das erziehungswissenschaftliche Forschen, wie es hier eingeführt wurde, einer Revision unterzogen. Die »Revision« (lat. »revisum« = wieder(an)sehen) hat in der Wissenschaft die Funktion einer Rückschau auf das Vergangene und seiner Bewertung. Hierbei sollen auch kritische Betrachtungen und wissenschaftliche Reflexionen skizziert werden.

Wenn wir nach dem »Wozu« von erziehungswissenschaftlicher Forschung fragen, können wir zunächst bei der Alltagsbedeutung von »Wozu« ansetzen. Hierbei wird etwa die Zweckmäßigkeit von etwas be- oder hinterfragt. Ein Kind, das seine Mutter fragt, wozu eine Pflanze Wasser braucht, interessiert sich für den Zusammenhang von Wachstum und Nahrung. Im Unterricht antiker Sprachen oder auch im Mathematikunterricht zum Beispiel wird eher *hinterfragt:* Brauchen wir dieses Wissen für unser späteres Leben? Wozu lernen wir dies? Hinter der Frage »Forschung wozu« steht im Studium der Pädagogik oder der Erziehungswissenschaft meistens aber auch die Frage nach dem Verhältnis von Forschung und Praxis. Dies berührt das *Hinterfragen* erziehungswissenschaftlicher Perspektiven: wozu brauchen angehende Lehrer:innen, Erwachsenenbildner: innen, Schulsozialarbeiter:innen oder Jugendberater:innen (usw.) Forschungsperspektiven, die doch weit über die Kenntnisse, die sie in den Handlungsfelder brauchen, hinauszugehen scheinen – was »nützt« das wissenschaftliche Wissen? Andererseits kann auch nach der Reichweite erziehungswissenschaftlicher Erkenntnis gefragt werden: Die Frage »Wozu« richtet sich dann auf die Ergebnissicherung und fragt danach, was man mit unterschiedlichen Forschungsperspektiven theoretisierend gewinnen kann. Dabei können einerseits die grundlegenden Perspektiven einer machtanalytischen Reflexion unterzogen werden, erkenntnistheoretische Grundlagen in ihren Geltungsansprüchen kritisch hinterfragt werden und zukünftige Forschungsfelder in den Blick genommen werden. Die aufgeworfenen Themen werden im Folgenden in drei Schritten diskutiert. Zunächst wird das Forschungs-Praxisverhältnis noch einmal aufgegriffen und nach der Bedeutsamkeit von Forschungsperspektiven im Studium gefragt (▶ Kap. 6.1). Mit Blick auf Wissenschaftskritik werden dann die machtförmigen Beziehungen in Forschungskontexten noch einmal gebündelt und Erkenntnismöglichkeiten und -grenzen in der Erziehungswissenschaft reflektiert (▶ Kap. 6.2). Danach erfolgt ein Ausblick auf künftig relevante Forschungsfelder, die hier durch bespielhafte Bezüge auf Transnationalisierung und methodischen Nationalismus und Postdigitalität begründet werden (▶ Kap. 6.3).

6.1 Revision des Forschungs-Praxisverhältnisses

Welchen normativen Gehalt die Frage nach dem »Wozu« hat, beschäftigt uns mit Blick auf die Zweckorientierung der Ausbildung. Welche Notwendigkeit die wissenschaftliche Grundlegung pädagogischen Handelns hat, wird mit Blick auf die Professionalisierung betrachtet. Im Zentrum dieses Teilkapitels steht also ein Resümee des Zusammenhangs von Forschung und Praxis in der Erziehungswissenschaft.

Die Zweckorientierung in der (Aus-)Bildung

Max Horkheimer hat einmal formuliert, dass der Prozess der universitären Bildung durch die »Verarbeitung (...) dem Gegenstand keine Zeit [lässt], die Zeit wird reduziert« (Horkheimer 1952/1975: 411). Der Sozialphilosoph kritisiert hier die Zweck-Mittel-Verbindung, in die die universitäre Bildung mit Blick auf die Berufs-*Aus*bildung hineingetragen wird. Dies suggeriert, dass das Wissen *über* berufliches Handeln wissenschaftlich so *verarbeitet* werden könne, dass es für die Studierenden unmittelbar angewendet werden kann. Hier liegt eine Kritik an der Zweckförmigkeit von Wissen begründet, das zunächst Bildung und Ausbildung systematisch voneinander trennt. Diese Kritik findet sich heute auch mit Blick auf die »Kompetenzen«, die pädagogisch Handelnde haben müssen. Was eine:n gute:n Lehrer:in oder Sozialpädagog:in ausmacht, wie Handeln gelingt, dass man Klassen *managen* kann und standardisiert handeln könne, sind Annahmen, die sich in erziehungswissenschaftlichen und pädagogisch-psychologischen Publikationen immer wieder Bahn brechen.

Horkheimer hat dies schon früh kritisiert. Seine Feststellung, der Gegenstand brauche Zeit, verweist auf die grundlegende Annahme, dass Bildung nicht einem spezifischen Zweck unterstellt werden könne (im Gegensatz zur Ausbildung, für die eine Verwertungslogik typisch ist). Nicht die Amtsqualifikation (Sozialpädagog:in, Lehrer:in, Erwachsenbildner:in) steht im Vordergrund, sondern die wissenschaftlich geleitete Bildung im Sinne eines sich Einlassens auf den Gegenstand, einer Auseinandersetzung mit wissenschaftlich-systematischen Möglichkeiten der Erkenntnis (Methoden) und unterschiedlichsten Theorieperspektiven auf den Gegenstand. In der Erziehungswissenschaft finden wir zuweilen die Amtsorientierung, die von einigen Berufsfeldern (z. B. der Schule und ihrer Rede vom »Lehramtsstudium«) nahegelegt wird. Jedoch sind hier nicht Studierende zu kritisieren, die in Erwartung eines »Amtes« ihr Studium aufnehmen. Vielmehr ist es der gesellschaftliche Diskurs um die Rolle der Universität bei der (Aus-)Bildung für Amtsinhaber:innen und die gesellschaftliche Perspektive auf Pädagogik als Kompetenzvermittlungsinstanz. Anders gesagt: nicht die Vorstellung, nach dem Studium eine berufliche Qualifikation zu haben, ist kritisch zu sehen, sondern die mit der begrifflichen Vorstellung einhergehende Auffassung, man lerne so etwas wie »Handwerkszeug«, das man in einen »Methodenkoffer« packt, mit dem man Kinder, Jugendliche und Erwachsene (als Klient:innen) behandelt.

Diese Auffassung wird auch durch den Wandel der Universität nach der Bologna-Reform und die damit einhergehende Modularisierung der Studiengänge genährt. Hiermit wird die Transformation der Universität von einer Bildungs- in eine Ausbildungsuniversität tendenziell beschleunigt (vgl. auch: Ricken 2014). Dass Theorien und Forschungsmethoden dennoch auftauchen, zeugt von einer Reflexion dieser Beschleunigung, hebt aber die diskursive Verfestigung der Verwertbarkeit nicht auf.

Die Idee der Professionalisierung

Eine der ersten Antworten, die gegeben werden, wenn es um die Frage geht, wozu man in einer erziehungswissenschaftlichen (Aus-)Bildung Forschungsmethoden brauche, ist die der Legitimation von Forschung durch methodisch kontrolliertes Vorgehen. Nicht Ideologie (sic!) solle im Geist der Forschung legitimiert werden (vgl. Roth 1963/2007), sondern die Erkenntnisse sollten tatsachenbasiert – Roth prägte hier den Begriff der »empirischen Wendung« – sein. Dabei seien aber Erkenntnisse nicht unmittelbar in die Praxis zu übersetzen, denn: »Empirische Forschung kann niemals die Verantwortung für die Praxis übernehmen, noch viel weniger als es die Medizin für den Arzt tun kann« (Roth 1963/2007: 106). Hier verweist Roth auf eine Berufsgruppe, mit denen die pädagogischen Berufe etwas gemeinsam haben: den Anspruch der Professionalisierung. Und auch, wenn es eine Reihe Unterschiede gibt – wie etwa Wernet (2014) am Beispiel des Lehrer:innenberufs entfaltet –, so ist Forschung eine Grundlage, um den Professionsanspruch und die universitäre Verfasstheit der Disziplin Erziehungswissenschaft zu bestimmen (vgl. Helsper 1996; Combe/Helsper 1006; Wernet 2003, 2014; Oevermann 1996, 2008; Idel/Stelmaszyk 2015). Verallgemeinernd zeigt sich in den hier aufgerufenen Beiträgen, dass die Verwissenschaftlichung von Pädagogik ein reflexives Verhältnis zur Praxis begründet (vgl. Hummrich 2019), es also eine Aufgabe des wissenschaftlichen Studiums sei, auch Methodenkenntnisse zu besitzen, um nachvollziehen zu können, wie neue Handlungsperspektiven zustande kommen und die eigene Praxis selbst reflektieren zu können (vgl. Hummrich 2021). Professionalisiert zu handeln bedeutet insofern, nicht nur über wissenschaftlich gewonnene Erkenntnisse zu verfügen und diese reflektierend »anwenden« zu können, sondern auch selbst Zugang zu Erkenntnissen zu haben, zu wissen, wie Wissen entstanden ist. Dies wiederum begründet die Möglichkeit, flexibel und situativ auf die Ungewissheitsstruktur in pädagogischen Handlungsfeldern reagieren zu können und diese auch aktiv zu gestalten (vgl. Kade u. a. 2003, 2011, Helsper 2021b).

Eine zweite Dimension ist ebenso relevant: Sie betrifft weniger die Möglichkeiten, wissenschaftsbasiert zu handeln, als vielmehr die Anerkennung der Akademisierung pädagogischer Berufe durch Professionswissen. Für dieses Wissen – das lernen wir gegenwärtig deutlich an Berufen, die bis vor etwa 20 Jahren noch Ausbildungsberufe waren (Pflegeberufe, Berufe im Elementarbereich) – ist es notwendig, über ein methodisch-systematisches Wissen zu verfügen. Wenn dieses Wissen und die Kenntnisse über die wissenschaftliche Basis von Pädagogik hinterfragt wird, dann steht auch die Verortung der pädagogischen Berufe im akademischen Milieu zur Disposition. Diese Frage nach Statusbewusstsein betrifft nicht primär das Einkommen (das wäre vielleicht bei vielen pädagogischen Berufen auch abwegig). Sie betrifft die Vergewisserung über die Achtung des Pädagogischen als relevantem Beitrag zur gesellschaftlichen Funktionalität.

Professionalisierung kann insofern nicht anders als wissenschaftlich fundiert gedacht werden. Dass es hierzu auch in der Bildung professionell Handelnder durch und in Forschungsmethoden kommt, dient der Vergewisserung über die systematischen Ungewissheitsstrukturen und die darin eingelagerten, z. T. situativen Handlungsnotwendigkeiten ebenso wie die reflexive Auseinandersetzung mit der Verberuflichung pädagogischer Arbeit in einer Gesellschaft, für die Erziehungs- und Bildungssysteme Teil ihrer autonomie- und teilhabeermöglichenden Struktur sind.

Relationale Theoriebildung

Wenn wir uns nun mit der Frage befassen, in welchem Verhältnis Forschung und Praxis stehen können, so lässt sich hier zuerst ein Zitat von Theodor W. Adorno aufgreifen, dessen Position bereits mehrfach angeklungen ist (▶ Kap. 2.1):

>»Kein stetiger Weg führt von der Praxis in die Theorie – das eben wird vom Hinzutrendenden als spontanes Moment gemeint. Theorie aber gehört in dem Zusammenhang der Gesellschaft an und ist autonom zugleich. Trotzdem verläuft

Praxis nicht unabhängig von Theorie, diese nicht unabhängig von jener« (Adorno 1969: 780).

Was Adorno mit Blick auf das Verhältnis von Theorie und Praxis beschreibt, lässt sich auch auf erziehungswissenschaftliche Forschung und Praxis beziehen. Das Verhältnis von Forschung und Praxis steht in einem diskontinuierlichen Zusammenhang (Hummrich 2021), durch den Erkenntnis nicht unmittelbar auf Praxis übertragen werden kann. Praxis ist auf theoretische und also forschungsbezogene Vorstellungen ihrer selbst angewiesen, ebenso wie (sozialwissenschaftliche) Theorie in eine Praxis der Gesellschaft eingebettet ist. Das Hinzutretende, spontane Moment, ist in der Praxis offensichtlich. Es ist oben als Ungewissheit angedeutet worden und zeigt an, dass pädagogisches Handeln nicht standardisierbar ist (vgl. Koller 2014, Krüger 2019). Dies hat Erziehungswissenschaft mit Rechtswissenschaft, Medizin und Theologie gemeinsam. In diesen Disziplinen formt sich Wissen im Anspruch der Praxis aus und gleichzeitig gehen wissenschaftliches Wissen und praktisches Wissen/Handeln nicht ineinander auf. Die genannten Disziplinen und ihre Praxisfelder haben unterschiedliche Logiken der Professionalisierung inne. Idealtypisch sind Psychologie, Medizin und auch Theologie für die subjektive Integrität des Einzelnen zuständig, Rechtswissenschaft für die Normative und Wissenschaft und Kunst für den reflexiven Umgang mit der eigenen Integrität (vgl. Wernet 2014). Die pädagogische Professionalisierung besetzt hier einen Sonderstatus: Sie ist »überall und nirgends« (ebd.) oder man kann auch sagen, sie besitzt eine diffuse Allzuständigkeit für ihre Klient:innen resp. Schüler:innen: nicht nur deren psychisches oder körperliches Wohl, auch ihre normative Orientierung und die Vermittlung von Wissen können gleichzeitig gefordert sein. Darum gestalten sich Handlungsanforderungen oftmals widersprüchlich aus (Helsper 2021b): in der Schule dominant ist z. B. der Widerspruch von Autonomie und Heteronomie, in der Sozialpädagogik wird der Widerspruch von Hilfe und Kontrolle thematisiert (vgl. Helsper 1996; Schütze 1999) – um nur eine Idee des Feldes anzusprechen. In diesen Widersprüchen findet sich eine konstitutive Ungewissheit von pädagogischen Handlungsanforderungen und ihren Folgen (vgl. Helsper 2021b).

In dieser komplexen Gemengelage ist es produktiv, sich über die gleichzeitige Ungleichzeitigkeit oder auch das dialektische Verhältnis von Forschung und Praxis Gedanken zu machen. Dies leitet die Erkenntnis, dass es kein einfach ableitbares »Wahrheitsverhältnis« von Forschung und Praxis geben kann (Thompson 2020). Dass Forschung und Praxis nicht ineinander aufgehen, aber dennoch aufeinander verwiesen sind bedeutet auch, dass theoretische Erkenntnis aus der empirischen Praxis gefolgert werden kann, aber dass diese Praxis sogleich verfremdet wird, wenn sie Gegenstand der Forschung wird. Es wäre eine Imagerie (i. S. einer Selbsttäuschung), wenn angenommen würde, die empirische Wirklichkeit sei mit der Praxis gleichzusetzen (Wernet 2016). Wenn Praxis Gegenstand der Forschung ist (zum Beispiel in der Fallarbeit), wird sie nicht als solche »in die Universität geholt« und auch nicht zum Gegenstand, an dem sich pädagogische Theorien bestätigen. Sie vermag Gegenstand der Erkenntnis zu werden und sich über die Vielfalt der Anforderungen in pädagogischen Berufen eine Wissensbasis zu verschaffen. Somit entsteht an aus der Praxis gewonnenen Forschungsgegenständen auch die Option, die (ethischen und normativen) Grenzen von Forschung und Praxis zu reflektieren, die zugleich eine kritische Reflexion von Herrschaftsinteressen ermöglicht.

6.2 Wissenschaftskritik, Erkenntnismöglichkeiten und -grenzen

Wir haben im vorliegenden Band immer wieder gesehen, dass Erkenntnis in machtförmige Zusammenhänge eingebettet ist. Wissenschaft ist Teil der Reproduktion gesellschaftlicher Ordnung und nicht erhaben über sie. Ganz besonders deutlich wird dies unter Bedingungen totalitärer Regimes, wie am Beispiel des Nationalsozialismus (▶ Kap. 3) nachvollzogen werden konnte.

Aber auch die Aufklärung und ihre Ideale von Freiheit und Mündigkeit stehen in einer gesellschaftlichen Ordnung, die von Differenzierungen

225

durchzogen ist. Hier ist der Band etwa auf die Reproduktion der Geschlechterdifferenz durch erziehungswissenschaftliche Theorien eingegangen (▶ Kap. 3). Doch auch klassistische oder rassistische Ordnungen werden durch das Wissenschaftssystem reproduziert. Gerade in neueren Diskussionen werden in diesem Zusammenhang auch die Grenzen wissenschaftlicher Erkenntnislogiken insgesamt thematisiert. Warum etwa nehmen wir eigentlich selbstverständlich an, dass Menschen sich als Subjekte bilden und dass alle Menschen bildsam seien? Welche impliziten Differenzordnungen liegen Konzepten der Bildung und Erziehung zugrunde, die andere Vorstellungen abwerten und ihre eigenen dagegen als universell setzen? Mit diesen Fragen befasst sich Wissenschaftskritik, die ein Teilgebiet der Wissenschaftstheorie ist.

Wissenschaftskritische Positionen haben wir etwa mit Bezug auf Foucault und seine Kritik der Kleinfamilie (▶ Kap. 4.6) herausgestellt. Wir finden auch kritische Perspektiven auf Wissenschaft in der Kritischen Theorie (▶ Kap 4.1). In diesen Perspektiven wurde deutlich, dass die Reflexion von Wissenschaftlichkeit (also auch der Herangehensweisen an Forschungsgegenstände) systematisch Teil der wissenschaftlichen Praxis ist. Eine solche kritisch wissenschaftliche Praxis wird in den letzten Jahren mit Bezug auf epistemische Gewalt (Brunner 2020; Fricker 2021) thematisiert. Hierin werden die Machtstrukturen der Hervorbringung von wissenschaftlich legitimiertem Wissen im Kontext symbolischer (Gewalt-) Ordnungen in den Blick genommen. Gewalt meint dabei das Zusammenspiel aus Macht und Hegemonie. Es trifft selten direkt körperlich, führt aber in die Beständigkeit von Unterdrückungsverhältnissen, in denen sich symbolische hegemoniale Ordnungen artikulieren.

Im Folgenden sollen drei unterschiedliche Ansätze der Wissenschaftskritik in den Blick genommen werden: erstens die Perspektive Kritischer Theorie auf die Wissenschaftskonzeption der Aufklärung und ihre Bedeutung für die Erziehungswissenschaft; zweitens eine Perspektive aus der Strukturtheorie, die sich mit dem Ansatz von Pierre Bourdieu verbindet, mit dem die Praxis der Hervorbringung von sozialer Ordnung und die symbolische Gewalt der Wissenschaft nachvollziehbar wird; drittens die Perspektive postkolonialer Studien, die eurozentrische Wissenschaft insgesamt als Beitrag zu einer globalen Differenzordnung verstehen.

Die drei Perspektiven sind mit theoretischen Implikationen verknüpft, die einander zum Teil ausschließen und widersprechen, aber auch Anknüpfungspunkte bieten und einander ergänzen können. Gerade aus postkolonialer Perspektive stehen die beiden erstgenannten Theorien selbst in der Kritik, da sie die politische Wirkmächtigkeit von Wissenschaft vernachlässigten. Die werden hier als exemplarische wissenschaftskritische Positionen in ihrem Gehalt für die Ausgestaltung von Forschungsperspektiven aufgerufen, um die machtförmigen Konzeptionen von Forschungsmethodologien selbst verstehend zu reflektieren.

Kritisch theoretische Wissenschaftskritik in der Erziehungswissenschaft

In der Dialektik der Aufklärung (Adorno/Horkheimer 1947/1992) kritisieren die Autoren die moderne Wissenschaft als Instrument der Herrschaft und Unterdrückung. Wissenschaft verspreche Emanzipation und Freiheit, doch bedingt die vereinseitigende Orientierung an Rationalität und Rationalisierung, dass Wissenschaft mit den Vorstellungen von (Welt-)Beherrschung und Wettbewerb einhergehe, was auch an die Logik des Kapitalismus anschlussfähig ist. Der zentrale Gedanke hieran ist, die instrumentelle Vernunft, die durch vereinseitigende Orientierung an Rationalität die Natur und die Menschen unterwirft. Damit wird nicht nur die Freiheit und Autonomie der*des Einzelnen bedroht, sondern einer wissenschaftlichen Perspektive Rechnung getragen, die den Menschen von seiner eigenen Natur und vom gesellschaftlichen Leben entfremdet und bestehende Machtverhältnisse reproduziert.

Die Aktualität dieser Denkweise lässt sich daran nachvollziehen, dass Wissenschaft heute teilweise selbst marktförmig organisiert ist und in einen Verwendungszusammenhang gestellt wird (schon: Radtke 2009). Vier Entwicklungen verweisen auf die marktförmige Ausrichtung und zunehmende instrumentelle Vernunft: (1) Die Aufforderung, kompetitiv Mittel einzuwerben, (2) die Vermessung der Güte von Wissenschaftler*innen an der Höhe der eingeworbenen Mittel und ihrem Output, (3) die Vermarktung großer Untersuchungen (z. B. die turnusmäßig sich wiederholenden Large-Scale-Studies, die durch Wirtschaftsunternehmen

227

und Banken finanziert werden) und (4) die zunehmende Erwartung der praktischen Anwendbarkeit und Transferierbarkeit von Ergebnissen in die Praxis. Wissenschaft verliert so als Reflexionsinstanz um so mehr an Bedeutung, je mehr sie als Markt oder/und instrumentell anwendbar begriffen wird.

Kritische Erziehungswissenschaft setzt vor dem Hintergrund der Ausführungen von Adorno (1966/1997) und Adorno und Horkheimer (1992) bei einer Reflexion der Bedeutung von Bildung und Wissen in der Gesellschaft an. Bildung besetzt hier eine ambivalente Position, sie ist einerseits eine Möglichkeit der Emanzipation und der Genese von Mündigkeit, andererseits wird in institutionalisierten Bildungsprozessen gesellschaftliche Ungleichheit reproduziert und Bildung selbst rein funktional und instrumentell ausgerichtet. So werde nicht das kritische Denken, sondern die Funktionalität von Menschen gefördert. Dies wurde bereits im vierten Kapitel (▶ Kap. 4.1) mit Bezug auf Blankertz entfaltet. Blankertz hat dabei die Institutionalisierung von Erziehung und Bildung als potenzielle Vereinnahmung des Menschen wider die Vernunft herausgehoben und damit gleichzeitig auf die Kehrseite technischer und ökonomischer Effizienz verwiesen, die angesichts der »großen Katastrophen des 20. Jahrhunderts bohrende Rückfragen an institutionalisierte Erziehung hinterlassen« (Blankertz 1982/1992: 306).

Hat Blankertz mit den »großen Katastrophen des 20. Jahrhunderts« die beiden Weltkriege und den Holocaust angesprochen, so wird in Bezug auf den Klimawandel, geopolitische Konflikte, Digitalisierung sowie Migration und Flucht um so deutlicher, dass die Kehrseite von Effizienz und Technisierung die Menschheit gegenwärtig in besonderer Weise trifft. Dies spielt in die Erziehungsverhältnisse hinein, trifft aber auch die Konzeption von Erziehungswissenschaft selbst. Wissenschaftstheoretisch widmet sich kritische Erziehungswissenschaft hier der Aufgabe, mit dem Instrumentarium der Kritischen Theorie die Reproduktion gesellschaftlicher Krisen zu rekonstruieren, die sich auch in der Wissenschaft und durch Wissenschaft reproduzieren. So könnte der zunehmende Handlungsdruck angesichts des Klimawandels und der um ihn gruppierten politischen Kämpfe oder auch der zunehmende Extremismus in der Gesellschaft als Anlass verstanden werden, »etwas« zu tun, das dann aber auch wissenschaftlich fundiert sein soll. Gleichzeitig bedingt die anhaltende Orientierung an

Effizienz auch eine wissenschaftliche Orientierung an Ergebnisprodukti-on.

Systematisch lässt sich die erziehungswissenschaftlich erkenntniskriti-sche Bedeutung der Kritischen Theorie in drei Dimensionen verstehen. Es geht darum, (1) das Verhältnis der Menschen untereinander, (2) die Re-lation von Mensch und Kultur sowie (3) Mensch und Natur jeweils mit Blick auf die Bedingungen der erziehungswissenschaftlichen Wissenpro-duktion zu rekonstruieren (Hummrich 2024). Dabei wird deutlich, wie auch in der Wissenschaftstheorie über Erziehung...

(1) ... Kritik an den Verhältnissen geübt werden kann, die etwa zwischen Forschenden und Beforschten entstehen, wenn Beforschte vor allem als Ergebnislieferanten verstanden werden und nicht in ihrer potenziellen oder noch zu entfaltenden Autonomie und Subjektivität verstanden werden.

(2) ... sich auch in der Wissenschaft und der Erkenntnistheorie domi-nanzkulturelle Ordnungen reproduzieren, die sich in die symbolischen Ordnungen der Erkenntnis einschreiben und fragen lassen, wie Er-kenntnisinteressen z. B. auch daran ausgerichtet sind, was kulturell als bedeutsam gewertet wird?

(3) ... Diskurse über das Verhältnis von Mensch und Natur reproduziert werden, die zum Beispiel Natur und Mensch voneinander entkoppeln und seine Bindung an die Umwelt nicht zum Gegenstand der Reflxion machen.

In der Kritischen Theorie werden Mensch, Natur und Kultur als un-trennbar miteinander verflochten verstanden. Erziehungswissenschaftlich relevant wird dies, wenn es um die Reflexion der erkenntnistheoretischen Grundannahmen in ihrer Wechselwirkung zwischen sozialen, kulturellen und natürlichen Prozessen geht.

(Erziehungs-)Wissenschaft und symbolische Gewalt

Bleibt in der Kritischen Theorie die Perspektive gesellschaftstheoretisch und auch in der Kritischen Erziehungswissenschaft die Position der For-

229

schenden zunächst ausgeblendet, so bezieht Pierre Bourdieu (1930–2002) die Erkenntnissubjekte ein. Im Grunde löst er sich von der Vorstellung, Menschen seien Erkenntnissubjekte und betrachtet auch Wissenschaftler*innen als Akteure im sozialen Feld der Wissenschaft. Dieses soziale Feld ist auch von Machtverhältnissen durchzogen. Das zeigt sich einerseits im Zugang zu wissenschaftlichen Karrieren und elitären Bildungseinrichtungen (vgl. Bourdieu 1989/2004). Ein besonders relevanter Aspekt des Zugangs zum Feld der Wissenschaft bildet dabei die Sprache.

Die »Fähigkeit zur unendlichen Erzeugung grammatikalisch richtiger Diskurse und, davon nicht zu trennen, als soziale Fähigkeit zur adäquaten Anwendung dieser Kompetenz in einer bestimmten Situation« (Bourdieu 1990: 12 f.) legitimiert zu Zugehörigkeit zu einer Gruppe (z. B. der Wissenschaftler*innen) oder verwehrt den Zugang dazu. Sprache ist dabei ein dynamisches Feld, in der das Wissen um *legitime Sprechweisen* implizit bleibt. Es handelt sich somit um ein Herrschaftsinstrument, das nicht dem persönlichen Stil der Sprechenden zugerechnet werden kann, sondern in »Form und Inhalt des Diskurses, von der sozialen Position des Sprechers abhängig, (…) über seine Zugangsmöglichkeiten zur Sprache der Institution, zum offiziellen, orthodoxen, legitimen Wort entscheidet« (ebd.: 75). Bourdieu betont hier, dass autorisiertes Sprechen ein ›wirksames Sprechen‹ ist, weil im Wort der Sprechenden »das symbolische Kapital konzentriert ist, das von der Gruppe akkumuliert wurde, die ihm Vollmacht gegeben hat und deren *Bevollmächtigter* er ist« (ebd.). Hier wird deutlich, dass die symbolische Macht der Wissensproduktion, die z. B. darin besteht, Diskurse als objektiv und neutral darstellen zu können, exklusiv ist: sie schließt subalterne und marginalisierte Wissensformen aus.

Bourdieus Theorie ist in den letzten 25 Jahren vielfach in der Erziehungswissenschaft und Bildungssoziologie rezipiert worden, wenn es um Erklärung und Entstehung der Strukturbedingungen sozialer Ungleichheiten (vgl. Kramer 2011) oder auch um Elitebildung (Krüger/Helsper 2014; Kramer et al. 2014; Helsper et al. 2021b) und die Inklusivität und Exklusivität von Bildungsräumen ging (Silkenbeumer/Wernet 2012). Als Wissenschaftskritiker wurde er dagegen in der Erziehungswissenschaft kaum wahrgenommen. Dabei ist es naheliegend, dass der Zugang zum Feld der Wissenschaft auch einem symbolischen Kampf unterliegt, indem sich Personen mit einer »vertrauten Beziehung zur Kultur, die nur durch die nicht zielgerichteten Lernprozesse der familiären Erziehung erworben wird« (Bourdieu 2004: 28), von Personen, »die ihre ganze Bildung der Schule verdanken und die demzufolge ›klassische‹, ›buch-‹ und ›schulmäßige‹ Kenntnisse, Präferenzen und Praktiken aufweisen« (ebd.: 29), unterscheiden.

Das bedeutet zweierlei:

1. Der Zugang zu wissenschaftlichem Wissen und das (legitime) Agieren im wissenschaftlichen System ist für Personen aus nicht privilegierten Elternhäuser höherschwellig als für Personen aus privilegierten Milieus;
2. Die Produktion von Wissen beruht auf einer autorisierten Sprache, die als symbolische Macht dem Wissenschaftssystem eingeschrieben ist.

Mit Bourdieus Wissenschaftskritik lassen sich somit die Verhältnisse im Wissenschaftssystem bestimmen. Einerseits ist dies erziehungswissenschaftlich interessant, weil mit Blick auf die Hochschulbildung gefragt werden kann, wer überhaupt Zugang zum Feld der Wissenschaft bekommt; andererseits lässt sich mit Blick auf die sprachanalytische Perspektive fragen, wer unter welchen Bedingungen als autorisierte*r Sprecher*in Geltungsmacht hat. Damit liegt die erziehungswissenschaftlich erkenntniskritische Bedeutung von Bourdieus Werk in der Perspektive auf die Strukturlogiken, die das System selbst hervorbringt und die »Freiheit und Mündigkeit« als Illusion einer privilegierten Elite enttarnen lassen.

Postkoloniale Wissenschaftskritik und Erziehungswissenschaft

Postkoloniale Erkenntniskritik lässt sich mit beiden Perspektiven verbinden, auch wenn sie selbst diese Perspektiven noch einmal einer kritischen Revision unterzieht. Dabei ist eine Gemeinsamkeit postkolonialer Kritik mit der Kritischen Theorie, dass die Aufklärung grundlegend kritisiert wird. Eine Gemeinsamkeit mit der Ungleichheitstheorie Bourdieus ist die Demaskierung der Neutralität von Wissenschaft als Illusion. Dabei geht postkoloniale Kritik noch einen Schritt weiter und reflektiert die Grundlagen eurozentrischer Wissenschaftlichkeit als Ausdrucksgestalten symbo-

231

lischer Gewalt und Mechanismen der Aufrechterhaltung einer ungleichen globalen Ordnung, in der westliche Länder vor allem Länder der südlichen Hemisphäre weiterhin kolonialisierend unterdrücken. Diese fundamentale Kritik an der Subjektzentrierung der eurozentrischen Wissenschaft (wie bei der Idee von Freiheit und Emanzipation in der Kritischen Theorie) und engem Gesellschaftsbezug, der in der westlichen Ordnung verbleibt, zeigt auf, dass wissenschaftliche Erkenntnis den machtförmigen Verstrickungen nicht entkommt, weil sie erstens an herrschende (eurozentrische) Erkenntnisordnungen gebunden ist und zweitens Menschen, die diese Erkenntnisordnung auch in kritischer Reflexion anwenden, immer schon zu jenen gehören, die nicht unterdrückt (subaltern) sind (vgl. Spivak 1998/2007).

Marie do Mar Castro Varela (2016) kritisiert vor diesem Hintergrund z. B. auch die Annahme von universalistischen Geltungsansprüchen in Kontexten von Erziehung und Bildung. Sie verweist darauf, dass eurozentrische Erkenntnisse über Bildung die Wissensordnungen der ›Anderen‹ systematisch ausblendeten. Dies impliziere eine

… »Disqualifizierung wie auch die Auslöschung vorkolonialen Wissens wie auch die Setzung von unerschütterlichen Wahrheiten – und zwar auf beiden Seiten der kolonialen Grenzziehung –, die die koloniale Macht und Herrschaft stabilisierten. So verschwanden im Laufe kolonialer Herrschaft Sprachen, Theorien und Praxen, die in den kolonialisierten Territorien über Jahrhunderte gesprochen, vertreten und praktiziert wurden. Texte wurden verbrannt, die orale Weitergabe von Theorien und Mythologien unterbrochen, Sprachen als barbarisch beschrieben und etablierte soziale Praxen als unzivilisiert gebrandmarkt« (ebd.: 48).

Als wissenschaftliches Wissen gilt somit nur das, was auf der Grundlage eurozentrischer Erkenntnisordnungen gewonnen worden ist. So wie Kolonialmächte die Bildungsinhalte und Wissensstrategien indigener Einwohner:innen zunichte gemacht haben (vgl. Said 1978; Castro Varela 2016), so wurden auch erkenntnistheoretische Standards gesetzt, die legitimes von illegitimem Wissen trennen, und damit wiederum Sprechen in einer besonderen Weise de-/autorisieren.

Postkoloniale Theorie wird hierbei verstanden als wissenschaftliche Strategie, den Zusammenhang von Politik-Bildung-Wissen zu erfassen und »den Geist zu dekolonisieren« (Castro Varela 2016: 51). Dabei geht es auch um die Reflexion und Dekonstruktion der machtvollen Ordnungen (Ak-

baba/Heinemann 2024; Bergold-Cadwell 2020), die sich in Begriffe einschreiben und Macht-Wissenordnungen natürlich aussehen lassen.

Ein Beispiel dafür ist der Begriff der »Bildungsferne«. Mit ihm wird
unterstellt, Kinder aus entsprechenden Milieus seien qua Geburt fern von
einem Interesse an Bildung. Dass aber Bildung, die wissenschaftlich ge-
schätzt wird (»Hochbildung«), ein Prozess ist, der in den Erziehungssys-
temen und -institutionen der privilegierten Milieus ständig bewertet wird
und damit eine Formierung der Haltung zur Bildung stattfindet, die pri-
vilegierte Kinder begünstigt, zeigt die postkoloniale Kritik, in der Bildung
als Unterwerfung (Subjektivierung) unter anerkennungsfähige (eurozentrische) Strukturen verstanden werden kann (Castro Varela 2016: 52).
Postkoloniale Perspektiven in der Erziehungswissenschaft fokussieren auf
zwei Dimensionen der Wissenschaftskritik:

1. Die Macht-Wissens-Organisation wird als Teil von Wissenschafts- und
   Bildungspraxis verstanden. Das Einsozialisieren in die Praxis der Hervorbringung von Wissenschaft lässt sich damit *als* Bildungsprozess
   verstehen, der mit Unterwerfungsstrategien verbunden ist.
2. Dabei beansprucht postkoloniale Analyse eine wissenschaftstheoretische Position, in der Wissenschaft nicht als Beobachtungsposition gesehen wird, sondern in ihrer Gleichzeitigkeit von Beobachtung und
   Hervorbringung hegemonialer Verhältnisse.

In der erkenntniskritischen erziehungswissenschaftlichen Reflexion bedeutet das, dass nicht nur Bildungssysteme, Lehrpläne und Erziehungspraxis machtvoll strukturiert sind, sondern auch Erkenntnisse darüber zu
einer Verfestigung sozialer Hierarchien und kultureller Hegemonien beitragen. Dabei muss auch gefragt werden, welche Art von Wissen als legitim
gilt und wie sich diese Wissensnormen durch Institutionen (Schulen,
Universitäten) verbreiten und abgesichert werden. Postkoloniale Kritik
analysiert somit auch, wie (westliche) Wissenssysteme zum Erhalt der
Privilegienstrukturen gegenüber (nicht-westlichen, subalternen) Wissensformen beitragen, wie Wissen hierarchisiert wird und welche Gruppen
durch dominante Wissenssysteme ausgeschlossen werden.

Erkenntnismöglichkeiten und -grenzen in der Erziehungswissenschaft

Auch wenn für die Erziehungswissenschaft zentrale Begriffe wie Erziehung, Bildung und Sozialisation nicht eindeutig definiert werden können, so leitet Erziehungswissenschaft doch das Erkenntnisinteresse über Prozesse des Aufwachsens, der Teilhabe durch Bildung und an Bildungsprozessen und des Generationenverhältnisses. Um hier Erkenntnisse zu generieren, wurden in den letzten 150 Jahren Wissenschaftsperspektiven entwickelt, die einerseits die Eigenlogik der Erziehungswissenschaft als Disziplin herausstellten, andererseits die Verschränkung der Erziehungswissenschaft mit Fragestellungen, Gegenstandsbestimmungen und Methoden von sog. ›Nachbardisziplinen‹ (Soziologie, Psychologie, Philosophie, Kulturwissenschaften) in den Blick genommen haben. Die Perspektiven passen sich in das Wissenschaftssystem ein, d. h. sie genügen bestimmten Ansprüchen an Wissenschaftlichkeit (▶ Kap. 2) im Sinne einer Begründung der Thesen und dem Anspruch der Nachvollziehbarkeit.

In diesem Band wurde im Gang der historischen und theoretischen Darstellung zur Erziehungswissenschaft deutlich, dass sich das Wissenschaftssystem auch als machtvolle Ordnung ausgestaltet und gesellschaftliche Ordnungsvorstellungen reproduziert. Ob es sich um die Geschlechterungleichheit handelt, aufgrund der sich Frauen zu Beginn der Entwicklung der Erziehungswissenschaft nur selten als Wissenschaftlerinnen etablieren konnten, um die politischen Verstrickungen von Erziehungswissenschaft in den Nationalsozialismus oder die nur langsam fortschreitende Repräsentanz von Frauen und ›People of Color‹ im Wissenschaftssystem – es wurde jeweils herausgearbeitet, wie gesellschaftliche Strukturierungen stets in die Erziehungswissenschaft hineingespielt haben.

Die drei Ansätze der *Wissenschaftskritik*, die hier vorgestellt wurden, ermöglichen nun, eine erziehungswissenschaftliche metatheoretische Reflexion darüber, wie Machtstrukturen, in denen Wissenschaft selbst verfangen ist, analytisch zugänglich gemacht werden können. Die Auseinandersetzung mit epistemischer Gewalt, Kritischer Theorie, strukturtheoretischer Analyse der Wissenschaftspraxis und postkolonialer

Kritik stellen wichtige Impulse dar, die etablierten Konzepten und Theorien den Spiegel vorhalten.

Die Doppelstruktur der Erziehungswissenschaft, Erkenntnis zu produzieren und die eigene machtvolle Position in dieser Produktion zu reflektieren, ist schließlich eine Aufgabe, die sich mit allen drei Erkenntniskritiken herausstellen lässt. Hierin zeigt sich, wie die Kapitalisierung der Erziehungswissenschaft sie einseitig mit Blick auf Ergebnisproduktion vereinnahmt (Radtke 2009), wie autorisiertes Sprechen an einen normativ gerahmten ›wissenschaftlichen‹ Habitus geknüpft ist (Bourdieu 1990) und wie tief verstrickt Erziehungswissenschaft in koloniale Wissenschaftsauffassungen ist (Bergold-Cadwell 2020). So sind Erkenntnismöglichkeiten jeweils durch die symbolischen Ordnungen der Wissensproduktion begrenzt, in die sich z. B. transnationale Hierarchiegefälle einschreiben. Man kann hier von einem Spannungsverhältnis sprechen, in dem sich Wissenschaft immer bewegt, das also konstitutiv für Wissenschaft ist.

Es ist kein Zufall, dass dieses Spannungsverhältnis in der Erziehungswissenschaft so deutlich zum Tragen kommt, bilden sich hier doch gesellschaftliche Verhältnisse ab, die selbst zum Gegenstand der Untersuchung werden. Erkenntnis bedeutet also gleichermaßen Gesellschaftskritik i. S. einer Reflexion, inwiefern Gesellschaften ihrem eigenen Anspruch gerecht werden und wo Ideologien ggf. die gesellschaftlichen Versprechen (etwa: Teilhabe, Anerkennung, Gerechtigkeit) systematisch behindern. Hier lassen sich wieder forschungsethische Fragen aufwerfen: wer wird überhaupt in Forschungen einbezogen, was sind Normalvorstellungen über Prozesse der Bildung oder des Aufwachsens, mit welchen Methoden wird Erkenntnis gewonnen, wer darf legitimiert Forschung durchführen und präsentieren (▶ Kap. 2.4)?

6.3 Forschung wohin? Ein Ausblick

Klimawandel, transnationale Migration, Postdigitalisierung, globale Ungleichheit und Pandemien – dies sind nur einige Themen, die gegenwärtig gesellschaftliche Krisenszenarien heraufbeschwören. Unter ihrer Bedingung wandelt sich auch die Erziehungswissenschaft. Zwar hat Klafki (1995) die epochaltypischen Schlüsselprobleme in ähnlicher Weise benannt, sie aber vor allem zum Gegenstand des Lernens gemacht und nicht gefragt, wie sich Erkenntnistheorien und Forschungsperspektiven dadurch verändern. Dass sich dies geändert hat, zeigt sich in vielfältigen Publikationen, die sich erkenntnistheoretisch und methodologisch an neuen Herausforderungen orientieren. Zwei sollen hier exemplarisch vorgestellt werden: Transnationalisierung und methodologischer Nationalismus sowie Postdigitalisierung.

Transnationalisierung und Methodologischer Nationalismus

Von Transnationalisierung des Aufwachsens lässt sich sprechen, wenn wir betrachten, wie Bildungsprozesse und -institutionen inzwischen international und interkulturell verwoben sind (Hummrich/Pfaff 2023). Migrationsprozesse sind global allgegenwärtig und Gesellschaften wie die deutsche nicht anders, denn als Migrationsgesellschaft oder postmigrantische Gesellschaft (Yıldız 2011) zu beschreiben (wobei das Präfix »post« wie in anderen Kapiteln wieder auf die ubiquitäre Bedingung der Migration durch alle Lebensbereiche verweist). Lange Zeit wurde dabei in der sozialwissenschaftlichen Forschung Migration vor allem unter der Perspektive des Weggehens und Ankommens betrachtet. Jedoch zeigt die empirische Realität, dass Migration keine Einbahnstraße ist, sondern als Verflechtungszusammenhang zwischen Personen, Orten, Institutionen und Gesellschaften gesehen werden kann (vgl. Pries 2008; Amelina 2017). Die wissenschaftskritische Perspektive, die hieraus resultiert, bezieht sich auf den *methodologischen Nationalismus.* In dieser Perspektive wird kritisiert, dass der Nationalstaat ›naturalisiert‹ wird, d.h. er wird als natürlicher Bezugspunkt der Forschungsgegenstände und Methodenentwicklung verstanden (Wimmer/Glick Schiller 2003), man setzt sozusagen eine »›ethnische Brille‹« auf (Glick Schiller 2014: 157).

Der methodologische Nationalismus ist eine ideologische Perspektive, die sich sozialen und historischen Prozessen annähert, als ob diese innerhalb abgeschlossener nationalstaatlicher Grenzen stattfänden (Beck 2000). Nationalstaaten werden mit Gesellschaften gleichgesetzt und ihren Mitgliedern eine gemeinsame Geschichte und geteilte Werte, Normen, Traditionen, Institutionen und Identitäten zugeschrieben. Auf diese Weise wird den Mitgliedern unterstellt, über eine gemeinsame Geschichte zu verfügen und Werte, Normen, soziale Gepflogenheiten, Institutionen und Identitäten zu teilen. Der methodologische Nationalismus unterstellt, dass sich die Bürger eines Nationalstaates durch fundamentale Gleichheit und Einheitlichkeit auszeichnen, die sie von allen »Ausländerinnen« unterscheiden. Durch diesen Schachzug werden unter anderem jene internen »ökonomischen, politischen, kulturellen, religiösen und regionalen Differenzen negiert, die innerhalb der Grenzen eines jeden Staates existieren« (ebd.: 158).

Dieses Zitat bedeutet, dass das selbstverständliche Ausgehen von Nationalstaat als Gesellschaft Einheitlichkeit unterstellt (die es innerhalb von Nationalstaaten so nicht gibt) und zugleich internationale Perspektiven sowie die Sicht auf die vielfältigen Lebensbedingungen in Gesellschaften ausgeblendet werden. Der Verweis darauf, dass es sich um eine »ideologische Perspektive« handelt, bedeutet eine Kritik an dieser Perspektive: sie ist wissenschaftlich nicht begründet, sondern rührt allein aus den alltagsweltlichen Überzeugungen, dass der Nationalstaat eine natürliche Ordnung darstelle.

In einer Revision erziehungswissenschaftlicher Theorien und Methoden – auch derjenigen, die hier vorgestellt wurden –, wird recht schnell deutlich, dass die systematische Einbeziehung transnationaler Perspektiven oft randständig ist (vgl. Adick 2008). Auch wenn wir systematisch auf die machtförmige Gebundenheit der Theoriebildung verwiesen haben (► Kap. 3), so lässt sich ihre ideologische Verstrickung selbst nicht negieren. Dies soll mit Blick auf Schulforschung und der Jugendforschung näher beleuchtet werden

In der *Schulforschung* existieren Studien, die Schule als Katalysator einer Weltvergesellschaftung verstehen (Baker 2014). Dennoch stellt Pfaff (2018) fest, dass Zugänge zu transnationalen Perspektiven anhaltend selektiv sind und in der Breite der Erziehungswissenschaft wenig zur Kenntnis genommen werden (ebd.: 162). Adick (2005) spricht hier von der Dominanz des »nationalstaatlichen Paradigmas« (ebd.: 244). So lässt sich sagen, dass nicht nur die Institutionalisierung von Schule zur nationalkulturellen Ordnungsbildung beigetragen hat (Radtke 2008), sondern auch die quasi-natürliche Verortung der Schulforschung im natio-ethno-kulturellen Kontext der Dominanzgesellschaft diese Ordnung reproduziert (Mecheril 2004; Hummrich 2020). Das bedeutet: Wie selbstverständlich wurde in weiten Teilen der Schulforschung die national verfasste Gesellschaft als allgemeine Bedingung gesetzt und eine ›ethnische Brille‹ aufgesetzt: die zur Schule gehörigen Personen wurden automatisch als ›weiß‹[28] und Deutsch codiert. Ethnisch als ›anders‹ codierte Personen (Diehm/Kuhn/Machold 2013) – also Personen, die nicht als ›weiß‹ und Deutsch galten – wurden gleichzeitig auch als Sonderfall der Schulforschung gesehen. In Schul- und Unterrichtstheorien, aber auch in der Professionalisierungstheorie bildet sich die ›ethnische Brille‹ der Nationalstaatlichkeit ab (Hummrich/Krüger-Potratz 2018; Pfaff 2018; Karakaşoğlu/Hummrich 2021; Hummrich/Pfaff 2024). Wie selbstverständlich werden Theorien ›gesetzt‹, die z. B. »die« Dreigliedrigkeit der Schule als normal annehmen, »die« Schulgeschichte als Nationalgeschichte erzählen oder als Exporterfolg der westlichen Moderne vorstellen, die von »den« aktuellen Entwicklungen »der« Schule ausgehen und dabei ausblenden, dass Schule vielgestaltig und die Heterogenität der Schüler:innenschaft Alltag ist.

In der *Jugendforschung* dominieren ebenfalls nord-westliche Perspektiven (kritisch: Nilan 2011). So sind Konzepte von Jugend als Moratorium häufig nicht oder nur sehr bedingt auf Verläufe des Aufwachsens übertragbar, die im globalen Süden stattfinden (vgl. Pfaff 2020; Hummrich 2020). Ebenso wenig lassen sich die fundamentalen Ungleichheiten der Lebensbedingungen in verschieden Weltregionen durch westlich, europäische Jugendtheorien fassen (Pfaff 2020). Und auch die weltgesellschaftlichen Bedingungen des Jugendlich-Seins finden sich nicht hinreichend in Forschungszusammenhängen wieder (vgl. Hunner-Kreisel/Stephan 2013). In dieser Kritik an beiden Dimensionen der Unterreprä-

---

28 Wie in Kapitel 1 ausgeführt: Hier wird die Hervorhebung von ›weiß‹ und auch ›Schwarz‹ in Anführungszeichen gewählt, um der damit verbundenen macht-förmigen Unterscheidung Rechnung zu tragen. Beide Begriffe beschreiben keine Hautfarben, sondern in ›Weißsein‹ und ›Schwarzsein‹ sind Vorstellungen von Macht und dominanzkultureller Ordnung eingeschrieben.

sentanz bedeutet methodologischer Nationalismus in der Jugendforschung, dass für die Bedingungen des Aufwachsens in der Geschichte erziehungswissenschaftlicher Jugendforschung – trotz des kontinuierlichen Gemahnens an gesellschaftliche Differenzierung (Grunert/Hummrich 2024) – universalistische Annahmen grundlegend waren. Annahmen über »die« Jugendlichen bezogen sich insofern meist auf männliche, bürgerliche, ›weiße‹ Jugendliche. Auch die Annahme eines für »die« Jugendlichen geltenden Moratoriums als einem Zeitraum, in dem Jugendliche freigesetzt, relativ autonom und ökonomisch entlastet ihre Bestimmung im Leben finden können (Eriksson 1966), werden durch diese Kritiken relativiert.

Postdigitalisierung

Die Digitalisierung hat mittlerweile den Alltag der meisten Menschen und Institutionen erfasst, so dass auch sie mit dem Präfix »post« belegt werden kann. Längst ist das Smartphone Alltag für Jugendliche und Analoges und Digitales sind untrennbar aufeinander bezogen (Engel 2023; Jörissen 2020). Dies stellt die Erziehungswissenschaft vor neue Fragen, die zunächst allgemeiner Natur sind – etwa nach der Originalität von Texten im Zeitalter der Künstlichen Intelligenz (KI). Spezifischer lassen sich hier aber zwei Forschungsperspektiven herausstellen, die unter Bedingung der Postdigitalisierung zentral werden: So wird gegenstandstheoretisch über die neuen Bedingungen von Bildungstheorie diskutiert und gefragt, welchen Status das humane Bildungssubjekt gegenüber der KI hat; methodologisch sind die Möglichkeiten und Grenzen KI-gestützter Verfahren zu diskutieren – auch mit Blick auf die Souveränität von Forschenden.

Künstliche Intelligenz und Bildungstheorie: Die Vorstellung, eine KI sei nicht bildsam, wurde spätestens irritiert, als es 2016 gelang, eine KI zu generieren, die einen menschlichen Go-Profi besiegte. Go gilt als eines der komplexesten Spiele überhaupt. Dass nun die KI AlphaGo den Profi besiegte, wurde nicht etwa dadurch erreicht, dass der Computer die Züge weit im Voraus berechnen konnte, sondern dass es den Programmierer: innen gelungen war, das Spieleprogramm mit Daten aus vergangenen menschlichen Spielen zu »trainieren«, aus denen das Programm selbst lernte. Um künstliche Intelligenz zu schaffen, reicht es also nicht nur, gute Rechenmaschinen zu machen. Hier ist menschliches Handeln überlegen, weil es unvorhergesehen agieren kann. Dies hat nun das neue Programm (AlphaGo) einberechnet, also algorithmisch verarbeitet. Man nennt diesen Prozess »Deep Learning« (Sudmann 2018). Das »Lernen« der künstlichen Intelligenzen kann man sich als sogenanntes »Neuronales Netz« (auch: Künstliches Neuronales Netz = KNN) vorstellen. Dabei werden Daten in ein Lernprogramm eingespeist, die es ermöglichen, nichtlineare Funktionen zu erfüllen. So können Bildungstechnologien entwickelt werden, die selbst lernen und mit dem Wissen, das sie erhalten, ›trainiert‹ werden (Pinkwart/Beudt 2020). Die Algorithmen stellen in diesem Zusammenhang nicht einfach Informationen dar, sondern in ihnen bilden sich Muster und Regelmäßigkeiten ab, so dass ein KI-System auch unbekannte Daten beurteilen kann.

Bildungsforschung wird sich vor diesem Hintergrund künftig auch mit der zunehmenden Vereinnahmung des Menschen durch KI auseinanderzusetzen haben. Schon jetzt nutzen z. B. soziale Plattformen wie Instagram, X (vormals Twitter) oder TikTok die Vorlieben der Nutzer:innen, die sich in ihren Klicks und Profilen dokumentieren, um ›nutzergerechte‹ Angebote (Nachrichten und Werbung) zu unterbreiten. Die zunehmende Virtualität der Wahrnehmung wird durch alltagsnahe Interfaces, interaktive Angebote und algorithmisierte Rankings unterfüttert (Jörissen 2020). Mit dieser Ersetzung (Substitution) von Materialität (z. B. dem Zeigen von Werbebildern) geht eine Veränderung von Subjektivität und Sozialität einher, die einerseits den Alltag erleichtert, andererseits unter kapitalismuskritischen Gesichtspunkten auf eine forcierte Manipulierbarkeit des Subjekts verweist (vgl. Nowotny 2021).

Bildungstheorien sind insofern herausgefordert, sich mit diesen veränderten Bedingungen auseinanderzusetzen und sich mit Fragen der Bedeutsamkeit der Postdigitalität für die Subjektautonomie auseinanderzusetzen. So erfährt das Subjekt seine Positionierung in der virtuellen Ordnung der Algorithmen weniger bewusst als durch ästhetische Erfahrungen (Jörissen 2020: 351) und es erfährt sich selbst womöglich als nicht mehr handlungsmächtig, wenn eine KI effizienter und leistungsfähiger als es selbst Aufgaben löst (ebd.).

Methodologische Innovationen: Ein zweiter Fokus richtet sich auf die neuen methodologischen Perspektiven, die mit KI möglich werden, aber ebenso herrschaftskritisch zu reflektieren wären wie die übrigen Theorien und Methoden. So wurden in den letzten Jahren in der quantitativen Forschung *Learning Analytics* entwickelt, die auf der Grundlage von großen Datenmengen (big data) aus Leistungstests und Befragungen Lernschwierigkeiten identifizieren können und prognostische Fähigkeiten bei der Analyse von pfadabhängigen Fehlerquellen beanspruchen. Diese Analysemethoden werden in den Dienst einer optimierenden Vermittlungstechnologisierung gestellt, die sich im Modus einer Ökonomisierung des Lernens beschreiben lassen. Neben einer umfassenden Transparenz, Lernpfade nachvollziehen und Lernleistungen vorhersagen zu können, entstehen damit auch Kontrollmechanismen. In ihnen spiegeln sich Vorstellungen einer Technologisierbarkeit des Lernens wider. Die Kontrollfunktionen betreffen dabei sowohl die Lernenden als auch die Lehrenden, in denen neben Transparenz auch Kontrolle entsteht. Die Hoffnung, dass hier Forschungsergebnisse unmittelbar von praktischem Nutzen sein können, ergibt sich aus dem Monitoring-Anteil, der Schüler:innen aufgegeben wird, die mit einem (öffentlichen) E-Portfolio ihren eigenen Fortschrittsprozess dokumentieren, und Lehrer:innen, die nicht vermitteln, prüfen und testen, sondern auch getestet werden. Auch hier ist gewissermaßen die Frage der Souveränität von Lernenden und Lehrenden zentral. Sie wird u. a. in wissenschaftstheoretischen Auseinandersetzungen, die sich mit der Anwendung von KI in *qualitativen Verfahren* auseinandersetzen, aufgegriffen. So wurden in den letzten Jahren mit MAXQDA und DokMetQDA zwei Programme entwickelt (Kuckartz/Grunenberg/Lauterbach 2007; Schäffer 2022), denen es möglich ist, mittels KI Textinterpretationen zu produzieren. Hierbei hebt insbesondere Schäffer hervor, dass es vor allem darum gehe, Interpretationsangebote zu machen, die »dem:der Interpretierenden in entsprechender Form (einem Fenster von DokuMetQDA) zur Verfügung gestellt werden« (ebd.: 45). Es geht also weniger um das Interpretierenlassen der Daten als darum, Anregungen zu erhalten, die von Interpretierenden verwendet werden. Schäffer stellt hier also die Verwendung standardisierter Verfahren in Aussicht, begrenzt sie aber für den interpretativen Prozess, da die schlichte Übernahme von KI-Interpretationen

»zu einer Entfremdung der Rekonstruktionsarbeit im Forschungsprozess«
(ebd.) führen würde.

7   Schluss: Tabus über der erziehungswissenschaftlichen Forschung

Erziehungswissenschaftliche Forschung ist nicht nur deshalb spannend, weil sie neue Erkenntnisse über Prozesse der Bildung, Erziehung und Sozialisation ermöglicht, sondern sie ist – das dürfte in diesem Band deutlich geworden sein – auch spannungsreich. Auf diese Spannungen wurde mittels des kontinuierlichen Verweises auf machtförmige Bedingungen und der forschungsethischen Begründungsnotwendigkeit von Forschungsvorhaben Bezug genommen. Um die Spannungen abschließend zu bündeln, soll hier an einen Vortrag von Adorno angeschlossen werden, der 1965 unter dem Titel »Tabus über dem Lehrerberuf« erschienen ist. Mit der Verwendung des Dativs zielt Adorno darauf, nicht die Lehrpersonen selbst zu diskreditieren, sondern vielmehr die gesellschaftliche Positioniertheit des Berufsstandes einer kritischen Betrachtung zu unterziehen (Oevermann 2001: 60). Dabei arbeitet Adorno mit den Tabus »über« den Lehrerberuf eine jenem zugrunde liegende »Imagerie« heraus, die darin besteht, dass das Bild des Lehrers/der Lehrerin gesellschaftlich hochgradig widersprüchlich verfasst ist. Obwohl Lehrer:innen einen akademischen Beruf haben und ihre Tätigkeit professionalisiert ist, wird der Beruf mit negativen Aufladungen versehen, die unbewusst wirken, aber gleichwohl sehr wirkmächtig sind. Gleichzeitig sind gerade Lehrer:innen es, die gesellschaftlich die Aufgabe haben, zur Mündigkeit zu erziehen, wie Adorno ausführt, so dass ihre Gesellschaftsbedeutsamkeit in krassem Widerspruch zum gesellschaftlichen Ansehen steht. Dass diese Perspektive nicht nur in den 1960er Jahren prominent war, darauf verweist z. B. der Band von Norbert Ricken (2007) »Über die Verachtung der Pädagogik«, dass sie nicht nur Lehrpersonen trifft, sondern z. B. Menschen, die in der Sozialarbeit/ Sozialpädagogik tätig sind, zeigt etwa Mechthild Seithe (2012) im »Schwarzbuch Soziale Arbeit«.

Ich habe den Titel dieses Schlussteils nicht gewählt, um die Imagerie der Pädagogik als Beruf auszudifferenzieren, sondern um die Frage zu stellen, ob es eine solche Imagerie auch in Bezug auf erziehungswissenschaftliche Forschung gibt. Denn nicht zuletzt auf Studierendenplattformen oder in Blogs dazu kann man lesen, dass das Bestehen der Lehrveranstaltungen (z. B. zu Forschungsmethoden) angstbesetzt ist (»ein Angstgegner«) und dass das Maß an Theorie gegenüber der Praxis zu viel sei (sinngemäß: »das Studium macht keinen Sinn, weil es zu wenig Praxis gibt, fast nur Theorie und zu viel Lektüre«). Das in einem Buch zu Forschung zu thematisieren, ist im Grunde ein Tabu. Es geschieht hier ausdrücklich nicht, um Studierendenschelte zu betreiben, sondern soll als Ausdrucksgestalt einer Imagerie gesehen werden, die es in Bezug auf erziehungswissenschaftliche Studiengänge und Studienanteile empirisch vorfindbar gibt.

Neben den studentischen Imagerien – im Sinne von enttäuschten Vorstellungen, man lerne dort etwas Praktisches oder Anwendbares – existieren eine Reihe von alltagstheoretischen Annahmen, die von der Überraschung reichen, dass auch Pädagogikprofessuren einen Forschungsauftrag haben (»aber ihr bildet doch Lehrer:innen aus«), bis hin zu Tipps, man könne doch einmal zu etwas forschen, was wirklich praxisrelevant sei (z. B. »Achtsamkeit oder Meditation«). Auch diese anekdotischen Alltagsbeobachtungen sind hier nicht als Beschimpfung der alltäglichen Annahmen und ihrer Autor:innen zu verstehen, sondern vielmehr als Artikulation der Verwunderung über den disziplinären Status der Erziehungswissenschaft.

Wie kommt es dazu, dass sich die Tabus über dem erziehungswissenschaftlichen Forschen und die mit ihnen einhergehenden Imagerien stabil halten? Dies wird möglicherweise deutlich, indem die Spannungsverhältnisse, in denen erziehungswissenschaftliche Forschung selbst steht, näher beleuchtet werden (vgl. Hummrich 2024). Ich möchte dies in vier Schritten tun:

1. Die Tradition, in der Erziehungswissenschaft steht, Lehre für die Praxis zu machen, deutet sich schon bei Kant an und ist auch zentraler Bezugspunkt zahlreicher historischer Positionen – etwa bei Spranger, Salomon, Lange und Addams. Sie wird erst mit dem Versuch der ›empirischen Wendung‹ (Roth) relativiert. Gleichwohl halten sich die

Annahmen darüber, dass Forschung (irgendwie) nützlich sein muss. Sie soll dabei mehr sein als eine ›bloße‹ Reflexionsinstanz und pädagogischem Handeln dazu verhelfen, ›gute Ordnungen‹ umzusetzen. Solche Vorstellungen von Machbarkeit im Sinne einer zweckrationalen Anwendung und Zurichtung von Forschungsperspektiven wurde insbesondere mit Blick auf Sozial- und auch Erziehungswissenschaft breit diskutiert (vgl. die Einlassung von Roth, die in ▶ Kap. 3.3 und ▶ Kap. 6.1 aufgegriffen wird). Um dies hier zu entfalten, gehe ich knapp auf Habermas' Band zu »Technik und Wissenschaft als ›Ideologie‹« (1968/2004) ein. Hier setzt er sich mit der Unterwerfung der Wissenschaftlichkeit unter eine Perspektive der Machbarkeit auseinander. Dabei beschäftigt ihn die Frage, ob das, was technisch möglich ist, auch human förderlich ist, im Sinne von Sozialität/Gemeinschaftlichkeit und demokratischer Verantwortlichkeit. Denn, so Habermas, es bedarf des Bewusstseins, dass technische Möglichkeiten (noch) menschengemacht sind und damit intersubjektiv (i. E. zwischen den Menschen) reflektiert werden müssen. Diese Kritik entfaltet er unter Rückgriff auf Max Webers Unterscheidung von Zweckrationalität und Wertrationalität (Weber 1921/1976): Handeln ist zweckrational, wenn die Relationierung von Zweck und Mittel zur schnellstmöglichen Erreichung eines Ziels führt. Es muss jedoch – so führt es der Erziehungswissenschaftler Frank-Olaf Radtke für die Erziehungswissenschaft aus – moralisch, ethisch und ästhetisch zurückgebunden werden (der Zweck heiligt nicht jedes Mittel) (vgl. Radtke 2009). Dies wird einerseits anhand der forschungsethischen Diskussion deutlich, andererseits am systematischen »Gap« zwischen Theorie und Praxis, das jedoch systematisch in der Erziehungswissenschaft selbst hinterfragt wird, wenn Erziehungswissenschaft mit der Gewissheit auftritt, eine Formel für »gute Pädagogik«, »gute Schule« usw. gefunden zu haben.

2. Die Überfrachtung der akademischen Bildung in Erziehungs- und Bildungswissenschaften mit Inhalten, die außerhalb der Wissenschaftlichkeit liegen, entwertet die Forschungsorientierung von Studiengängen strukturell. Hierzu zählen unterschiedliche gesellschaftliche und politische Anfragen (etwa, ob Lehrer:innen nicht auch für Fächer wie Glück, Ernährungslehre, Digitalkompetenz ›ausgebildet werden könnten‹) wie auch Vorstellungen darüber, dass die akademische Bildung

möglichst viel Praxis bieten müsse, die weniger forschungsgestützt als alltagsmetaphysisch aufgeladen sind. Dies lässt sich u. a. mit Blick auf das Argument diskutieren, Studierende in Lehramtsstudiengängen müssten erst einmal die »harte Realität« der Schule kennenlernen (was widersinnig scheint, denn sie sind ja meistens zwölf Jahre und mehr in die Schule gegangen). Um falschen Annahmen vorzubeugen: eine in das Studium eingelagerte Praxiserfahrung, in der etwa auch eine beobachtende Rolle eingenommen wird und damit zunächst einmal forschend auf das spätere Berufsfeld geblickt wird (vgl. Feindt/Wischer 2016; Leonhard/Kosinar/Reintjes 2018), wird hier nicht hinterfragt. Vielmehr soll die Konkurrenz zwischen akademischer Bildung und Praxiserfahrung hinterfragt werden, die sich in »Praxisparolen« (Kollmer/Wenzl/Wernet 2018) einschreibt. Aus der hier benannten empirischen Studie konnte abgeleitet werden, dass damit die Bildung für pädagogische Berufe sich systematisch selbst entwertet, weil sie ihren akademischen Bezug einbüßt und zum Ausbildungsberuf wird, oder kurz: Der Wunsch nach einer Ausbildung, die die Universität verlässt, steht für den Wunsch einer Berufsausbildung. So lässt sich die Negation der Notwendigkeit von Forschungsperspektiven auch als eine Herabstufung im Vergleich zu anderen akademischen Berufen verstehen (vgl. Hummrich 2019). Hierin zeigt sich eine Paradoxie, da andere Berufsfelder, die bis vor etwa 20 Jahren noch Ausbildungsberufe waren (Pflegeberufe, Berufe im Elementarbereich), zunehmend akademisiert werden und Erziehungswissenschaft als eigenständige Disziplin gleichzeitig hinterfragt wird (ebd.).

3. Gleichzeitig muss hier eingewendet werden, dass sich die Lebens- und Alltagserfahrungen von Studierenden in die Bildungsgänge einschreiben. Ein Tabu über dem erziehungswissenschaftlichen Forschen, das etwa nicht die vielfältigen Einbindungen von Studierenden in Praxiszusammenhänge der Schule oder der sozialen Arbeit berücksichtigt, erwiese sich selbst als Imagerie im Sinne eines Trugbildes darüber, dass Studiengänge in Vollzeit und unter der Bedingung der Praxisentlastung stattfinden könnten (vgl. Diehm/Radtke 2022). »Was sie [die praxiserfahrenen Studierenden] in der Universität erwarten, ist Hilfe, vielleicht Bestätigung und Ermutigung, neuerdings auch Coaching und Karrieretraining« (ebd.: 22). Solche Hoffnungen werden häufig enttäuscht,

und die Nützlichkeit des Studiums wird dann hinterfragt. Dieses Tabu ruft nicht nur das Theorie-Praxis-Verhältnis auf den Plan, sondern auch das von Disziplin und Profession. Denn – wie auch unter ▶ Kap. 6.1 noch einmal deutlich wurde – ist wissenschaftliches Wissen für die Professionalisierung unerlässlich, gleichzeitig ist es von jeher für die Disziplin konstitutiv, dass Erziehungswissenschaft als Handlungswissenschaft einen Praxisbezug aufweist (z. B. Horn 1997), der sich zum Beispiel darin artikuliert, dass bestimmte Berufsbilder mit ihm einhergehen (Lehrer:in, Sozialpädagog:in, Erwachsenenbildner:in usw.). Es lässt letztlich auch fragen, ob und inwiefern Studieninhalte sich künftig mit dem Erfahrungswissen verknüpfen können und z. B. Studierende im Sinne einer Metareflexion über Disziplinierung des Denkens interessiert werden können (Diehm/Radtke: 31).

4. Hieran anschließend muss auch der Beitrag der Disziplin Erziehungswissenschaft selbst zu den Tabus über dem erziehungswissenschaftlichen Forschen befragt werden. Zwar ist die Legitimation einer Disziplin über Wissenschaftstheorie in der Moderne allgemein üblich, doch gehören »Debatten über die Identität der Disziplin (…) zu den kontinuierlichen Erscheinungsformen der Erziehungswissenschaft, nicht nur in Deutschland« (Tenorth 2016: 502) – es ist also durchaus davon auszugehen, dass in der Erziehungswissenschaft besonders häufig nach dem disziplinären Status gefragt wird. Dies kann einerseits damit begründet werden, dass spezifische Forschungskonjunkturen (z. B. die quantitative empirische Bildungsforschung) und damit verbundene forschungspolitische Interessenverlagerungen (die Gründung der Gesellschaft für empirische Bildungsforschung, GEBF) zu Machtverschiebungen führen (Bellmann 2014), durch die sich Erziehungswissenschaft selbst befragen muss. Andererseits kann es mit der in Kapitel 1 (▶ Kap. 1) aufgerufenen Vielgestaltigkeit der Erziehungswissenschaft begründet werden, die sich als Disziplin mehr um gegenstandstheoretische Bestimmungen gruppiert als um etwas wie einen thematischen Kern. So wurde darauf hingewiesen, dass Erziehungswissenschaft eher relational über ihre Teildisziplinen oder ihr Verhältnis zu anderen Sozial- und Kulturwissenschaften zu bestimmen ist. Doch diese Bestimmungen – so reflektieren auch wissenschaftstheoretische Beiträge – rufen selbst wiederum Widersprüche hervor: so lassen sich Gemeinsamkeiten der Teildiszipli-

nen zuweilen schwierig herstellen; in sog. Nachbardisziplinen gibt es ebenso Teildisziplinen, in denen sich mit Erziehung, Bildung und Sozialisation auseinandergesetzt wird (▶ Kap. 1). Doch zeigen sich in vielfältigen Bezügen auch vielfältige Variationen, in denen Abhängigkeiten entstehen können. Dies ist etwa beobachtbar, wenn Bildungs- und Forschungskonjunkturprogramme erziehungswissenschaftliche (Drittmittel-) Forschungen und Stellenbesetzungen flankieren und somit politische Akteure Einfluss auf die Disziplinentwicklung nehmen. Dieses Tabu bringt also Erziehungswissenschaft prinzipiell in die Spannung, Erkenntnis am Gegenstand oder am Desiderat auszurichten versus an der Notwendigkeit, die eigene Geltung (auch politisch) zu behaupten.

Literatur

Abels, H./König, A. (2016). Selbstsozialisation – strukturloser Subjektzentrismus? In: H. Abels, H./A. König (Hrsg.), Sozialisation. Studientexte zur Soziologie. Springer VS, Wiesbaden, S. 223–235.

Addams, J. (1902). Democracy and Social Ethics. New York: Macmillan.

Addams, J. (1964). Democracy and Social Ethics. Cambridge/Massachusetts: Belknap Press of Harvard University Press.

Addams, J. (1990). Twenty years at hull-house. Urbana/Chicago: University of Illinois Press.

Adick, C. (2005). Transnationalisierung als Herausforderung für die international und interkulturell vergleichende Erziehungswissenschaft. In: Tertium comparationis 11(2), S. 243–262.

Adick, C. (2008). Vergleichende Erziehungswissenschaft. Eine Einführung. Stuttgart: Kohlhammer.

Adorno, T. W. (1969). Stichworte. Kritische Modelle. Frankfurt a. M.: Suhrkamp.

Adorno, T. W. (1971). Erziehung zur Mündigkeit. Vorträge und Gespräche mit Hellmuth Becker 1959–1969. Frankfurt a. M.: Suhrkamp.

Adorno, T. W. (2010). Einführung in die Dialektik. Berlin: Suhrkamp.

Adorno, T. W./Horkheimer, M. (1947/1992). Dialektik der Aufklärung. Frankfurt a. M.: Fischer Verlag.

Akbaba, Y./Heinemann, A.M.B. (2023). Erziehungswissenschaften dekolonisieren: theoretische Debatten und praxisorientierte Impulse. Weinheim/Basel: Beltz Juventa.

Amelina, A. (2017). Migration und Geschlecht. Der Forschungsstand zur Analyse der Migrationsprozesse im nationalen, globalen und transnationalen Bezugsrahmen. In: H. Lutz, A. Amelina (Hrsg.), Gender, Migration, Transnationalisierung. Bielefeld: transcript, S. 45–66.

Andresen S./Baader, M. S. (1999). Feminisierung von Pädagogik und Elternschaft bei Ellen Key: Zu einem Muster pädagogischer Rezeption im »Jahrhundert des Kindes«. In: Neue Praxis. Zeitschrift für Sozialarbeit, Sozialpädagogik und Sozialpolitik, 2, S. 112–129.

Andresen, S./Lips, A./Möller, R./Rusack, T./Schröer, W./Thomas, S./Wilmes, J. (2020a). Erfahrungen und Perspektiven von jungen Menschen während der Corona-Maßnahmen. Hildesheim: Universitätsverlag.

Andresen, S./Lips, A./Möller, R./Rusack, T./Schröer, W./Thomas, S./Wilmes, J. (2020b). Kinder, Eltern und ihre Erfahrungen während der Corona-Pandemie. Hildesheim: Universitätsverlag.

Andresen, S./Nittel, D./Thompson, C. (Hrsg.) (2019). Erziehung nach Auschwitz bis heute: Aufklärungsanspruch und Gesellschaftsanalyse: Frankfurter Beiträge zur Erziehungswissenschaft. Frankfurt a. M.: Fachbereich Erziehungswissenschaften der Goethe-Universität.

Asbrand, B./Martens, M. (2018). Dokumentarische Unterrichtsforschung. Wiesbaden: Springer VS.

Baker, D. (2014). The schooled society. The Educational Transformation of Global Culture. Palo Alto: Stanford University Press. https://doi.org/10.1515/978080479 0482

Balzer, N. (2014). Spuren der Anerkennung: Studien zu einer sozial- und erziehungswissenschaftlichen Kategorie. Wiesbaden: Springer VS.

Bäumer, G./Lange, H. (1901). Handbuch der Frauenbewegung. Berlin: W. Moeser.

Beck, C./Helsper, W./Heuer, B./Stelmaszyk, B./Ullrich, H. (2000). Fallarbeit in der universitären LehrerInnenbildung: Professionalisierung durch fallrekonstruktive Seminare? Eine Evaluation. Opladen: Leske u. Budrich.

Bellmann, J. (2014). Vom Taylorismus über Organisationsentwicklung zum New Public Management und darüber hinaus – Zur Rezeptionsgeschichte ökonomischen Qualitätsmanagements im pädagogischen Feld. In: Zeitschrift für Erziehungswissenschaft 17(23), S. 47–66.

Benner, D. (2003). Wilhelm von Humboldt (1767–1835) und Friedrich Schleiermacher (1768–1834). In: H.-E. Tenorth (Hrsg.), Klassiker der Pädagogik. Band 1. München: Beck, S. 144–159.

Bergold Cadwell, D. (2020). Schwarze Weiblich*keiten. Intersektionale Perspektiven auf Bildungs- und Subjektivierungsprozesse. Bielefeld: transcript.

Bernfeld, S. (1926/2016). Sozialistische Pädagogik und Schulkritik. Gießen: Psychosozial Verlag.

Bernfeld, S. (1973). Sisyphos oder die Grenzen der Erziehung. Frankfurt am Main: Suhrkamp.

Bietau, A./Breyvogel, W./Helsper, W. (1981). Zur Selbstkrise Jugendlicher in Schule und Subkultur. In: Zeitschrift für Pädagogik 27 (1981) 3, S. 339–362

Blankertz, H. (1982/1992). Die Geschichte der Pädagogik: von der Aufklärung bis zur Gegenwart. Wetzlar: Büchse d. Pandora.

Bliemetsrieder, S./Dungs, S. (2011). Handlungsfelder der Kindheit im Diskurs mit theoretischen Ansätzen der Sozialen Arbeit. Irritationen und Korrelationen. In: H. Spitzer/H. Höllmüller/B. Hönig (Hrsg.), Soziallandschaften. Springer VS, S. 209–229.

Blumer, M. (1984). The Chicago School of Sociology: Institutionalization, Diversity and the Rise of Sociological Research. Chicago: University of Chicago Press.

Böhm, W. (2003). Maria Montessori (1870–1952). In: H. E. Tenorth (Hrsg.), Klassiker der Pädagogik. Bd. 2: Von John Dewey bis Paulo Freire. München: Beck, S. 74–88.

Bohnsack, R. (1997). Gruppendiskussionsverfahren und Milieuforschung. In: B. Friebertshäuser/A. Prengel (Hrsg.), Handbuch qualitativer Forschungsmethoden in der Erziehungswissenschaft. Juventa Verlag GmbH, Weinheim u. München, S. 492–502.

Bohnsack, R. (2003). Rekonstruktive Sozialforschung. Wiesbaden: Springer VS.

Böhnisch, L. (1997). Das Generationenproblem im Lichte der Biografisierung und der Relativierung der Lebensalter. In: J. Ecarius (Hrsg.), Was will die jüngere mit der älteren Generation? Wiesbaden: Springer VS, S. 67–79.

Bollnow, O. F. (1969). Der Wissenschaftscharakter der Pädagogik. In: O. F. Bollnow/G. Bräuer (Hrsg.), Erziehung in anthropologischer Sicht. Zürich: Morgarten, S. 15–50.

Borst, E. (2011). Theorie der Bildung. Eine Einführung. Baltmannweiler: Schneider.

Bourdieu, P. (1989/2004). Der Staatsadel. Konstanz: UVK.

Bourdieu, P. (1990). Was heißt Sprechen? Die Ökonomie des sprachlichen Tausches. Wien: Braumüller.

Bourdieu, P. (1998). Das Elend der Welt: Konstanz: UVK.

Brezinka, W. (1971). Von der Pädagogik zur Erziehungswissenschaft. Eine Einführung in die Metatheorie der Erziehung. Weinheim/Berlin/Basel: Beltz.

Brezinka, W. (1988). Über den begrenzten Nutzen wissenschaftstheoretischer Reflexionen für ein System der Erziehungswissenschaft. Eine Antwort an Walter Herzog. In: Zeitschrift für Pädagogik 34, 2, S. 247–269.

Brezinka, W. (2007). Eine »realistische Wendung«? Erinnerungen eines kritischen Weggefährten an Heinrich Roth. In: Die Deutsche Schule, 99, 9. Beiheft, S. 125–140.

Brosius, H.-B./Breineker, C./Esser, F. (1991). Der »Immermehrismus«. Journalistische Stilmittel oder Realitätsverzerrung. In: Publizistik, 36, 407–427.

Brunner, C. (2020). Epistemische Gewalt: Wissen und Herrschaft in der kolonialen Moderne. Bielefeld: transcript.

Budde, J./Rißler, G. (2013). Schulische Ordnungen der Differenz. Opladen/Berlin/Toronto: Barbara Budrich.

Butler, J. (2001). Psyche der Macht. Frankfurt a. M.: Suhrkamp.

Castro Varela, M. (2016). Von der Notwendigkeit eines epistemischen Wandels. In: T. Geier/K. Zaborowski (Hrsg.) Migration: Auflösungen und Grenzziehungen. Wiesbaden: Springer VS, S. 43–59.

Clarke, J./Honneth, A. (1981). Jugend und Widerstand. Frankfurt a. M.: Syndikat.

Cohen, P. (1985). Die Jugendfrage überdenken. In: P. Cohen/A. Baethge/A. Mc Robbie (Hrsg.), Verborgen im Licht. Neues zur Jugendfrage. Frankfurt a. M.: Syndikat, S. 22–98.

Cohen, P./Baethge, A./Mc Robbie, A. (Hrsg.) (1985). Verborgen im Licht. Neues zur Jugendfrage. Frankfurt a. M.: Syndikat.

Combe, A./Helsper, W. (1994). Was geschieht im Klassenzimmer? Perspektiven einer hermeneutischen Schul- und Unterrichtsforschung Weinheim: Dt. Studien-Verlag.

Combe, A./Helsper, W. (1996) (Hrsg.), Pädagogische Professionalität. Frankfurt am Main: Suhrkamp.

Corbin, J./Strauss, A. L. (2008). Basics of Qualitative Research. Techniques and Procedures for Developing Grounded Theory. (3. Aufl.). Thousand Oaks: Sage Publications.

Coyne, S. M./Stockdale, L. (2021). Growing Up with Grand Theft Auto: A 10-Year Study of Longitudinal Growth of Violent Video Game Play in Adolescents.Cyberpsychology, Behavior, and Social Networking. Jan 2021, S. 11–16.

Dausien, B. (2004). Biografieforschung: theoretische Perspektiven und methodologische Konzepte für eine re-konstruktive Geschlechterforschung. In: R. Becker/B. Kortendiek (Hrsg.), Handbuch Frauen- und Geschlechterforschung: Theorie, Methoden, Empirie. Opladen: Leske u. Budrich, S. 314–325.

Dennis W./Dennis M. G. (1951) Development under controlled environmental conditions. In: Dennis W. (Hrsg.), Readings in child psychology. New York: Prentice-Hall, S. 104–131.

Deutsche Shell (2019). Jugend 2019. Weinheim/Basel: Beltz Juventa.

Deutschlandfunk (2021) Ethnozid und seine Nachwirkungen. Kanadas entwurzelte indigene Kinder. https://www.deutschlandfunk.de/ethnozid-und-seine-nachwirkungen-kanadas-entwurzelte-100.html (Letzter Aufruf: 30.04.24)

Dewey, J. (1998). Die Suche nach Gewißheit: eine Untersuchung des Verhältnisses von Erkenntnis und Handeln. Frankfurt am Main: Suhrkamp.

Diehm, I./Kuhn, M./Machold, C. (Hrsg.) (2017). Differenz – Ungleichheit – Erziehungswissenschaft. Verhältnisbestimmungen im (Inter-)Disziplinären. Wiesbaden: Springer VS.

Diehm, I./Radtke, F.-O. (1999). Erziehung und Migration. Stuttgart: Kohlhammer.

Diehm, I./Radtke, F.-O. (2022). Die Wissenschaft der Erziehung. In: B. Egloff/S. Richter (Hrsg.), Erziehungswissenschaftlich denken und arbeiten. Stuttgart: Kohlhammer, S. 21–34.

Dinkelaker, J. (2018). Lernen Erwachsener. Stuttgart: Kohlhammer.

Dinkelaker, J./Hippel, A. v. (2015). Erwachsenenbildung in Grundbegriffen. Stuttgart: Kohlhammer.

Dilthey, W. (1910/1973). Der Aufbau der geschichtlichen Welt in den Geisteswissenschaften: Studien. Berlin: Kgl. Akad. d. Wiss.

Drewek, P. (2003). Eduard Spranger (1882–1963). In: H.-E. Tenorth (Hrsg.), Klassiker der Pädagogik. München: Beck, S. 137–151.

Dudek, P. (2003). Siegfried Bernfeld (1892–1953). In: H.-E. Tenorth (Hrsg.), Klassiker der Pädagogik. München: Beck, S: 169–182.

Durkheim, E. (1902/1984). Erziehung, Moral und Gesellschaft: Vorlesung an der Sorbonne 1902/1903. 7. Aufl., Frankfurt a. M.: Suhrkamp Verlag.

Eberhart, C. (1995). Jane Addams. Sozialarbeit, Sozialpädagogik und Reformpolitik. Rheinfelden u. a.: Schäuble.

Ehrenspeck, Y. (2001). Strukturalismus und Poststrukturalismus in der Erziehungswissenschaft. In: B. Fritzsche/J. Hartmann/A. Schmidt/A. Tervooren (Hrsg.), Dekonstruktive Pädagogik. Wiesbaden: Springer VS, S. 21–33.

Eisenhuth, F. (2015). Strukturelle Diskriminierung von Kindern mit unsicherem Aufenthaltsstatus. Wiesbaden: Springer VS.

Eisenstadt, Shmuel N. (1966). Von Generation zu Generation. München: Juventa 1966.

Engel, J. (2023). Becoming Planetary as a Challenge for Education – on the Entanglement of Nature, Culture, and Society. In: International Journal for Research in Cultural, Aesthetic, and Arts Education 1(1), S. 18–21.

Engel, J./Hummrich, M. (2023). A critique of transnational research on subjectivation from the perspective of postcolonial epistemology. In: Zeitschrift für Erziehungswissenschaft, 1411–1431 (2023). Open Access unter: https://link.sprin ger.com/article/10.1007/s11618-023-01200-9 (14. 12. 2023)

Erdmann, D./Vogel, K. (2023). Vergessenes vermessen, vermessenes Vergessen. Erziehungswissenschaftliches Grundwissen zwischen Selektion, Transformation und Aggregation. In: J. Zirfas/W. Meseth/T. Fuchs/M. Brinkmann (2023) (Hrsg.), Vergessen. Erziehungswissenschaftliche Figurationen. Weinheim: Beltz, S. 87–110.

Erikson, E. H. (1966). Identität und Lebenszyklus. Frankfurt am Main: Suhrkamp.

Eze, E. C. (1995). The Color of Reason: The Idea of »Race« in Kant's Anthropology. In: The Bucknell Review, 38(2), S. 200.

Feindt, A./Wischer, B. (2017), Begründungen, Ziele und Formen Forschenden Lernens – ein Reflexionsangebot für den Einstieg. In: R. Schüssler (Hrsg.), Forschendes Lernen im Praxissemester. Zugänge, Konzepte, Erfahrungen, Bad Heilbrunn, S. 139–146.

Foucault, M. (1984). Überwachen und Strafen. Frankfurt a. M.: Suhrkamp.

Foucault, M. (2003). Die Anormalen. Frankfurt a. M.: Suhrkamp.

Freie Universität Berlin (2020). OSA Bildungs- und Erziehungswissenschaften (B.A.). https://www.osa.fu-berlin.de/bildungs_und_erziehungswissenschaft/studium/stu dium_inhalte/index.html [20. 3. 2022].

Gerhard, U. (2009). Von der Frauenbewegung zur feministischen Rechtswissenschaft – Wegmarken und Diskussionen. In: Kritische Vierteljahresschrift für Gesetzgebung und Rechtswissenschaft, 92(2), S. 163–180.

Glaser, E./Priem, K. (2004). Wissenschaftsforschung, Disziplin Erziehungswissenschaft und Geschlecht, in: E. Glaser/D. Klika/A. Prengel (Hrsg.), Handbuch Gender und Erziehungswissenschaften. Bad Heilbrunn: Klinkhardt, S. 16–32.

Glick Schiller, N. (2014). Das transnationale Migrationsparadigma: globale Perspektiven auf die Migrationsforschung. Kultur, Gesellschaft, Migration. Die reflexive Wende in der Migrationsforschung. Wiesbaden: Springer VS, S. 153–178.

Gomolla, M./Radtke, F.-O. (2009). Institutionelle Diskriminierung. Wiesbaden: Springer VS.

Grunert, C./Hummrich, M. (2024). Jugend relational denken? Historische Kontinuitäten und neue Herausforderungen für jugendtheoretische Konzepte. In: Zeitschrift für Pädagogik 70. Beiheft: Jugend(en), S. 15–31.

Grunert, C./Pfaff, N. (2020). Jugendforschung zwischen Jugendkulturforschung und Schulforschung – disziplinkritische Beobachtungen. In: A. Gibson/M. Hummrich/R.-T. Kramer (Hrsg.), Rekonstruktive Jugend(kultur)forschung. Wiesbaden. Springer VS, S. 77–94.

Gruschka, A. (1994). Bürgerliche Kälte und Pädagogik. Moral in Gesellschaft und Erziehung. Darmstadt: Wissenschaftliche Buchgesellschaft.

Habermas, J. (1963). Theorie und Praxis. Sozialphilosophische Studien. Frankfurt a. M.: Suhrkamp.

Habermas, J. (1968). Erkenntnis und Interesse. Frankfurt a. M.: Suhrkamp.

Habermas, J. (1968/2004). Technik und Wissenschaft als Ideologie. Frankfurt am Main (22. Aufl.). Suhrkamp.

Hall, S. (2018). Das verhängnisvolle Dreieck: Rasse, Ethnie, Nation. Berlin: Suhrkamp.

Hayden, M./Thomson, J. (2016) (Hrsg.), International Schools: current issues and future prospects. Oxford: Symposium books.

Helsper, W. (1996). Antinomien des Lehrerhandelns in modernisierten pädagogischen Kulturen. Paradoxe Verwendungsweisen von Autonomie und Selbstverantwortlichkeit. In: A. Combe/W. Helsper (Hrsg.), Pädagogische Professionalität. Frankfurt a. M.: Suhrkamp, S. 521–570.

Helsper, W. (2004). Pädagogisches Handeln in den Antinomien der Moderne. In: H.-H. Krüger/W. Helsper (Hrsg.), Einführung in die Grundbegriffe und Grundfragen der Erziehungswissenschaft. Wiesbaden: Springer VS, S. 25–42.

Helsper, W. (2021b). Professionalität und Professionalisierung pädagogischen Handelns. Opladen: Barbara Budrich.

Helsper, W./Hörster, R./Kade, J. (2005). Ungewissheit: pädagogische Felder im Modernisierungsprozeß (2. Aufl.). Weilerswist: Velbrück.

Helsper, W./Hummrich, M. (2008). Arbeitsbündnis, Schulkultur und Milieu — Reflexionen zu Grundlagen schulischer Bildungsprozesse. In: G. Breidenstein/F. Schütze (Hrsg.), Paradoxien in der Reform der Schule. Wiesbaden: Springer VS, S. 43–72.

Helsper, W./Kramer, R.-T./Hummrich, M./Busse, S. (2009). Jugend zwischen Familie und Schule. Wiesbaden: Springer VS.

Helsper, W. (2021). Professionalität und Professionalisierung des pädagogischen Handelns. Opladen/Berlin/Toronto: Barbara Budrich.

Herbart, J. C. (1835/1965). Pädagogisch-didaktische Schriften. Düsseldorf u.a.: Küpper.

Herrmann, I. (2015). Vandalismus an Schulen. Wiesbaden: Springer VS.

Heydorn, J. (1970/2004). Über den Widerspruch von Bildung und Herrschaft. Wetzlar: Büchse der Pandora.

Hirschauer, S. (2017). Un-/doing differences. Die Kontingenz sozialer Zugehörigkeiten. In: Zeitschrift für Soziologie, Jg. 43, Heft 3, Juni 2014, S. 170–191.

Hoffmann, N. F. (2016). Szene und soziale Ungleichheit. Wiesbaden: Springer VS.

Honer, A. (2003). Interview. In: R. Bohnsack/W. Marotzki/M. Meuser (Hrsg.), Hauptbegriffe Qualitativer Sozialforschung. Ein Wörterbuch. Opladen: Leske u. Budrich, S. 94–99.

Honig, M.-S. (1999). Entwurf einer Theorie der Kindheit. Frankfurt a.M.: Suhrkamp.

Honig, M.-S. (2009). Das Kind in der Kindheitsforschung. In: M.-S. Honig (Hrsg.), Ordnungen der Kindheit. Problemstellungen und Perspektiven der Kindheitsforschung. Weinheim/Basel: Beltz Juventa, S. 25–52.

Hopf, C. (2017). Forschungsethik und qualitative Forschung. In: U. Flick/E. von Kardoff/I. Steinke (Hrsg.), Qualitative Forschung. Ein Handbuch. Reinbek: Rowohlt, S. 589–600.

Horkheimer, Max (1952/1975). Der Begriff der Bildung. In: M. Horkheimer, Gesammelte Schriften, Band 8: Vorträge und Aufzeichnungen 1949–1973. Frankfurt am Main: Suhrkamp, S. 409–419.

Horkheimer, M. (1958). Gesammelte Schriften. Band 8. Vorträge und Aufzeichnungen 1949–1973. Frankfurt a.M.: Fischer Verlag, S. 409–419.

Horn, K.-P. (1996). Pädagogische Zeitschriften im Nationalsozialismus. Selbstbehauptung, Anpassung, Funktionalisierung. Mit einem Anhang: Auszüge aus der »Nationalsozialistischen Bibliographie« und aus dem Briefwechsel von Herausgebern und Verlag der Zeitschrift »Die Erziehung«. Weinheim: Deutscher Studien Verlag.

Horn, K.-P. (1997). Erziehungswissenschaftliche Ausbildung zwischen Disziplin und Profession. Zur Einleitung in den Themenschwerpunkt. Weinheim: Beltz.

Hornberg, S./Buddeberg, M. (Hrsg.), (2022). Schule als Ort gesellschaftlicher Teilhabe. Bildungswissenschaftliche Perspektiven, Schulkonzepte und Schulprofile im Fokus. Münster: Waxmann.

Houbn, D./Prietl, B. (2018). Datengesellschaft. Die zunehmende Datafizierung des Sozialen. Bielefeld: transcript.

Hufnagel, E. (1982). Der Wissenschaftscharakter der Pädagogik. Frankfurt am Main: Haag und Herchen.

Hugger, K.-U. (2014). Digitale Jugendkulturen (2. Aufl.). Wiesbaden: Springer VS.

Hummrich, M. (1996). Jane Addams, Mary Richmond, Alice Salomon und die Herausbildung sozialer Arbeit als Beruf. Mainz: Johannes-Gutenberg-Universität.

Hummrich, M. (2011). Jugend und Raum. Exklusive Zugehörigkeit zu Familie und Schule. Wiesbaden: Springer VS.

Hummrich, M. (2016). Was ist der Fall? In: M. Hummrich/A. Hebenstreit/M. Hinrichsen/M. Meier (Hrsg.), Was ist der Fall? Rekonstruktive Bildungsforschung, Wiesbaden: Springer VS, S. 13–37.

Hummrich, M. (2019). (Wozu) braucht die Lehramtsausbildung Forschungsmethoden? Kritische Perspektiven einer erziehungswissenschaftlichen Schulpädagogik. In: Erziehungswissenschaft 30(58), S. 65–71.

Hummrich, M. (2020). Reflexive Inklusion und rekonstruktive Kasuistik – eine Verhältnisbestimmung von zwei Ansätzen der Professionalisierung. In: M. Fabel-Lamla/K. Kunze/A. Moldenhauer/S. Rabenstein (Hrsg.), Kasuistik – Lehrer*innenbildung – Inklusion. Empirische und theoretische Verhältnisbestimmungen. Bad Heilbrunn: Klinkhardt, S. 62–75.

Hummrich, M. (2021). Der Fall aus der Perspektive der Erziehungswissenschaft. In: D. Wittek/ T. Rabe/M. Ritter (Hrsg.), Kasuistik in Forschung und Lehre – erziehungswissenschaftliche und fachdidaktische Ordnungsversuche. Bad Heilbrunn: Klinkhardt, S. 23–40.

Hummrich, M. (2025). Tabus über der Erziehungswissenschaft. Grenzen des Praxis- und Erkenntnisanspruchs und ihre forschungsethische Bedeutung. In: M. Fingerle/H. Kminek/S. Andresen, S. (Hrsg.), Erziehungswissenschaft und Ethik – zu den Verstrickungen einer Disziplin. Stuttgart, Kohlhammer, S. 11–22.

Hummrich, M./Hebenstreit, A./Hinrichsen, M. (2017). Möglichkeitsräume und Teilhabechancen in Bildungsprozessen. In: I. Miethe/A. Tervooren/N. Ricken (Hrsg.), Bildung und Teilhabe. Wiesbaden: Springer VS, S. 279–303.

Hummrich, M./Krüger-Potratz, M. (2020). Interkulturalität und Unterrichten. In: E. Kiel/B. Herzig/U. Maier/U. Sandfuchs (Hrsg.), Handbuch Unterrichten in allgemeinbildenden Schulen. Weinheim/Basel: Beltz, S. 61–70.

Hummrich, M./Kanz, K. (2023). Individuation in der Krise? Der Wandel schulkultureller Ordnungen im Remote-Lernen. In: K. Bock/T. Franzheld/C. Grunert/K. Ludwig/N. Pfaff/A. Schierbaum/W. Schröer (Hrsg.), Pädagogische Institutionen des Jugendalters in der Krise. Springer VS, S. 249–267.

Hummrich, M./Karakaşoğlu, Y. (2021). Schule in der Migrationsgesellschaft. In: T. Hascher/W. Helsper/T.-S. Idel (Hrsg.), Handbuch Schulforschung. Wiesbaden: Springer VS, S. 1–20

Hummrich, M./Kramer, R.-T. (2017). Schulische Sozialisation. Eine Einführung. Wiesbaden: Springer VS.

Hummrich, M./Pfaff, N. (2023). Schule und Transnationalisierung – Forschungsperspektiven auf Strukturen der (De-)Privilegierung. In: M. Hinrichsen/M. Hummrich (Hrsg.), Schule und Transnationalisierung. Erziehungswissenschaftliche Verhältnisbestimmungen. Wiesbaden: Springer VS.

Hunner-Kreisel, C./Stephan, M. (2013). Neue Räume, neue Zeiten: Kindheit und Familie im Kontext von (Trans-)Migration und sozialem Wandel. Wiesbaden: Springer VS.

Idel, T.-S./Stelmaszyk, B. (2015). Cultural Turn in der Schultheorie? Zum schultheoretischen Beitrag des Schulkulturansatzes. In: J. Böhme/M. Hummrich/R.-T.

Kramer (Hrsg.), Schulkultur. Theoriebildung im Diskurs. Wiesbaden: Springer VS, S. 51–69.

IPN (o. J.). PISA. FAQ. https://archiv.ipn.uni-kiel.de/PISA/fr_reload.html?faq.html [01.01.2024].

Jacobi, J. (2003). Helene Lange. In: H.-E. Tenorth (Hrsg.), Klassiker der Pädagogik, Bd. 1, Von Erasmus bis Helene Lange. München: Beck, S. 199–215.

Jergus K./Thompson, C. (2017) (Hrsg.). Autorisierungen des pädagogischen Selbst: Studien zu Adressierungen der Bildungskindheit. Wiesbaden: Springer VS.

Jörissen, B. (2020). Ästhetische Bildung im Regime des Computablen. In: Zeitschrift für Pädagogik. 3, S. 341–355.

Juul, J. (2012). Wem gehören unsere Kinder. Dem Staat, den Eltern oder sich selbst? Weinheim/Basel: Beltz Verlag.

Kade, J. (2003). Zugemutete Angebote, angebotene Zumutungen – (Politische) Aufklärung unter den Bedingungen von Ungewissheit. In W. Helsper/R. Hörster/ J. Kade (Hrsg.), Ungewissheit. Pädagogische Felder im Modernisierungsprozess. Weilerswist: Velbrück Wissenschaft, S. 364–389.

Kade, J. (2011). Wissenskommunikation. In: J. Kade/W. Helsper/C. Lüders/B. Egloff/ F.-O. Radtke/W. Thole (Hrsg.), Pädagogisches Wissen. Erziehungswissenschaft in Grundbegriffen. Stuttgart: Kohlhammer, S. 36–43.

Kant, I. (1803/1977). Über Pädagogik. Werke. Bd. XII. Frankfurt: Suhrkamp.

Kalthoff, H./Hirschauer, S./Lindemann, G. (2008). Theoretische Empirie: zur Relevanz qualitativer Forschung. Berlin: Suhrkamp.

Kanz, K./Hummrich, M./Asbrand, B. (2023). Das schweigende Klassenzimmer. In: Zeitschrift für Soziologie der Erziehung & Sozialisation 2023, Vol. 43 Issue 2, S. 154–170

Kelle H./Mierendorff J. (Hrsg.) (2013). Normierung und Normalisierung der Kindheit. Beltz Juventa, Weinheim.

Kessl. F./Plößer, M. (Hrsg.) (2010). Differenzierung, Normalisierung, Andersheit: Soziale Arbeit als Arbeit mit den Anderen. Wiesbaden: Springer VS für Sozialwissenschaften.

Key, E. (1992). Das Jahrhundert des Kindes: Studien. Weinheim [u.a.]: Beltz.

King, V. (2004). Die Entstehung des Neuen in der Adoleszenz. Wiesbaden: Springer VS.

King, V. (2024). Jugend' ist mehr als ein Wort – Theoretische Bestimmung und empirische Wandlungen von Jugend im Singular und Plural. In: Zeitschrift für Pädagogik, 70. Beiheft/2024 (Jugend(en), hrsg. von C. Grunert/W. Helsper/M. Hummrich/N. Pfaff), S. 95–108.

Klafki, W. (1971). Erziehungswissenschaft 3. Funkkolleg. Frankfurt a. M.: Fischer Verlag.

Klafki, W. (1974). Studien zu Bildungstheorie und Didaktik. Weinheim/Basel: Beltz.

Klafki, W. (1977). Organisation und Interaktion in pädagogischen Feldern – Thesen und Argumentationsansätze zum Thema und zur Terminologie. In: H. Blankertz (Hrsg.), Interaktion und Organisation in pädagogischen Feldern. Bericht über den 5. Kongress der Deutschen Gesellschaft für Erziehungswissenschaft. Weinheim/Basel: Beltz, S. 11–37.

Klafki, W. (1995). Zum Problem der Inhalte des Lehrens und Lernens in der Schule aus der Sicht kritisch-konstruktiver Didaktik. Weinheim: Beltz.

Kleinau, E. (2008): Reformpädagogik und Frauenbewegung: Geschichte einer Ausgrenzung. In: Ariadne: Forum für Frauen- und Geschlechtergeschichte (2008), Nr. 53–54, S. 32–40.

Kleiner B. (2015). Subjekt – Bildung – Heteronormativität. Rekonstruktion schulischer Differenzerfahrungen lesbischer, schwuler, bisexueller und trans* Jugendlicher. Opladen/Berlin/Toronto: Barbara Budrich.

Klieme, E. (2002). Bildungsstandards als Beitrag zur Qualitätsentwicklung im Schulsystem. In: DIPF informiert Nr. 3, August 2002, S. 2–6.

Klika, D. (2003). Herman Nohl. In: H. E. Tenorth (Hrsg.), Klassiker der Pädagogik. München: Beck, S. 123–136.

Kokemohr, R. (2007). Bildung als Welt- und Selbstentwurf im Fremden. Eine theoretisch-empirische Annäherung an eine Bildungsprozesstheorie. In: H.-C. Koller/W. Marotzki/O. Sanders (Hrsg.), Bildungsprozesse und Fremdheitserfahrung. Beiträge zu einer Theorie transformatorischer Bildungsprozesse. Bielefeld: transcript, S. 13–68.

Knobloch, P. (2019). Global Citizenship Education und die Herausforderung epistemischer Dekolonialisierung. In: ZEP – Zeitschrift für Internationale Bildungsforschung und Entwicklungspädagogik, 42/4, S. 12–18.

Koller, H.-C. (2006). Grundbegriffe, Theorien und Methoden der Erziehungswissenschaft. Stuttgart: Kohlhammer.

Koller, H.-C. (2014). Grundbegriffe, Theorien und Methoden der Erziehungswissenschaft. Stuttgart: Kohlhammer, 7. Auflage.

Koller, H.-C. (2012). Bildung anders denken. Stuttgart: Kohlhammer.

Korte, H. (1995). Einführung in die Geschichte der Soziologie. 3. Auflage. Opladen: Leske u. Budrich.

Kramer, R.-T. (2011), Abschied von Bourdieu? Wiesbaden: Springer VS.

Kramer, R.-T./Helsper, W./Theirsch, S. (2013) (Hrsg.). Schülerhabitus. Theoretische und empirische Analysen zum Bourdieuschen Theorem der kulturellen Passung. Wiesbaden: Springer VS.

Kraul, M. (1987). Geschlechtscharakter und Pädagogik: Mathilde Vaerting (1884–1977). In: Zeitschrift für Pädagogik, 33(4), S. 475–489.

Kreitz, R. (2011). Wissen. In: K.-PHorn/H. Kemnitz/W. Marotzki/U. Sandfuchs (Hrsg.), Klinkhardt Lexikon Erziehungswissenschaft. Bd. 3. Bad Heilbrunn: Klinkhardt, S. 419–420.

Kromrey, M. (2009). Empirische Sozialforschung. 12. Auflage. Stuttgart: Lucius & Lucius.

Kron, F.-W. (1996). Grundwissen Pädagogik. München: Reinhardt.

Krüger, H.-H. (1999). Entwicklungslinien, Forschungsfelder und Perspektiven der erziehungswissenschaftlichen Biographieforschung. In: H.-H. Krüger/W. Marotzki (Hrsg.), Handbuch erziehungswissenschaftliche Biographieforschung. Opladen: Leske u. Budrich.

Krüger H.-H. (2009). Einführung in Theorien und Methoden der Erziehungswissenschaft. Opladen/Berlin/Toronto: Barbara Budrich.

Krüger, H.-H. (2019). Erziehungs- und Bildungswissenschaft als Wissenschaftsdisziplin. Opladen/Berlin/Toronto: Barbara Budrich.

Krüger, H.-H./Helsper, W. (2014) (Hrsg.), Elite und Exzellenz im Bildungssystem. Nationale und internationale Perspektiven. Sonderheft der Zeitschrift für Erziehungswissenschaft, 19/2014.

Kuckartz, U. (2016). Qualitative Inhaltsanalyse. Methoden, Praxis, Computerunterstützung. 3. Auflage. Beltz Juventa, Beltz Juventa.

Kuckartz, U./Grunenberg, H./Lauterbach, A. (2007). Qualitative Datenanalyse: computergestützt. Methodische Hintergründe und Beispiele aus der Forschungspraxis. 2., üb. & erw. Auflage. Wiesbaden: Springer VS.

Kuhlmann, C. (2003). Alice Salomon. In: H.-E. Tenorth (Hrsg.), Klassiker der Pädagogik. München: Beck, Bd. 2, S. 99–111.

Küsters, Y. (2009). Narrative Interviews. Wiesbaden: Springer VS.

Lacan, J. (1975). Schriften 1. Wien/Berlin: Turia und Kant.

Lamnek, S. (1988). Qualitative Sozialforschung Methodologie. München [u. a.]: Psychologie-Verl.-Union.

Lange, H. (1888). Die höhere Mädchenschule und ihre Bestimmung. Begleitschrift zu einer Petition an das preußische Unterrichtsministerium und das deutsche Abgeordnetenhaus. Berlin.

Leonhard, T./Kosinar, J./Reintjes, C. (Hrsg.) (2016), Praktiken und Orientierungen in der Lehrerbildung. Bad Heilbrunn: Klinkhardt.

Liebold, R., Trinczek, R. (2009). Experteninterview. In: S. Kühl/P. Strodtholz/A. Taffertshofer (Hrsg.), Handbuch Methoden der Organisationsforschung. Springer VS, S. 32–56.

Lips, A. (2021). The Situation of Young People at Home During COVID-19 Pandemic. In: Childhood Vulnerability 3, 61–78 (2021), 71–78

Lochner, R. (1967). Deskriptive Pädagogik. Umrisse einer Darstellung der Tatsachen und Gesetze der Erziehung vom soziologischen Standpunkt. Darmstadt: Wissenschaftliche Buchgesellschaft.

Luhmann, N. (1970). Aufsätze zur Theorie sozialer Systeme. In: Soziologische Aufklärung. Opladen: Westdeutscher Verlag.

Luhmann, N. (1975). Aufsätze zur Theorie der Gesellschaft. Frankfurt a. M.: Suhrkamp.

Luhmann, N. (1984). Soziale Systeme: Grundriss einer Theorie der Gesellschaft. Frankfurt a. M.: Suhrkamp.

Luhmann, N. (1987). Soziologische Aufklärung 4. Beiträge zur funktionalen Differenzierung der Gesellschaft. Opladen: Westdeutscher Verlag.

Luhmann, N. (2000). Short Cut: Lesen Lernen. Frankfurt a. M.: Zweitausendeins.

Luhmann, N. (2002). Das Erziehungssystem der Gesellschaft. Frankfurt a. M.: Suhrkamp.

Luhmann, N./Schorr, K.-E. (1982). Zwischen Technologie und Selbstreferenz. Fragen an die Pädagogik. Frankfurt a. M.: Suhrkamp.

Macgilchrist, F./Hartong, S./Jornitz, S. (2023). Algorithmische Datafizierung und Schule: kritische Ansätze in einem wachsenden Forschungsfeld. In: K. Scheiter/I. Gogolin (Hrsg.), Bildung für eine digitale Zukunft. Edition ZfE, vol 15. Springer VS, Wiesbaden, S. 317–338.

Machold, Claudia/Wienand Carmen (2021). Die Herstellung von Differenz in der Grundschule. Eine Langzeitethnographie. Weinheim/Basel. Beltz Juventa.

Marotzki, W. (2003). Leitfadeninterview. In: Bohnsack, R./Marotzki, W./Meuser, M. (Hrsg.), Hauptbegriffe Qualitativer Sozialforschung. Ein Wörterbuch. Opladen: Leske u. Budrich, S. 114.

Mayring, P. (2000). Qualitative Inhaltsanalyse. In: Forum Qualitative Forschung (FQS)1/2000: https://www.qualitative-research.net/index.php/fqs/article/view/1089/2384 [14.05.2024].

Mead, G. H. (1968/1995). Geist, Identität und Gesellschaft. Frankfurt a. M.: Suhrkamp.

Mecheril, P. (2004). Einführung in die Migrationspädagogik. Weinheim: Beltz.

Mecheril, P. (2014). Über die Kritik interkultureller Ansätze zu uneindeutigen Zugehörigkeiten. Münster: Waxmann.

Meseth, W (2013). Erziehungswissenschaft als sozialwissenschaftliche Disziplin. Zur Normativität in der empirischen Forschung. In: N. Ricken/H.-C. Koller/E. Keiner (Hrsg.), Die Idee der Universität- revisited. Wiesbaden- Springer VS, S. 249–268.

Meseth, W. (2016). Zwischen Selbst- und Fremdreferenz. Systemtheoretische Perspektiven auf die Erzeugung erziehungswissenschaftlichen Wissens – In: Zeitschrift für Pädagogik 62 (2016), S. 474–493.

Meseth, W./Proske, M./Radtke, F.-O. (Hrsg.) (2004). Schule und Nationalsozialismus. Anspruch und Grenzen des Geschichtsunterrichts. Frankfurt a.M./New York: Campus.

Meseth, W./Proske, M./Radtke, F.-O. (Hrsg.) (2011). Unterrichtstheorien in Forschung und Lehre: Bad Heilbrunn: Klinkhardt.

Meumann, E. (1907/2018). Vorlesungen zur Einführung in die Experimentelle Pädagogik und ihre psychologischen Grundlagen. Leipzig: Engelmann (Reprint: Forgotten Books 2018).

Meumann, E. (1922). Vorlesungen zur Einführung in die experimentelle Pädagogik und ihre psychologischen Grundlagen. Band 1 (2. Aufl.). Leipzig: Engelmann.

Meuser, M. (1998). Geschlecht und Männlichkeit: Soziologische Theorie und kulturelle Deutungsmuster. Opladen: Leske u. Budrich.

Miethe, I. (2013). Institutionalisierung forschungsethischer Standards – Welchen Weg geht die Erziehungswissenschaft? In: Erziehungswissenschaft 24 (2013) 47, S. 13–21

Milgram, S. (1963). Behavioral Study of obedience. The Journal of Abnormal and Social Psychology, 67(4), 371–378.

Mollenhauer, K. (1964). Pädagogik und Rationalität. In: Die Deutsche Schule 56/1964, S. 665–716.

Mollenhauer, K. (1972). Theorien zum Erziehungsprozeß. Zur Einführung in erziehungswissenschaftliche Fragestellungen. München: Juventa.

Montessori, M. (1991). Die Entdeckung des Kindes. Freiburg i. Br.: Herder.

Müller, C. W. (1982/1988). Wie Helfen zum Beruf wurde. 2 Bde. Weinheim/Basel: Beltz.

Müller, S./Ortmeyer, B. (2016), Die ideologische Ausrichtung der Lehrkräfte 1933–1945. Herrenmenschentum, Rassismus und Judenfeindschaft im Nationalsozialistischen Lehrerbund. Eine dokumentarische Analyse des Zentralorgans des NSLB. Weinheim/Basel: Beltz Juventa.

Naudascher, B. (1977). Die Gleichaltrigen als Erzieher. Fakten, Theorien, Konsequenzen zur Peer-Group-Forschung. Bad Heilbrunn: Klinkhardt.

Nilan, P. (2011). Youth Sociology Must Cross Cultures. Youth Studies Australia, 30 (3), S. 20–26.

Nohl, H. (1908). Die Weltanschauungen der Malerei: mit einem Anhang über die Gedankenmalerei. Jena: Diederichs.

Nohl, H. (1933/2002). Die pädagogische Bewegung in Deutschland und ihre Theorie. Frankfurt am Main: Klostermann.

Nohl, H. (1935). Die pädagogische Bewegung in Deutschland und ihre Theorie. Frankfurt am Main: Schulte-Bulmke.

Nohl, H. (1947). Charakter und Schicksal. Eine pädagogische Menschenkunde. Frankfurt: Schulte-Blumke.

Nohl, H./Pallat, L. (1929–33). Handbuch der Pädagogik, 5 Bde., Langensalza/Berlin/Leipzig: Julius Beltz.

Nowotny, H. (2021). In AI we trust: power, illusion and control of predictive algorithms. Cambridge: Polity.

Oelkers, J. (1993). Reformpädagogik- Epochenbehauptungen, Modernisierungen, Dauerprobleme, in: Jahrbuch für Historische Bildungsforschung, Bd. 1, Weinheim/München 1993, S. 91–108.

Oelkers, J. (2005). Reformpädagogik: eine kritische Dogmengeschichte. In: Grundlagentexte Pädagogik. Weinheim [u. a.]: Juventa-Verlag.

Oelkers, J. (2009). John Dewey und die Pädagogik. Weinheim: Beltz.

Oevermann, Ulrich (1983). Zur Sache. Die Bedeutung von Adornos methodologischem Selbstverständnis für die Begründung einer materialen soziologischen Strukturanalyse. In: L. von Friedeburg/J. Habermas (Hrsg.), Adorno-Konferenz 1983. Frankfurt/M.: Suhrkamp, S. 234–289.

Oevermann, U. (1991). Genetischer Strukturalismus und das sozialwissenschaftliche Problem der Erklärung der Entstehung des Neuen. In: S. Müller-Doohm (Hrsg.), Jenseits der Utopie. Frankfurt a. M.: Suhrkamp, S. 267–336.

Oevermann, U. (1996). Theoretische Skizze einer revidierten Theorie professionalisierten Handelns. In: A. Combe/W. Helsper (Hrsg.), Pädagogische Professionalität. Frankfurt a. M.: Suhrkamp, S. 70–183.

Oevermann, U. (2001). Adornos »Tabus über dem Lehrerberuf« im Lichte einer revidierten Professionalisierungstheorie. In: Pädagogische Korrespondenz 28, S. 57–80

Oevermann, U. (2002a). Die Soziologie der Generationenbeziehungen und der historischen Generationen aus strukturalistischer Sicht und ihre Bedeutung für die Schulpädagogik. In: W. Helsper/S. Busse/R.-T. Kramer (Hrsg.), Pädagogische Generationsbeziehungen. Opladen: Leske u. Budrich, S. 78–128.

Oevermann, U. (2002b). Professionalisierungsbedürftigkeit und Professionalisiertheit pädagogischen Handelns. In: M. Kraul/W. Marotzki/C. Schweppe (Hrsg.) (2002), Biographie und Profession. Bad Heilbrunn: Klinkhardt, S. 19–64.

Oevermann, U. (2004). Sozialisation als Prozess der Krisenbewältigung. In: D. Geulen/H. Veith (Hrsg.), Sozialisationstheorie interdisziplinär. Stuttgart: Lucius & Lucius, S. 155–182.

Oevermann, U. (2008). Profession contra Organisation? Strukturtheoretische Perspektiven zum Verhältnis von Organisation und Profession in der Schule. In: W. Helsper/S. Busse/M. Hummrich/R. T. Kramer (Hrsg.), Pädagogische Professionalität in Organisationen. Neue Verhältnisbestimmungen am Beispiel der Schule. Wiesbaden: Springer VS, S. 55–77.

Oevermann, U. (2013). Objektive Hermeneutik als Methodologie der Erfahrungswissenschaften von der sinnstrukturierten Welt. In: P. Langer/A. Kühner/P. Schweder (Hrsg.), Reflexive Wissensproduktion. Frankfurter Beiträge zur Soziologie und Sozialpsychologie. Wiesbaden: Springer VS, S. 69–98.

Ortmeyer, B. (2008). Herman Nohl und die NS-Zeit: Forschungsbericht. Frankfurt, M.: Fachbereich Erziehungswiss. der Johann-Wolfgang-Goethe-Univ.

Ortmeyer, B. (2016). NS-Ideologie im Wissenschaftsjargon Rassismus und Judenfeindschaft in der Zeitschrift »Die Erziehung« 1933–1942 (Eduard Spranger). Frankfurt am Main: Protagoras Academicus.

Parsons, T. (1956). Soziale Systeme. Frankfurt a. M.: Suhrkuamp.

Parsons, T. (1968). Sozialstruktur und Persönlichkeit. Frankfurt a. M.: Europa Verlag.

Parsons, T./Bales, R. F. (1955). Family, socialization and interaction process. Gelncoe, Ill.: Free Press.

Peyser, D. (1958). Alice Salomon. Die Begründerin des sozialen Frauenberufs in Deutschland. Ihr Leben und ihr Werk. Köln/Berlin: Carl Heymanns Verlag.

Pfaff, N. (2018). Erziehungswissenschaftliche Transnationalismusforschung im Gegenstandsbereich der Schule – zwischen Struktur und Lebenswelt. In: Tertium comparationis 24(2), S. 151–170.

Pfaff, N. (2020). Jugendforschung in den Fallstricken des methodologischen Nationalismus?!. In: C. Grunert/K. Bock/N. Pfaff/W. Schröer (Hrsg.), Erziehungswissenschaftliche Jugendforschung. Wiesbaden: Springer VS, S. 77–95.

Picht, G. (1064). Die deutsche Bildungskatastrophe. Freiburg i. Br.: BusseSeewald.

Pinkwart, N./Beudt, S. (2020). Künstliche Intelligenz als unterstützende Lerntechnologie. https://publica-rest.fraunhofer.de/server/api/core/bitstreams/2d4f9603-b95c-4548-912a-d4a3b596ebf1/content [30. 04. 2024].

Plate, L. (1930). Feminismus unter dem Deckmantel der Wissenschaft. In: E.F.W. Eberhard (Hrsg.), Geschlechtscharakter und Volkskraft. Grundprobleme des Feminismus. Darmstadt, S. 196–215.

Platzer, B. (2021): Verantwortung in der Pandemie. Über die Unzulänglichkeit individueller Verantwortung und blinde Flecken des Pandemie-Diskurses. In: S. Krause/I. Breinbauer/M- Proyer (Hrsg.), Corona bewegt – auch die Bildungswissenschaft. Bildungswissenschaftliche Reflexionen aus Anlass einer Pandemie. Bad Heilbrunn, S. 19–31.

Plößer, M. (2010). Differenz performativ gedacht. Dekonstruktive Perspektiven auf und für den Umgang mit Differenzen. In: F. Kessl/M. Plößer (Hrsg.), Differenzierung, Normalisierung, Andersheit. Springer VS, S. 218–233.

Pollmanns, M. (2019). Unterrichten und Aneignen. Opladen/Berlin/Toronto: Barbara Budrich.

Pries, L. (2008). Die Transnationalisierung der sozialen Welt: Sozialräume jenseits von Nationalgesellschaften. Frankfurt am Main: Suhrkamp.

Probst, P. (2014). Ernst Meumann als Wegbereiter der Pädagogischen Psychologie und Empirischen Pädagogik in Deutschland. In: M. Spies (Hrsg.), 100 Jahre Pädagogische Psychologie in Hamburg. Hamburg: UNiv. Verlag, S. 15–86. https://hup.sub.uni-hamburg.de/oa-pub/catalog/view/75/ebook/305 [14. 12. 2023].

Radtke, F.-O. (2008). Schule und Ethnizität. In: W. Helsper/J. Böhme (Hrsg.), Handbuch der Schulforschung. Wiesbaden: VS Verl. für Sozialwissenschaften, S. 651–672.

Radtke, F.-O. (2009). Ökonomisierung. In: S. Andresen/R. Casale/T. Gabriel (Hrsg.), Handwörterbuch Erziehungswissenschaften. Weinheim/Basel: Beltz, S. 621–637.

Raithel, J. (2012). Quantitative Forschung. Ein Praxiskurs. 2., durchgesehene Auflage. Wiedbaden: Springer VS.

Reichertz, J. (2007). Hermeneutische Wissenssoziologie. In: R. Buber/H.H. Holzmüller (Hrsg.), Qualitative Marktforschung. Wiesbaden: Gabler.

Reh S./Fritzsche B./Idel T.-S./Rabenstein K. (Hrsg.) (2015). Lernkulturen: Rekonstruktion pädagogischer Praktiken an Ganztagsschulen. Wiesbaden: Springer VS.

Reitz, E. (2022). Differenz und Herstellung von Differenz in institutionell gerahmten Gesprächen zwischen pädagogischen Fachkräften und Eltern in Kindertageseinrichtungen. Kindheitsforschung – Working paper 5. Mainz: Johannes-Gutenberg-Universität Mainz. https://www.allgemeine-erziehungswissenschaft.uni-mainz.de/files/2022/11/Reitz_Differenz-und-Herstellung.pdf [23. 4. 2024]

Ricken, N. (Hrsg.) (2007). Über die Verachtung der Pädagogik: Analysen – Materialien – Perspektiven. Wiesbaden: Springer VS.

Ricken, N. (2014). Die wissentliche Universität – eine Einführung in Lage und Idee(n) der Universität. In: N. Ricken/H.-C. Koller/E. Keiner (Hrsg.), Die Idee der

Universität – revisited. Wiesbaden: Springer VS, S. 11–30. https://doi.org/10.1
007/978-3-531-19157-7_1.

Ricken, N. (2020). Methoden theoretischer Forschung in der Erziehungswissenschaft. Ein Systematisierungsvorschlag – In: Zeitschrift für Pädagogik 66 (2020)
6, S. 839–852.

Rieger-Ladich, M./Grabau, C. (2015). Raum der Disziplinierung und Ort des Wi-
derstands. Schule als Heterotopie. In: M. Brinkmann/M. Westphal. Phänmeno-
logie und Anthropologie pädagogischer Räume. Weinheim/Basel: Beltz Juventa,
S. 87–110.

Riemann, G. (2003). Narratives Interview. In: R. Bohnsack/W. Marotzki/M. Meuser
(Hrsg.), Hauptbegriffe Qualitativer Sozialforschung. Ein Wörterbuch. Opladen:
Leske u. Budrich, S. 120–122.

Rieske, T. V. (2012). Feminisierung der Pädagogik? In: Betrifft Mägchen. Weinheim/
Basel: Beltz-Juventa, S. 16–19.

Rommelspacher, B. (1995). Dominanzkultur: Texte zu Fremdheit und Macht. Berlin: Orlanda-Frauenverlag.

Rommerskirchen, J. (2017). Pragmatismus. In: J. Rommerskirchen (Hrsg.), Soziologie & Kommunikation. Springer VS, Wiesbaden. https://doi.org/10.1
007/978-3-658-14769-3_8

Roth, H. (1963). Die realistische Wendung in der pädagogischen Forschung. In: Die
Deutsche Schule, 55(3), S. 109–119.

Roth, H. (1963/2007). Die realistische Wendung in der pädagogischen Forschung.
In: Die Deutsche Schule, 99 (9. Beiheft), S. 93–105.

Said, E. W. (1978). Orientalism. New York: Pantheon Books.

Said, E.W. (1993). Culture and Imperialism. New York: Alfred A. Knopf.

Salomon, A. (1926). Soziale Diagnose. Berlin: Heymann.

Salomon, A./Wronsky, S. (1926). Soziale Therapie. Berlin: Heymann.

Salomon, A. (1984). Charakter ist Schicksal Lebenserinnerungen. Herausgegeben
von Rüdiger Baron und Rolf Landwehr. Weinheim/Basel: Beltz.

Schäffer, B. (2022). Möglichkeiten und Grenzen der Optimierung von Verfahren
tiefer Interpretation durch Softwareunterstützung. In: ZQF 23(1). S. 30–49.

Schaser, A. (2010). Helene Lange und Gertrud Bäumer. Eine politische Lebensge-
meinschaft. 2. aktualisierte Auflage. Köln/Weimar/Wien: Böhlau.

Schindler, C./Veja, C./Köcker, J./Kminek, H/Meier, M. (2020). Collaborative Open
Analysis in a Qualitative Research Environment'. In: Education for Information,
Vol. 36, Nr. 3, S. 247–261.

Schleiermacher, F. E. D. (1826/1959). Ausgewählte pädagogische Schriften. Paderborn: Schöningh.

Schluß, H. (2012). Hierarchie und Normativität – Fragen an zwei Konzepte pädagogischer Praxis. In: T. Fuchs/M. Jehle/S. Krause, S. (Hrsg.), Normativität und
Normative (in) der Pädagogik. Würzburg: Königshausen & Neumann, S. 141–
155.

Schmid, H. B. (2011). Moralische Integrität. Frankfurt a. M.: Suhrkamp.

Schmuckli, L. (1996). Freudensprünge – oder Kopfsprünge? Ist das Patriarchat vorbei? Eine Entgegnung. In: Emanzipation. Feministische Zeitschrift für kritische Frauen, 22 (2), 14–16.

Schneider, R. M. (2014). Dieser Versuch macht sprachlos. Neue Zürcher Zeitung. https://www.nzz.ch/folio/dieser-versuch-macht-sprachlos-ld.1621730 [12.12. 2023]

Schreiber, M./Kramer, M. (2016).»Verdammt schön«: methodologische und methodische Herausforderungen der Rekonstruktion von Bildpraktiken auf Instagram. Zeitschrift für Qualitative Forschung, 17(1–2), S. 81–106.

Schütze, F. (1999). Organisationszwänge und hoheitsstaatliche Rahmenbedingungen im Sozialwesen: Ihre Auswirkung auf die Paradoxien des professionellen Handelns. In: A. Combe/W. Helsper (Hrsg.), Pädagogische Professionalität: Untersuchungen zum Typus pädagogischen Handelns. 2. Auflage. Frankfurt am Main: Suhrkamp. S. 183–275.

Schulze H.-J./Tyrell H./Künzler J. (1989). Vom Strukturfunktionalismus zur Systemtheorie der Familie. In: R. Nave-Herz/M. Markefka (Hrsg.), Handbuch der Familien- und Jugendforschung. Neuwied: Luchterhand, S. 31–43.

Seithe, M. (2012). Schwarzbuch Soziale Arbeit. 2. Auflage. Wiesbaden: Springer VS.

Silkenbeumer, M./Wernet, A. (2014). Die Mühen des Aufstiegs. Von der Realschule zum Gymnasium. Fallrekonstruktionen zur Formierung des Bildungsselbst. Opladen/Berlin/Toronto.: Barbara Budrich.

Smith, A. (2004). Boarding School Abuses, Human Rights, and Reparations. In: Social Justice 31(4), S. 89–102.

Spivak, G. C. (2007). Can the Subaltern Speak? Postkolonialität und subalterne Artikulation. Übers. Alexander Josko-wicz, Stefan Nowotny, Einl. Hito Steyerl. Wien: Turia + Kant.

Spranger, E. (1926/1979). Psychologie des Jugendalters. 29. Auflage. Heidelberg: Quelle & Meyer.

StEG-Konsortium (2016). Ganztagsschule: Bildungsqualität und Wirkungen außerunterrichtlicher Angebote. Ergebnisse der Studie zur Entwicklung von Ganztagsschulen 2012–2015. Frankfurt am Main: DIPF

Steiner-Khamsi, G. (2010). The politics and economics of comparison. In: Comparative Education Review 54 (3), S. 323–342.

Strinz, M. (1901). Die Geschichte der Frauenbewegung in den Vereinigten Staaten von Nord-amerika. In: H. Lange/G. Bäumer (Hrsg.), Handbuch der Frauenbewegung. Berlin: Moser, S. 456–482.

Sudmann, A. (2018). Szenarien des Postdigitalen. Deep Learning als MedienRevolution. In: C. Engelmann/A. Sudmann (Hrsg.), Machine Learning – Medien, Infrastrukturen und Technologien der Künstlichen Intelligenz. Bielefeld: transcript, S. 55–74.

Tachtsoglou, S./König, J. (2017). Statistik für Erziehungswissenschaftlerinnen und Erziehungswissenschaftler. Konzepte, Beispiele und Anwendungen in SPSS und R. Heidelberg: Springer VS.

Tenorth, H.-E. (1985). »Lehrerbeuf als Dilettantismus«. Wie die Lehrprofession ihr Geschäft verstand. In: N. Luhmann/K.-E. Schorr (Hrsg.), Zwischen Intransparenz und Verstehen. Frankfurt a. M.: Suhrkamp, S. 275–322.

Tenorth, H.-E. (2000). Erziehungswissenschaftliche Forschung im 20. Jahrhundert und ihre Methoden. In: Zeitschrift für Pädagogik, 42. Beiheft (hrsg. von Dietrich Benner und Heinz-Elmar Tenorth) 2000, S. 264–293.

Tenorth, H.-E. (2010). Geschichte der Erziehung: Einführung in die Grundzüge ihrer neuzeitlichen Entwicklung. 5. Auflage. Weinheim: Juventa Verlag.

Tenorth, H.-E. (2016). Wissen, Pädagogisches Wissen, Erziehungswissenschaft, Wissenserzeugungsforschung. Ein kleines Nachwort. In: Zeitschrift für Pädagogik 62(4), S. 502–512.

Terstegen, S. (2023). Das schulische Raceregime. (De-)Privilegierung und Widerstand an US-amerikanischen Highschools. Wiesbaden: Springer VS.

Thiel, C. M. (2013). Experimente am Menschen: Ethische Standards. In: Erziehungswissenschaft 24 (2013) 47, S. 23–28.

Thielscher, C./Antes, G. (2019). Der Arzt behält die Deutungshoheit trotz KI. In Deutsches Ärzteblatt 116, S. 1–2. https://www.aerzteblatt.de/archiv/204288/Der-Arzt-behaelt-die-Deutungshoheit-trotz-KI [25.04.2024].

Thompson C. (2020). Allgemeine Erziehungswissenschaft. Eine Einführung. Stuttgart: Kohlhammer.

Thole, F./Wedde, S./Kather, A. (Hrsg.) (2021). Über die Notwendigkeit der Historischen Bildungsforschung. Wegbegleiter*innenschrift für Edith Glaser. Bad Heilbrunn: Verlag Julius Klinkhardt.

Tillmann, K. (1990). Sozialisationstheorien. Eine Einführung in den Zusammenhang von Gesellschaft, Institution und Subjektwerdung. Orig.-Ausg. Reinbek bei Hamburg: Rowohlt.

Tophoven, S. (2011). Schulleistung von Kindern und familiale Einkommensarmut. In: P-A. Berger/K. Hank/A. Tölke (Hrsg.), Reproduktion von Ungleichheit durch Arbeit und Familie. Springer VS, S. 237–258.

Toppe, S. (2008). Zum Umgang mit der Naturalisierung des Sozialen im Bildungssystem: Macht und Ungleichheit in den Schriften Mathilde Vaertings. In: K.-S. Rehberg (Hrsg.), Die Natur der Gesellschaft: Verhandlungen des 33. Kongresses der Deutschen Gesellschaft für Soziologie in Kassel 2006. Frankfurt am Main: Campus Verlag, S. 1514–1527.

Trapp, E. C. (1780/1977). Versuch einer Pädagogik. Mit Trapps hallischer Antrittsvorlesung; von der Nothwendigkeit, Erziehen und Unterrichten. Unveränd. Nachdr. d. 1. Ausg. Berlin. Hg. v. Ulrich Herrmann. Paderborn: Schöningh.

Trondmann, M. (2008). Bypass surgery: Rerouting theory to ethnographic study. In: G. Walford (Hrsg.), How to do Educational Ethnography. London: Tufnell Press, S. 115–140.

Tudor, A. (1999), Decoding Culture. London: Sage Press.

Tzimas, D./Demetriadis, S. (2021). Ethical issues in learning analytics: a review of the field. In: Education Tech Research Dev 69, S. 1101–1133.

Ullrich, H. (1999). Das Kind als schöpferischer Ursprung: Studien zur Genese des romantischen Kindbildes und zu seiner Wirkung auf das pädagogische Denken. Bad Heilbrunn: Klinkhardt.

Vaerting, M. (1921). Neubegründung der Psychologie von Mann und Weib. Bd. I: Die weibliche Eigenart im Männerstaat und die männliche Eigenart im Frauenstaat. Karlsruhe i. B.

Vogel, Peter (2016). Die Erziehungswissenschaft und ihr Wissen. Selbstkritik, Thematisierungs- formen, Analytik. In: Zeitschrift für Pädagogik 62(4), S. 452–473.

Vogl, S. (2011). Alter und Methode. Wiesbaden: Springer VS.

Vogl, S. (2021). Mit Kindern Interviews führen: Ein praxisorientierter Überblick. In: I. Hedderich/J. Reppin/C. Butschi (Hrsg.), Perspektiven auf Vielfalt in der frühen Kindheit. Mit Kindern Diversität erforschen. 2., durchgesehene Auflage. Bad Heilbrunn: Verlag Julius Klinkhardt 2021, S. 142–157.

Walgenbach, K./Dietze, G./Hornscheid, L./Palm, K. (Hrsg.) (2012). Gender als interdependente Kategorie. Neue Perspektiven auf Intersektionalität, Diversität und Heterogenität. Wiesbaden: Springer VS, 2. Auflage.

Weber, M. (1921/1976). Wirtschaft und Gesellschaft. Tübingen: Ernst Mohr.

Weber, M. (1922/1988). Gesammelte Aufsätze zur Wissenschaftslehre. Tübingen: Ernst Mohr.

Wellgraf, F. (2012). Hauptschüler. Zur gesellschaftlichen Produktion von Verachtung. Bielefeld: transcript.

Weniger, E. (1929). Die Autonomie der Pädagogik. In: Weniger, E. (Hrsg.), Ausgewählte Schriftenzur geisteswissenschaftlichen Pädagogik, Bd. 6, Weinheim/Basel 1990, S. 11–28.

Weniger, E. (1957). Herman Nohl und die sozialpädagogische Bewegung. In: Zeitschrift für Pädagogik Beiheft 1/1959: Beitrage zur Menschenbildung (Herman Nohl zum 80. Geburtstag), S. 5–20.

Wernet, A. (2002). Die Kunst des Deutens und das Deuten der Kunst. In: Journal für Lehrerinnen- und Lehrerbildung 4/2002. https://www.phbern.ch/sites/default/files/2020-06/04_awernet-2002_die-kunst-des-deutens-und-das-deuten-der-kunst.pdf [12.12.2023].

Wernet, A. (2003). Pädagogische Permissivität. Opladen: Leske u. Budrich.

Wernet, A. (2014). Überall und nirgends. Ein Vorschlag zur professionalisierungstheoretischen Verortung des Lehrerberufs. In: C. Leser/M. Pollmanns/J. Twardella (Hrsg.), Zueignung. Pädagogik und Widerspruch. Opladen/Berlin/Toronto: Barbara Budrich, S. 77–95.

Wernet, A. (2016). Praxisanspruch als Imagerie: Über Lehrerbildung und Kasuistik. In: M. Hummrich/A. Hebenstreit/M. Hinrichsen/M. Meier-Sternberg (Hrsg.), Was ist der Fall?: Kasuistik und das Verstehen pädagogischen Handelns. Wiesbaden: Springer VS, S. 293–312.

Wernet, A. (2022). Hermeneutik – Kasuistik – Fallverstehen. 2. Auflage. Eine Einführung. Stuttgart: Kohlhammer.

Wernet, A./Kollmer, I./Wenzl, T. (2018). Praxisparolen. Dekonstruktionen zum Praxiswunsch von lehramtsstudierenden. Wiesbaden: Springer VS.

Willis, P. (1979). Spaß am Widerstand. Frankfurt a. M.: Syndikat.

Wimmer, A./Glick Schiller, N. (2003). Methodological Nationalism, the Social Sciences, and the Study of Migration: An Essay in Historical Epistemology. In: International Migration Review, S. 576–610.

Yıldız, E. (2011). Ideen zum Postmigrantischen S. In: N. Foroutan/J. Karakayali/R. Spielhaus (Hrsg.), Postmigrantische Perspektiven. Frankfurt am Main: Campus-Verlag, S. 19–34.